AFRICA RISING

HOW 900 MILLION AFRICAN CONSUMERS OFFER MORE THAN YOU THINK

アフリカ

動きだす9億人市場

ヴィジャイ・マハジャン

松本裕［訳］

英治出版

アフリカ　動きだす9億人市場

AFRICA RISING

How 900 Million African Consumers
Offer More Than You Think

by

Vijay Mahajan

序文――消費者サファリ

数年前まで、私はアフリカを見落としていた。そう認めざるをえない。

私は大学でマーケティングを教えている。中南米の多くの企業と関わってきた。アジアや中東諸国にも何度も行き、講義もしてきた。だがアフリカについては――先進国の多くの学者と同様、私もアフリカを「市場」としてでなく「施しの対象」として見ていたのだ。私は間違っていた。本書は、その間違いを正すために書かれたものだ。

インドについて、似た議論が交わされた時代がある。歴史家ラマチャンドラ・グハはこう書いた。「一九六〇年代の欧米の評論家は、インドは成功するはずがない、インドは民主主義と国づくりの実験がことごとく失敗した研究所のようなものだ、と読者に警告していた[1]」

この文章はそのまま、現在のアフリカに当てはめられる。

そもそも、私が新興市場について書き始めた一つのきっかけは、発展途上国の「物乞い」をどうすればやめさせられるかを検討する委員会の同僚との会話だった。インド生まれで、起業家の息子である私にとって、これは不愉快かつ屈辱的な話だった。インドでは起業家精神が健在だということを、私はよく知っていたのだ。だが、一〇年か二〇年前、同僚たちに「インドは重要な世界的市場になる」と言っても、だれもが疑った。今はもう疑う人はいない。

私は身をもってインドの変革を体験した。マハトマ・ガンジーが暗殺され、インドが共和国となった数カ月後にジャンムー・カシミール州のジャンムー市で生まれた私は、後に作家のサルマン・ラシュディが「真夜中の子供たち」と呼んだ世代――一九四七年八月一五日深夜にインドが独立してからの変革の時代を生きてきた世代の一人だ。二〇〇二年に、私はハイデラバードにあるインド商科大学院の学部長としてインドに戻った。そして、施しの対象とされていた国がいかにして強力な新興市場と見られるようになったかを目の当たりにしたのだ。

今、私はアフリカについても同じような見方をしている。アフリカは、その社会的、医療的、人道的、政治的な面での困難については注目されてきたにもかかわらず、消費市場としては、いまだに過小評価されている。

私はこの大陸に関する自分の知識不足を改め、その豊かな市場機会を理解するため旅に出た。アフリカ中を何千キロも旅してまわった。現地の大手企業や中小企業、アフリカで長年にわたって事業をしているアジアや欧米企業の経営者たちに会い、取材した。非凡で独創的なビジネスリーダーたちに会うことができた。そうした幾人もの教師たちから学んだ貴重な教訓を、本書で伝えたい。人生の後半期にさしかかった今、この仕事をする機会を得られたことを幸せに思う。

本書執筆中の二〇〇八年二月、アメリカのブッシュ大統領が、海外民間投資公社（ＯＰＩＣ）を通じてアフリカに投資することを目的とした、総額八億七五〇〇万ドルにのぼる五つの基金を立ち上げると発表した。ベナン、タンザニア、ルワンダ、ガーナ、リベリアへと旅立つ前夜、ブッシュ大統領は、私自身が数年間アフリカを旅していて到達した結論を口にした。

「この新たな時代の幕開けは、明白な真実にもとづいている。アフリカの最も貴重な資源は、石油でもなくダイヤモンドでもなく、アフリカの人々の才能と独創性なのだ」

アフリカの真の富は、九億人を超える消費者と、無数の起業家やビジネスリーダーなのだ。彼らはアフリカ勃興の推進力となっている。彼らは事業を興し、経済を立て直し、社会を築いている。長い目で見れば、彼らこそが、石油や鉱物よりもはるかにすばらしい機会を提供しうる、隠れた天然資源なのだ。

私は政治学者ではない。経済学者でもない。私はマーケティング学を専門とする教授であり、私の関心は市場機会にある。**アフリカ大陸は、世界で最も急激に成長している市場の一つだ。彼らは日々の食糧を必要としている。住居を必要としている。子供のために教育を必要としている。洗濯するための洗剤を必要としている。携帯電話や家のトタン屋根、テレビ、音楽、コンピュータ、映画、自転車、化粧品、薬、車、起業するためのローンを求めている。結婚式や誕生日、祭日には宴を開き、葬式では死者を悼むのだ。**

アフリカ市場に何があるのか、どのような構造なのか、そしてその可能性について、私はできる限り多くのことを学ぼうと努めてきた。アフリカを学ぶ人の中には、アフリカを政治的視点から見る人もいれば経済分析をする人もおり、複雑な歴史を検証する人、医療や社会的弱者に目を向ける人もいる。少数ながら、アフリカでのビジネスについて語り始めた人もいる。私が焦点を当てているのは消費市場だ。アフリカ市場とは何なのか。そこにはどんな機会があるのか。企業はアフリカにおける機会をどのように認識し、活かしているのか。

毎年、多くの観光客がゾウ、ライオン、サイといった大型の野生動物《ゲーム》を見るためにアフリカを訪れる。だが、私の目的は違う種類の大きな獲物《ゲーム》にあった。市場機会を見出して利益をあげている企業の成功要因、そして成功できなかった企業からの教訓だ。

ケニアでコカ・コーラのCEOは、「市場を歩くこと」の大切さを教えてくれた。ジンバブエでは、ユニリーバの重役たちとの会議の席で「消費者サファリ」という言葉を耳にした。消費者の家庭を訪問して一日を共に過ごし、彼らがどのように商品を消費するのかを理解する取り組みを、ユニリーバではそう呼んでいるのだ。旅に出てから何年も経ってようやく私は自分の冒険が何なのかを説明する言葉に出会った。私は「消費者サファリ」に出ていたのだ。

アフリカにおける市場の風景は、その大自然の風景とまったく同様にすばらしく、驚くべきものだ。**アフリカには、中国やインドと同規模の大きな機会がある。**読者をこのサファリの旅へと招待したい。私のアフリカに対する見方が変わったように、読者の見方も変わるだろう。これからの世界における市場機会——そして将来の富——についての見方も。

アフリカ　動きだす9億人市場――目次

第8章　故郷へ――在外アフリカ人が生み出す市場機会　245

第9章　人間性が経済を支える――ウブントゥ市場　273

＊原注は番号を振って巻末にまとめて記載、訳注は文中に［…］で記した。

＊通貨は以下のレート（2009年6月1日）で換算し適宜四捨五入した。米ドルはドル表記のまま。

1円　＝　0.823 ケニアシリング（KES）

0.059 エジプトポンド（EGP）

0.084 モロッコディルハム（MAD）

0.084 南アフリカランド（ZAR）

1.570 ナイジェリアナイラ（NGN）

0.014 チュニジアディナール（TND）

4.869 CFAフラン（CFA）

第Ⅰ部

アフリカとは
どんな大陸なのか

［巨大市場の実像］

第1章 世界経済の新大陸

アフリカには九億人を超える消費者がいる。たとえどんなに貧しくても、彼らにも日々の食糧が必要だ。清潔な水が必要だ。住居や、衣類、薬も必要だ。携帯電話や自転車、コンピュータ、自動車、子供の教育というニーズもある。こうした機会に多くの企業が飛びついている。今、アフリカ全土に市場が生まれつつあるのだ。

二〇〇六年七月のジンバブエには、暗いニュースしかなかった。インフレ率は一〇〇〇%超。失業率も七〇%超。[1]ガソリンスタンドにはもう何年もまともな燃料供給がなく、人々は長旅の際には車にガソリン缶を積み込んで出かけていた。借入金利は四〇〇~五〇〇%という高さ。ロバート・ムガベ大統領の失政と西側諸国による経済制裁の相乗効果で、この国の状況は絶望的だった。

首都ハラレの空港に降り立つと、街はゴーストタウンさながらだった。土産物屋もレンタカー屋も閉まっていて、長蛇の列ができている外貨両替窓口の脇では、故障中のATMが放置されていた。

この空港ではかつて毎週二〇便が発着していたが、今はせいぜい三、四便。ジンバブエの観光収入は一九九九年の三億四〇〇〇万ドルから、二〇〇五年には九八〇〇万ドルまで落ち込んだ(2)。空港の到着口に掲げられた携帯電話会社エコネット・ワイヤレスの広告のキャッチコピーが、不愉快なほど場違いに見えた。「インスピレーションを、どこにでも」。インスピレーションなど、見渡す限りどこにも感じられなかった。

空港を出ると、路肩にタクシーが数台停まっていた。エンジンは切ってある。ガソリンは貴重なのだ。ケニア航空でナイロビから飛んできた乗客が何人か降りた後でも、運転手たちはガードレールにもたれかかったままだった。飛行機の少ない空港に、やる気のないタクシー。自滅しかけている経済を、これ以上如実に示すものがあるだろうか。

だが、このような場所にさえ、市場機会はある。数日後、ハラレの中心街で、私はグラスファイバーの屋根材を製造する会社の会計士と会った。朝の遅い時間、キジト・ントロはロバート・ムガベ通り一〇五番地のショッピングモール一階にあるフードコートにいた。目の前の壁沿いに並ぶ飲食店のうちの一軒「スティアーズ」で、数少ないメニューからハンバーガーを選んで買ったところだった。

彼がファストフードを買いに来た理由は、先進国の人間には思いがけないものだった。前の晩に自宅が停電になり、家族全員が夕食抜きだったからだ。電気がつかず、料理ができない。仕方なく、温かい食事なしでベッドにもぐりこんだ。そこで、一一時の待ち合わせに先立ち、レストランに立ち寄ったというわけだ。

電力が当てにならない国では、停電は外食の機会であり、起業家にとってはビジネスを立ち上げる

ジンバブエの首都ハラレにあるインスコーのフードコート。

機会でもある。発電機や太陽電池が爆発的に売れることは言うまでもない。

ジンバブエでレストランチェーン「スティアーズ」を展開する外食企業インスコーがレストラン業に乗り出したのは一九八七年。手始めはハラレ市内の小さな鶏料理店「チキン・イン」だった。一号店を開業した当時、国内にファストフード店は存在しなかった。ＫＦＣ（ケンタッキーフライドチキン）が進出を試みたものの、すぐに撤退。ファストフードをやるなど愚行だというのが大方の意見だった。しかし、「チキン・イン」は開業から六カ月で黒字に転じた。

現在、インスコーは日々のパンを売る「ベーカーズ・イン」から「スティアーズ」、「ピッツァ・イン」、そして高級鶏料理店「ナンドス」まで、あらゆる購買層を網羅する各種飲食店が入った、何でもそろうフードコートを展開している。インスコーはこのコンセプトをアフリカ中の一〇以上の国に広げた。

同社はさらにアメリカ、ヨーロッパ、ジンバブエ国内の地元企業やその他の国を対象とする物流事業にも乗り出し、家電の製造や雑貨店のフランチャイズにも手を伸ばしている。コンビニエンスストアの「オン・ザ・ラン」の経営にあたっては、エクソンモービルと提携した。二〇〇七年には時価総額が二億〇三〇〇万ドルとなり、南アフリカ共和国を除くアフリカ南部で一〇番目に大きい企業として知られるようになった(3)(ジンバブエにも機能している株式市場は存在する)。ジンバブエ発のニュースがすべて悪い話というわけではなかった。

大陸に潜むビジネスチャンス

起業家たちはこれまでも、政治的、経済的な変化に適応しなくてはならなかった。ナイジェリアがチーズの輸入を禁止した際、インスコーは九年を費やしてオリジナルレシピを開発し、ナイジェリア国内産のモッツァレラチーズをヨーロッパからの輸入品に劣らぬ味に仕上げた。ジンバブエでは、先進国の外食企業にはまず想像もつかない、ワニ養殖事業にまで着手した。ジンバブエの不安定な経済環境下で外貨を確保するため、インスコーは当初、ビクトリアの滝のそばに観光会社シアウォーターを立ち上げ、観光業に乗り出した。ところが経済がいっそう不安定になって観光業が弱体化。そこですぐにワニの養殖を始めたのだ。パンと鶏、そしてハンバーガーを主力事業とするインスコーは、私が訪問した頃には国内のカリバ湖で年間五万頭を超えるワニを世界市場向けに飼育していた。インスコーは世界有数のワニ肉・ワニ革生産者となり、切望されていた外貨を呼び込んだ。市場が変化すれば、起業家は適応するのだ。

インスコーは数多くの事例の一つにすぎない。**このような起業家精神あふれる企業は、消費財から**

アルコールやソフトドリンク、トタン屋根、航空、小売などあらゆる業種にわたって存在する。彼らは「アフリカは施しの対象である」という見方への異論を示している。彼らはアフリカの成長を推し進める原動力なのだ。

ジンバブエのように悪政が長期的な経済危機を招いた国や、ルワンダ、コンゴ、南部スーダンのように身の毛もよだつ暴力と大虐殺があった国でも、新たな企業が次々に立ち上がりつつある。より安定し、管理の行き届いたアフリカの国であれば、富を築く機会はどれだけあることだろう。アフリカの各地で成功している企業は、あふれる悪いニュースに埋もれがちなビジネスチャンスに、いちはやく気づいたのだ。

どんな困難があるにせよ――しかもエイズやマラリアなどの病気から政治腐敗や戦争まで、困難はさまざまだが――アフリカには九億人を超える消費者がいる。そして毎日、パンを必要としているのだ。ハラレでインスコーが運営する「ベーカーズ・イン」のパン工場では、白衣の作業員がラインを点検するなか、一日五万斤以上のパンがベルトコンベアから送り出されていた。作業員は巨大な鍋でイーストの香り漂うパン生地をこね、観覧車のような装置に載ったキツネ色のパンが、膨らみながらベルトコンベアでオーブンの中を移動していくのを見守っていた。

このパン工場は、良質な麦を入手することの難しさ、ディーゼル燃料供給の不安定、政府による価格統制といった困難に直面していた。私が見学に訪れた日の午後、燃料不足のために生産ラインは停止を余儀なくされた。だが追加の燃料は工場に向かっており、需要に応えるべく徹夜でパンを焼くことになっていた。朝になれば、市民が店の前に列を作るのだ。

ここで焼かれるパンは、消費市場の末端に届けられる。コストは予測不可能。価格は政府が決める。しかし、インスコーは業務プロセスを改良し、きめ細かな資金管理を行い、コストの変動や価格統制にもかかわらず高い利益率を保てるよう知恵を絞っていた。工場責任者の一人はこう言った。

「私たちはパン屋ではありません。起業家ですから」

私が二〇〇六年七月に訪れたときよりもジンバブエの状況が悪くなるなど想像しがたいことだったが、実際、状況は悪化した。二〇〇八年初頭には、年間インフレ率は推定八〇〇〇〇%以上（ただ非公式な推定値は二万五〇〇〇%とまで言われていた）。二〇〇七年半ばまでには、人口の三分の一にあたる推定四〇〇万人が国を捨てて逃げ出していた。(4) 広範囲にわたる飢餓への対策として、政府は、生産者が利益を上げられないレベルまで生活必需品の価格を引き下げて固定した。価格統制に従わなかったという理由で逮捕される経営者が出た。隣国南アフリカからの闇輸入に手をつけた起業家もいる。ロバート・ムガベ大統領がすべての企業に対して株式の五一%をジンバブエ黒人に譲渡するよう要求した（「現地化」と呼ばれる政策）後の二〇〇七年九月、食品メーカーのハインツは、保有していたジンバブエ企業の株式を売却した。(5)

それでもなお、ブランディングのために何十億というジンバブエドルを投資する企業は後を絶たなかった。銀行から携帯電話会社から牛乳生産会社まで、数々の企業がジンバブエでの事業を方向転換ないし再活性化させようと、キャッチコピーやロゴマークを一新していたのだ。一二年前に創立されたキングダム銀行は、「王国《キングダム》の時代が到来した！」と宣言した。(6) 二〇〇七年四月の『アフリカン・ビジネス』誌によるランキングでは、アフリカ南部（南アフリカを除く）企業の上位五〇社に、食料品から小売、種子、再保険など幅広い分野のジンバブエ企業が一九社も入っていた。二〇〇七年七月、マスマート、エドガーズ、OK、ピックンペイといった大手南アフリカ系小売業者が、ジンバブエでの操業を続ける方針を示した。[7] 悪性のインフレや政府による価格統制に締めつけられても、小売業者たちはこの国の将来に希望を表明し続けたのだ。

さらに驚くべきことに、ジンバブエは新たな投資家を引きつけてもいる。状況の悪化にもかかわらず、海外からの直接投資は二〇〇三年の四〇〇〇万ドルから、二〇〇五年には一億〇三〇〇万ドルまで増加。企業の時価総額が大幅に下落したこと、そしていずれはこの国も回復するだろうとの考えから、リスクを取る価値はあると多くの投資家が信じたのだ。南アフリカの投資顧問会社イムラ・アセット・マネジメントはジンバブエを「フロンティア市場」と位置づけ、投資家の要請を受けてジンバブエに的を絞った投資ファンドを二〇〇七年三月に立ち上げた。年末までに一〇〇〇万ドルの売上が目標だったが、ものの数カ月で一一〇〇万ドルがもたらされていた。このファンドはインスコーも含め数多くの企業に投資している。[8] 投資家は、計画と忍耐をもってすれば、ジンバブエの前途はインスコーのパン工場で焼かれるパンのように膨らみ続けると信じているのだ。

そして、ジンバブエでは歴史的な変化が起こりつつある。二〇〇八年三月に実施された選挙で、ロバート・ムガベの政党は一九八〇年の独立以来初めて、議会に対する支配力を失った。ムガベはモーガン・ツァンギライに敗れた［ただし選挙後の弾圧でツァンギライは撤退。二〇〇九年二月にツァンギライが首相に就任したが、ムガベは大統領にとどまっている］。これは独裁政権の弱体化を物語っている。それは一面では暴力の脅威を増加させたが、また一面ではこの国の現代史における最も劇的な変革の兆しを示している。

アフリカの富——世界第一〇位の大規模経済

アフリカは驚きに満ちあふれた大陸だ。経済が急降下中の国でも人々がパンを焼いたり買ったりしているという事実は、大陸に隠れた機会の片鱗を垣間見せているに過ぎない。アフリカをより広い視野で見ると、さらなる驚きが見えてくる。

仮にアフリカが一つの国だとすると、二〇〇六年の国民総所得（ＧＮＩ）は九七八三億ドルになる。**インドを上回り、世界第一〇位の経済規模だ。**ＢＲＩＣｓのうち中国以外の三カ国（ブラジル、ロシア、インド）を凌いでいる。もちろん、アフリカは一つの国ではない。だが、意外に豊かなのだ。

アフリカにおける富のほとんどはダイヤモンドと油が生み出している、と思っている人もいるだろう。だが、鉱業と油は歴史的に重要な産業ではあるが、アフリカにおける市場機会は天然資源以外にもある。別の種類の油やダイヤモンドがあるのだ。

原油価格が新聞を賑わす中、ケニアのビドコ・オイル・リファイナリーズの売上は一億六〇〇〇万ドルを突破したが、扱っていたのは大半が違う種類の油——食用油だった。ビドコは一九九一年に国内のティカ地区にある工場で食用油の生産を開始した。きわめて効果的なマーケティングとパッケージングにより、あらゆる家計事情に対応した商品をそろえ、アフリカ東・中部における食用油、脂、石鹸の市場を牽引するメーカーとなった。

ビドコはキベラのスラムに住んで小分けパックの油を買う低所得層から、自社のウェブサイト「ジコニ・ドットコム」でレシピをダウンロードするような高所得層まで、市場を熟知している（同社ウェブサイトへの登録者は二〇〇六年半ばに一万一〇〇〇人を超え、そのなかには在外アフリカ人も多く含まれる）。市場シェアはケニアで五一％以上。タンザニア、ウガンダ、ルワンダ、ブルンジ、エチオピア、スーダン、エリトリア、ザンビア、マラウイ、マダガスカル、コンゴ民主共和国、ザンジバル、ソマリアなど、アフリカの十数カ国に油や洗剤などの商品を輸出している。アフリカの貴重な油は、すべてが地下から掘り出されるわけではない。

世界第10位の経済規模を誇るアフリカ

1	アメリカ	13.4兆ドル
2	日本	4.9兆ドル
3	ドイツ	3.0兆ドル
4	中国	2.6兆ドル
5	イギリス	2.4兆ドル
6	フランス	2.3兆ドル
7	イタリア	1.9兆ドル
8	スペイン	1.2兆ドル
9	カナダ	1.2兆ドル
10	**アフリカ**	**9,783億ドル**
11	インド	9,065億ドル
12	ブラジル	8,928億ドル
13	韓国	8,566億ドル
14	ロシア	8,224億ドル
15	メキシコ	8,203億ドル

出典：『国民総所得』世界銀行、2006年

南アフリカでは、企業は一風変わった「ダイヤモンド」を発掘している。いわゆる「**ブラック・ダイヤモンド**」、経済成長の原動力となっている新興中流層のことだ。南アフリカのコカ・コーラ飲料ボトラーＡＢＩのエコノミスト、メラニー・ルーは、「ブラック・ダイヤモンド」が経済における抜本的な変化を生み出したと語る。

「この層は経済に構造的変化をもたらしました。私たちは経済成長のまったく新しい領域に踏み出したのです」

この「ブラック・ダイヤモンド」セグメントを

特定したケープタウン大学ユニリーバ研究所による報告では、これを「わが国の歴史における最もすばらしい市場機会」と呼んでいる。これもまた、アフリカ勃興の兆しの一つだ。

二〇〇七年一二月、ケープタウン市の主催により、「ブラック・ダイヤモンド」向けの「ライフスタイル・フェスティバル」が初めて開かれた（二〇〇八年には同様のフェスティバルがヨハネスブルクとダーバンでも開催された）。主催者が「アフロポリタン」と銘打った、南アフリカの黒人中流層を対象とした商品やブランドを称賛するイベントだ。この新興中流層の年間増加率は三〇％と見られ、国内の住宅価格も押し上げつつある。[9] ルーは言う。

「この一〇年間は、これまでで最もおもしろい一〇年間でした。消費者行動に驚異的な変化が見られたのです。ライフスタイルという観点からは、健康や保険などの傾向、さらにはパッケージの嗜好までが完全に変わりました。経済構造や労働構造も著しく変化しています」

『アフリカン・ビジネス』誌のランキングによると、二〇〇七年のアフリカ大手企業の上位四社は金属、鉱業、石油・ガスの事業者だが（アングロ・アメリカン、BHPビリトン、アングロ・アメリカン・プラチナ、サソール）、上位二〇社となると消費財（SABミラー）、通信（MTNグループ、オラスコム・テルコム、イティサラット・アル・マグリブ、テルコムSA）、銀行（スタンダード銀行グループ、ファーストランド、ABSAグループ）、そして不動産（リバティ・インターナショナル）が入っている。アフリカといえば天然資源にばかり強い関心が向けられているが、食用油と「ブラック・ダイヤモンド」消費者が、今後のアフリカにおいて最も重要な油やダイヤモンドとなるかもしれない。

潮の変わり目

「ギネス」はアイルランドのブランドだろうか、それともアフリカのブランドだろうか。

二〇〇六年下半期、飲料大手ディアジオのアイリッシュスタウト、ギネスの売上高は世界全体で約四%下落していた。客がパブで過ごす時間が少なくなり消費パターンが変化したため、アイルランドでさえ売上は落ちていた。ところが、アイルランド国外での売上は四〜五%伸びており、特にアフリカでの売上増が著しかった。二〇〇七年七月、CEOのポール・ウォルシュは、国内市場の売上減への対策としてアフリカでの販売を拡大すると発表した[10]。同社の未来がアイルランドのパブではなく、ラゴスの小さなバーにあることが明白になったのだ。

ナイジェリアでの長年にわたる販売と巧妙な広告により、ナイジェリア人の多くはギネスがアイルランドのブランドであるとすら思っていない。ずっと昔からビールといえばギネスだったため、国産品だと思われているのだ。**アイルランドのビールがアフリカのビールになり、そのブランドの今後の成長はアイルランド国内よりむしろアフリカ大陸における販売拡大にかかっている。世界は間違いなく変化しつつあるのだ。**

それだけではない。二〇〇七年には、あるアイルランドの街で、ナイジェリアからの移民が初の黒人市長に選ばれた。ロティミ・アデバレは、ダブリンから一時間ほど離れたポートリーシャ市の指導者として指名された。これは在外アフリカ人の影響力と名声が高まりつつある兆候と言えるだろう。どこまでがアイルランドでどこからがアフリカなのか、区別はつきにくくなってきている[11]。

ケープタウン空港の混み合うレストランの狭いボックス席で広告代理店サーチ・アンド・サーチのエリック・フランクと会ったとき、彼は「アメリカから来た人間がようやくアフリカで起こっていることに注目してくれて嬉しい」と言った。フランクは、ギネスをナイジェリアや他のアフリカ各国における「ラブマーク〔サーチ・アンド・サーチが提唱する新たなブランド概念〕」として定着させたアクションヒーロー、伝説の「マイケル・パワー」を使った広告キャンペーンを展開したチームの一員だ。サーチ・アンド・サーチとディアジオは、早くからアフリカの可能性に気づいていた。サハラ以南のアフリカで、ギネスがこれほど強力な存在感を示すようになったのもうなずける。ギネスの未来は、アフリカと共に開けてきたのだ。

アフリカで存在感を増しつつある企業は、他にもある。**ユニリーバは欧米市場での競争激化と収益悪化を受け（一九九八年に五％だった売上高成長率が二〇〇四年には〇・七％に低下）、すでに進出しているアフリカなど発展途上国での事業を拡大する計画を公表した。**(12) **先進国市場における成長予測が目標の五〜六％に対してわずか一・五％と苦戦していたネスレも、二〇〇六年には目標と予測の差異を埋めるため西アフリカなどの途上国市場での事業を強化すると発表した。**

医薬品大手のノバルティスはアフリカで長年事業を行ってきた企業だが、二〇〇六年七月に初めてナイジェリアで上級役員による大規模な会議を開いた。アフリカの重要性を認識し、理解を深めるために開催されたこの会議に私も出席した。シェラトン・ラゴス・ホテルのレストラン「リトル・クロックポット」での会合中、ノバルティスのアフリカ地域責任者ケビン・カーは語った。

「今まさに、私たちはアフリカの発展における〝潮の変わり目〟に来ているのかもしれない」

一九二八年以来アフリカで操業を続けている**コカ・コーラのアフリカ大陸における業績は、過去二〇年間、着実に伸び続けている。**同社は現在アフリカ全土でなんと毎日九三〇〇万杯もの飲料を売り、二〇〇六年度の同社および同社ボトラーの売上高は四〇〜五〇億ドル。この年の世界全体の売上のうち六・五%がアフリカでのものだった。

アフリカの発展とその重要性の高まりの表れとして、コカ・コーラは二〇〇七年にイギリスのウィンザーにあったアフリカ本部を南アフリカのヨハネスブルクへ移転した。コカ・コーラ・アフリカの社長は、アフリカ生まれのアレックス・カミングス。本社の社長兼COOムーター・ケントは、この移転についてこのように語った。

「アフリカにおける当社の事業は、大陸に住み、大陸の空気を吸っている社員が現地で経営するべきだと考えています。ヨハネスブルクには優れたビジネスインフラがあり、大陸全体における輸送手段や通信ネットワークも充実しているため、新オフィスの所在地としては最適です」

コカ・コーラ――現地の人材が成長の原動力

コカ・コーラ・アフリカ社長、リベリア生まれのアレクサンダー・B・カミングス・ジュニアは二〇〇七年に、大陸におけるインフラの改善とビジネスチャンスの高まりの兆候と言えるロンドンから南アフリカへの本部移転で大任を果たした。

「今回の移転は、アフリカの将来に対するコカ・コーラの信頼を示すものです」。二〇〇七年八月の取材時、カミングスは言った。「大陸の経済成長率の改善も、将来の拡大を後押ししてくれます」

「率だけ見ればアフリカは世界第三位の高収益市場なのです。アフリカ市場は当社にとって非常に魅力的であり、ほとんどの多国籍企業にとっても、色眼鏡を外して見れば、魅力的であるはずです。みんなアフリカのマイナス面だけに目を向けている。機会を見出すためには、視点を切り替えなければいけません。私たちは、三億五〇〇〇万から五億人が当社商品の市場になりうると推定しています。これは相当な人数です」

「**アフリカで得られる利益は、短中期的にはほとんどのBRICsと同等か、さらに優れているくらいです。しかも、アフリカ市場はBRICsほどには競争が激しくないのです。**アフリカで飲料事業が成果をあげられる可能性は高いのです。収益を得るだけでなく、地域社会に影響を与える機会もあります。ですから、アフリカはBRICsと同様に魅力的で、中期的にはBRICsより魅力的かもしれません。私の見解は多少ひいき目ではありますが」

コカ・コーラは五〇以上の国に細分化された市場にひるんだりはしない。カミングスは言う。

「たしかに難題ではあります。しかし、当社のビジネスモデルは市場に極力近い場所で生産するというものです」

コカ・コーラはリベリアでは一カ所のボトリング工場だけで国内すべてに供給しているが、

コカ・コーラの生産量の推移（単位：1,000ケース）

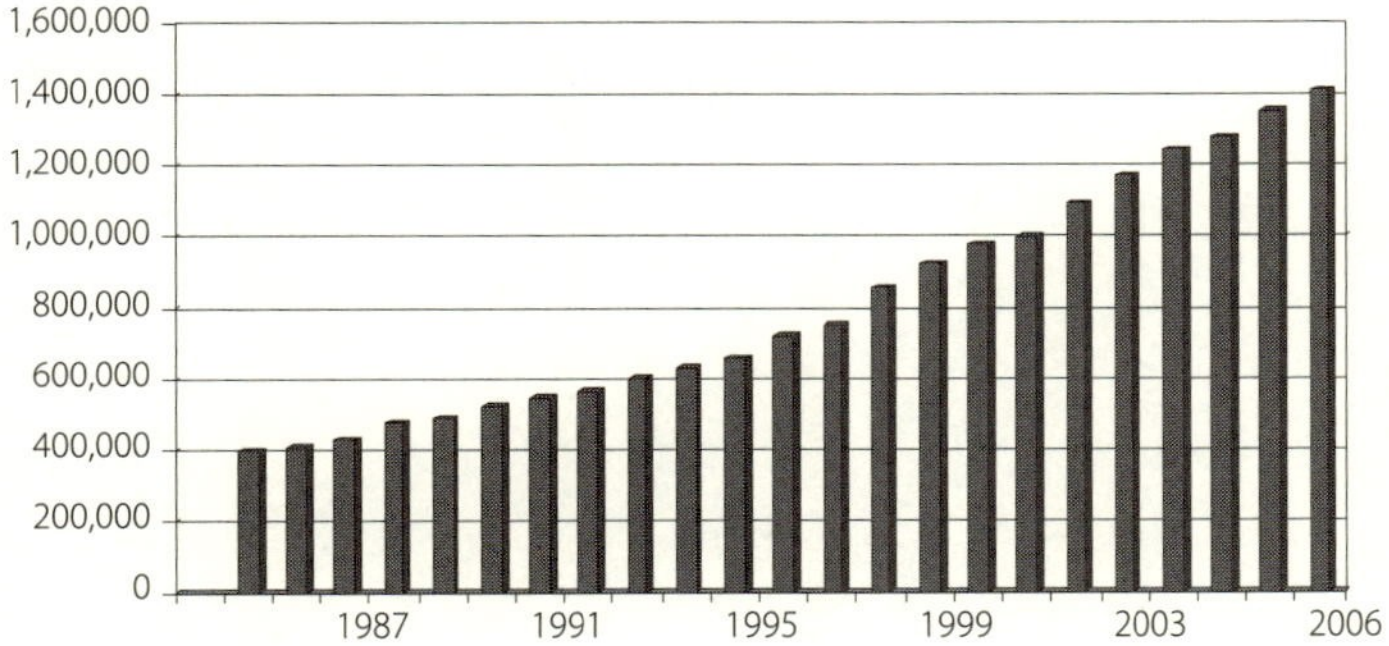

出典：コカ・コーラ

マリやカメルーンといった国においては、市場への参入にあたって他の飲料メーカーと提携した。

アフリカ諸国はそれぞれに事情が大きく異なるが、市場には共通の課題がある。同社にとっては、流通経路の構築、ジュースや水を含む適切な飲料の品揃え、人々の能力開発、そしてコミュニティ開発の取り組みなどが、アフリカ全体における共通のテーマだという。

カミングスは一九九七年にナイジェリアで入社し、コカ・コーラのアフリカ事業部門を率いる初のアフリカ人となった。北イリノイ大学で財務を学び、アトランタ大学でも財務で修士号を取得。コカ・コーラの前には小麦粉製品会社のピルズベリーに一五年勤めていた。コカ・コーラのアフリカ部門の責任者のほとんどが、大陸出身だ。彼はこう語る。

「アフリカ人の人材を発掘するのは簡単では

ありませんが、できないことではありません。さらに在外組にも目を向ければ、もっと発掘しやすくなります」

アフリカで機会を見出しているのは大企業だけではない。先見の明がある起業家も同様だ。ケニアのビドコやジンバブエのインスコーといった企業の成功事例はすでに述べたが、南アフリカでは、ハーマン・マシャバという起業家が一九八四年にガランクワで美容製品メーカー、ブラック・ライク・ミーを設立し、夜中にヘアケア製品や美容製品を作っては日中それを売り、やがて南アフリカの業界で最も尊敬を集める企業を築き上げた。一九九三年に不審火によって工場が全焼し、一度は倒産の危機に瀕したものの、また一から事業を再構築し、二年後に大手コルゲート・パルモリーブに株式の過半数を売却した。さらに二年後には事業の買戻しを交渉。現在、アフリカ全土とイギリスにまで製品が流通している同社は数百万ランド（数千万円）規模の事業となり、マシャバは南アフリカで最も成功した起業家の一人に数えられている。

年間売上高四二五億ランド（約五〇六〇億円）を誇る南アフリカの輸送会社インペリアル・ホールディングスのCEOビル・リンチは、アイルランドの片田舎で生まれた。一九七〇年代に身一つで南アフリカへやってきた彼は、インペリアルを成長させながら数百万ドルの財を築き上げた。アーンスト・アンド・ヤングが毎年世界の優れた起業家に贈るワールド・アントレプレナー賞を二〇〇六年に受賞。リンチは、経済不況と内戦に近い状況を乗り切りながら会社を育ててきたが、今後もさらなる成長を見込んでいる。二〇〇六年に『フィナンシャル・タイムズ』紙の取材に語ったように、南アフリカが予想どおりに六％で成長すると、彼の会社は今後数年間で一五～二〇％は成長する見込みだ[13]。

中国・インド企業が続々と進出

アジアの各国政府や企業は、アフリカの市場機会に気づき始めている。

二〇〇六年五月のある爽やかな朝、私はヨハネスブルクにある広大な卸売街、チャイナ・マートの門をくぐった。一八〇〇年代のゴールドラッシュの時代、ヨハネスブルクへ最初にヨーロッパ人を引きつけたのは金だった。今、この街のクラウン・マインズ地区では、チャイナ・マートの消費財を中心に新たなゴールドラッシュが起きている。

この卸売街のモールには一二六の店舗があり、防弾チョッキを装着した強面の警備員とゲート（さらには銃器禁止の表示板まで）に護られていた。だが彼らが護っていたのは金ではない。店の中は、南アフリカや近隣諸国から小売業者を引き寄せる中国製の安価な衣類、鞄、靴、それに家電で満杯だったのだ。そのうち一軒では、店主のトム・ファンが、大箱に入ったビーチサンダルを一足たったの二・九〇ランド（三五円）で卸していた。これがジンバブエやコンゴ、アンゴラの小売店では一〇ランド（一一九円）で売れるのだ。ほとんどの村民にとって、これが初めて買う履物となる。「いい品だよ」と店主は言った。

廉価なテレビなどの家電品から発電機、衣類、靴まで、アフリカにおける中国人商人や中国製品の

台頭は顕著になりつつある。目端の利く中国人の行商人や小売業者はエジプトで断食用《ラマダン》ランタンや礼拝用じゅうたんを売っている。エジプト人はそうした神聖な品を中国人から買うことに眉をひそめつつも、値段は手頃だと言う。ナイジェリアの路上では、金城《ジンチェン》のバイクが走り回っている。ヨハネスブルクのアジア市場区域ではインド人やパキスタン人の商人が革や衣類、雑貨を売っている。

同じ光景はアルジェのエル・ハミーズやチュニジアのモンセフ・ベイ、その他、私が訪れたアフリカ各地で見られた。モロッコの最も歴史ある、最も神聖な場所にさえ、中国人の商店があり、カサブランカのデルブ・ガレフとデルブ・オマールの市場区域に軒を並べていた。夜になれば行商人が街路で靴や衣類や玩具を売り歩く。モロッコの市場《スーク》では、コンピュータソフトから衣類まで、安い海賊品が何でも手に入る。正規の市場では一二〇ドルで売られていたレイバンのサングラスを、闇商人はわずか五ドルで売っていた。映画DVDの海賊版も一ドル程度で買えた。

中国の対アフリカ貿易額は二〇〇〇年の約一〇〇億ドルから、二〇〇六年には五五〇億ドルにまで増えていた[14]（対照的に、中国の対インド貿易額はその半分以下で、二〇〇六年は二五〇億ドルだった）。中国の温家宝首相は、二〇一〇年までに対アフリカ貿易額が一〇〇〇億ドルに増加するとの見通しを発表した[15]。アフリカからの石油輸入量で中国は日本を押しのけ、アメリカに次ぐ二位となったが、アフリカ向けの輸出となると、アメリカをはるかに凌ぐ勢いだ。

エジプトは、二〇一二年には最大の貿易相手国がアメリカから中国に入れ替わると見ている[16]。二〇〇七年に刊行された『アフリカのシルクロード』で、世界銀行のエコノミスト、ハリー・ブロードマンは、**中国とインドからの対アフリカ、特にサハラ以南諸国向けの貿易と投資は、「近年の世界**

経済における発展の、最も顕著な特徴の一つ」と述べている。[17] **インドと中国による対アフリカ投資が増加する中、欧米は取り残されてしまうのだろうか。**

ケニア航空や他のアフリカ系航空会社の飛行経路が示すように、アフリカ大陸は東に目を向けている。旅客や貨物の輸送経路は、アジアのアフリカに対する、そしてアフリカのアジアに対する新たな考え方を反映しているのだ。

二〇〇六年七月にケニア航空でラゴスからナイロビへ移動した際、私は乗客の半数がそのまま乗り継いでアジアや中東へ向かうことに気づいた。従来の飛行経路は、植民地時代の名残から、ヨーロッパに向かって飛んでいく。しかし、未来はナイロビから広州、ムンバイ、バンコクへと飛ぶ経路に見出されるのだ。アフリカの主要紙誌に掲載された大手運送会社ＤＨＬの全面広告には、中国からの携帯電話輸入について、こんな言葉と共に記されていた。「私たちは中国を深く理解しています」

二〇〇六年に開催された「中国・アフリカ協力フォーラム（北京サミット）」では、ほぼすべてのアフリカ国家の代表者が北京に集結し、中国とアフリカがお互いにとって重要な存在になったことを証明した。このサミットで、中国はアフリカに対して五〇億ドルの貸付と信用供与を行うことを約束。さらに中国の胡錦濤主席は、答礼のため二〇〇七年一月にアフリカ八カ国（カメルーン、スーダン、リベリア、ザンビア、ナミビア、南アフリカ、モザンビーク、セーシェル）を歴訪した。

インドも二〇〇八年四月にニューデリーでインド・アフリカサミットを開催。タタ、マヒンドラ、キルロスカ、ランバクシーといった大手インド企業がアフリカに進出し、高成長を遂げている。二〇〇八年五月、インドの最大手携帯電話会社バーティ・エアテルは南アフリカの携帯電話会社ＭＴ

N買収に際して数十億ドル規模の価格をつけた。

自国にいくらでも市場機会はあるのに、なぜインドと中国の企業はアフリカに進出するのだろうか。彼らはすでに同じ経験をしてきたからこそ、アフリカにおける機会に気づいているのだ。私は何度か、アフリカで事業展開しているインド企業の経営者らが「この市場にはなじみやすい」と話すのを耳にした。アフリカの人口動態や課題は、自国のそれとそう変わらないのだ。アジア企業のアフリカに対する関心は、豊富な天然資源によって加速化された面はあるものの（新たな植民地主義の波に懸念を示す意見まで出始めている）、在アフリカの中国やインドの企業は、アフリカの「市場としての可能性」にも気づいている。彼らは自国の市場が成長するさまを見てきており、アフリカにも同じ結果を期待しているのだ。

アフリカで健在な起業家精神

二〇〇六年にラゴス・ビジネススクールで起業家向けに講義を行った際、やはりこの質問が出た。「事業開発における政治の役割とは？」

もっともな質問だ。**政治的環境は、事業開発に甚大なプラスまたはマイナスの影響を与えうる。**二〇〇七年一二月にケニアで大統領選挙を巡って勃発した大規模な暴動がその一例だ。一二〇〇人以上が殺され、三〇万人以上が住む場所を失った。政敵同士のムワイ・キバキとライラ・オディンガは、最終的には連立政権を作ることで折り合いをつけ、紛争を終わらせようとしている。現在、より安定した政府、よい経済政策、「アフリカ開発のための新パートナーシップ（NEPAD）」のような汎アフリカ主義イニシアティブが、モ・イブラヒム基金のガバナンス賞〔よい統治を行った政治家に贈られる〕のような民間のイニシアティブと同様に、有益な影響をもたらしている（暴動が観光業界に打撃を与えたにもかかわらず、景気の回復は早かった。二〇〇八年四月にサファリコムが計画したIPO〔株式公開〕をきっかけに「IPOフィーバー」が起こり、雑貨屋の店主やタクシー運転手といった投資初心者を数多く引きつけた）。

アフリカにおける事業環境は改善傾向にある。世界銀行の国際金融公社（IFC）が二〇〇六年に刊行した報告書では、「事業のしやすさ」の改善率でアフリカ大陸は最下位から第三位に浮上した（ただし、改善率こそ高かったものの、事業のしやすさ自体では大陸トップの南アフリカでさえ世界第二九位だ）。タンザニア、ガーナ、ナイジェリア、そして戦争により荒廃したルワンダなどで最も改善率が高かったようだ。アフリカ諸国の少なくとも三分の二が、最低でも一つの建設的改革を実現している。[18] 改善の実例としては、政情の改善、民主主義の深まり、一四カ国での負債の帳消し、関税障壁軽減の動き、そしてアフリカ各国によるスーダンやコートジボワール、コンゴ民主主義共和国に対する積極的な介入などが挙げられる。

二〇〇六年、世界経済フォーラムのアフリカ担当ディレクター、ハイコ・アルフェルドは、大陸が「力強く、不可逆的に危機を脱した」と語った。アフリカ開発銀行のドナルド・カベルカ総裁も、新たに創刊された『アフリカン・バンカー』誌二〇〇七年夏号（こうした雑誌の発行もまた、銀行取引や投資の成長を示すものだ）の取材で、アフリカの経済情勢が「過去三〇年間で最高」だと語っている。[19]

もちろん、**起業家や成功している企業は、政府の施策や環境の改善をただ待つわけではない。**彼らは経済的、政治的、軍事的不安の紆余曲折の中、事業を築き上げてきた。柔軟性が求められる。ナイジェリア政府が家具や衣類の輸入を禁止したとき、小売業者パークンショップはすぐさま家具製造に乗り出した。ラゴスの店舗にあった輸入家具フロアをまるごと自社の国内生産商品に入れ替えたのだ。ジンバブエでは、政府のガソリン規制によって開店休業に追いこまれたガソリンスタンドが、次々とレストランに早変わりした。逆にビクトリアの滝［ザンビアとの国境に位置する］周辺の小規模事業者たちは自宅をガソリンスタンドにして、国境を越えて近隣諸国へガソリンを仕入れに走った。

起業家精神は、アフリカで健在なのだ。起業家は問題を解決する。電力がなくなれば、発電機やインバーターを売る。金融システムが不安定になれば、外国為替投資で稼ぐ。雇用がなくなれば道端に雑貨屋を開く。起業家精神と消費市場の発展は、政治改革よりもずっと明朗で、安定した、強力な長期的進展の駆動力なのかもしれない。ラゴス・ビジネススクールのパット・ウトミ教授はあるとき、この国を放置してくれるという条件つきで国内すべての石油を軍人や政治家に与えても、そのほうがこの国のためになるだろうと半ば本気で語っていた[20]。

アフリカ諸国の驚異的な回復力は証明済みだ。ウガンダでは一九七〇年代、イディ・アミン政権が、インド人やインド企業の多くを国から追い出した。インド出身のムルジバイ・プラブダス・マドヴァニが設立した砂糖会社カキラ・シュガー・ワークスもその一つだった。マドヴァニは一九一二年にインドからやって来て、ジンジャで貿易会社を立ち上げ、マドヴァニ・グループ［二万人以上を雇用する東アフリカ屈指の企業グループ］を築いた人物だ。

アミン政権によってマドヴァニ・グループは国有化され、すべてのアジア人は一九七二年八月五日に国外追放された。同社の生産は一九八三年まで減少を続け、その年ついに閉鎖された。しかし、アミン政権の崩壊後、マドヴァニ・グループは新政府によって一九八五年に第三セクターとして再び迎え入れられ、二〇〇〇年にカキラ・シュガー・ワークスを完全子会社化した。やがて電力が不足してくると、同社は二〇メガワット規模の発電所の建設を開始した。発電には砂糖の副産物を燃やして使い、余剰電力は全国送電網に売り戻せるようになる予定だ。このコージェネレーション発電所が二〇〇九年に完成すれば、電力の売上高は砂糖の売上高を超えることになる。長く、辛い道のりだったが、同社はかつてないほど強くなって戻ってきたのだ。

政争に負けないアフリカの成功は、インドの勃興と近いものがある。数年前にダボスで開かれた世界経済フォーラムのポスターが、インドの発展をこう表現していた。「一〇年で――三回の選挙と、三回の政府転覆を経て――一つの方向へ」。われわれは政治が経済に及ぼす影響を重視しがちだが、経済も政治に影響を及ぼし、市場開発が政治に安定化作用をもたらすことも忘れてはならない。政治家が規制の変更に注意を向け、慈善団体が不足を補おうと気を配る中、起業家は富を生み出す。彼らが考えるのは、そこにどのような機会があるかだ。

援助ではなく貿易を

医療、政治、人道的危機などアフリカの抱える課題には世界の注目が集まっている。慈善活動家や著名人が大陸を飛び回る。ミュージシャンのボノは自身が共同編集した『ヴァニティフェア』誌の二〇〇七年七月号でこう書いた。
「私たちが人類の平等を本当に信じているのかいないのか、それを証明する場所がアフリカだ」
アフリカに関しては数々のイニシアティブがあり、それは大陸の最も弱い人々の窮状に世界の関心を引き寄せるという重要な役割を果たしている。だが、ここには不幸な副産物がある。「アフリカは戦争と病気と支援要請しかない大陸だ」という印象が生まれてしまうのだ。こうした印象は、大陸に存在し成長しているビジネスチャンスを見えにくくする。

慈善事業もたしかに大事だが、それだけでは不十分だ。新興経済国の例にもれず、アフリカでも、事業者は現地の深刻な問題と向き合うことになる。**コカ・コーラやユニリーバ、ノバルティスといった企業は、病気、貧困、腐敗、その他さまざまな課題に率先して取り組んでいる。**たとえばエイズ予防のためにコンドームを配るという彼らの取り組みは、企業市民活動《コーポレート・シチズンシップ》、すなわち賢明な利己心の結果として行われているのだ。自社の従業員や顧客が直面している問題に懸念を抱かない企業は、どこに行っても長続きしない。だからこそ、CSR（企業の社会的責任）活動は必要不可欠だ。

そして、アフリカの抱える問題は、ビジネスチャンスをも生み出せる。アフリカ各地における安定的な電力供給の欠如から、発電機や太陽電池の市場が生まれた。不安定な金融システムは、携帯電話の通話時間を交換するシステムやマイクロファイナンス、携帯電話による銀行システムなどを生み出した。エイズからマラリアまでさまざまな健康問題により、新たな治療法やジェネリック医薬品、検査器具、保険に対する需要が生まれた。環境に対する懸念は、エコツーリズムに好機をもたらした。問題解決には官民協力による総合的対策が必要な場合が多い。その結果、真の社会的ニーズに対応し、

かつ持続可能性をもったビジネスが生まれるのだ。

アフリカで前向きかつ安定した政府を作ることができた国の経済は繁栄している。ボツワナ、モザンビーク、モーリシャス、そして欧米では混沌と大虐殺の舞台として知られているルワンダまでもがそうした国家に含まれる。[21] ルワンダの指導者たちは、情報技術によって国を「アフリカのシンガポール」へと変貌させることで一人あたりGNPを二三〇ドルから二〇二〇年までに九〇〇ドルまで上げるという、大胆な計画を発表した。[22] スーダンも、西部のダルフール地方における悲惨な状況にもかかわらず、大陸で最も急速に経済成長しつつある国の一つであり、数十億ドル規模の高層オフィスビルやホテルなど、首都ハルツームの空を縁取るビル群はドバイに比べてみたくなるほどだ。[23] 隣国ソマリアでは、内戦で荒廃した首都モガディシュが国際的な懸念を寄せられる一方、北部のソマリランドは安定して栄えている。挫折や戦争、騒乱をくぐり抜け、大陸における全体的な市場の発展は一つの方向へと突き進んできたのだ——上へと。

リーダーシップの必要性

セルテルの創立者モ・イブラヒムは、アフリカを変革する上で政府のリーダーシップだけでなく、起業家精神が持つ力にも気づいていた。まだアフリカにおける携帯電話市場の潜在力に気づく者などほとんどいなかった時代に、イブラヒムは、アフリカで最も成功した新興企業の一つであり、アフリカ発の企業として最大級でもあるセルテルを設立した。

次に、彼は自分の富を注ぎ込んでモ・イブラヒム基金をつくり、ガバナンス賞を創設した。良い統治を行った後に退いたアフリカの元指導者に、五〇〇万ドルの賞金と二〇万ドルの生涯年金を贈るもので、この金額はノーベル平和賞よりも高額だ（多くの国で、退陣した指導者に対する給付手当は一切なく、退職後の生活保障のため汚職に手を染める動機となっていた）。第一回目にあたる二〇〇七年の受賞者はモザンビークの元大統領ジョアキン・A・シサノだった。シサノ元大統領は自国で一六年続いた内戦の終結に貢献した後、二〇〇四年に退陣した。

イブラヒムはこの他にも「イブラヒム・アフリカ・ガバナンス指数」を考案し、サハラ以南の国におけるガバナンスの質をランキングできるようにした[24]。

モ・イブラヒム——アフリカは開店営業中

セルテルの創立者モハメド・イブラヒムは、アフリカにおける投資の好循環と機会を認識する上での在外アフリカ人の影響力を実践してみせた。「私はこれまでずっと、モバイル通信の分野で仕事をしてきた」。二〇〇七年八月に取材に応え、イブラヒムはこう語った[25]。

「私はアフリカ人だ。アフリカについては内戦、法秩序の欠落、病気など、悪いことばかりが報道されていると常々感じていた。本当に悪いイメージだし、不当な話だと思う。そう、たしかに問題は多いが、アフリカはとても大きな場所だ。五三の国があるうち、深刻な問題を抱えているのは四、五カ国くらいだろう。ハルツームにだって、行ってみたらそこがスーダンの一部だと聞いて驚くと思うね」

一方、このマイナスイメージは、ビジネスという観点からは必ずしも悪いことばかりではないともイブラヒムは指摘する。「現実と認識の間にギャップがあると、いい商売ができる」

スーダン生まれのイブラヒムはエジプトのアレクサンドリア大学で電気工学の学士号を取得した後、イギリスのブラッドフォード大学で修士号を、そしてバーミンガム大学で移動体通信の博士号を取得した。ブリティッシュテレコムの幹部としてイギリス初の携帯電話ネットワーク構築に貢献した後、一九八九年にMSI（モバイルシステムインターナショナル）を設立。無線計画、ソフトウェア、コンサルティングの世界的先駆者となったこの会社を二〇〇〇年に売却し、後にアフリカの最大手通信会社となるセルテル・インターナショナルを設立した。

セルテルは顧客サービスにおいて国際基準を備えた企業だったが、同時に「アフリカの企業」でもあった。彼は賄賂の支払を断固拒否し、良いガバナンスをもたらすシステムを構築した。彼は発電機を置き、電池を使い、世界のより発展した地域であれば当然と思われるような通信の基幹回線を、アフリカに敷いていった。銀行は融資に関心を示さなかったので、彼は主に継続的な株式発行を通じて運転資金をまかなった。

「**私たちは、これまで電気通信などまったく存在しなかったような場所にサービスを導入した。手の届く値段で、優れた品質を提供したんだ**」

セルテルが始動した一九九八年、アフリカ全体の携帯電話契約者数はたったの二〇〇万だった。それがいまや一億三〇〇〇万を超えている。セルテルの成功は多くの競合他社を刺激した。二〇〇五年、セルテルは三四億ドルでMTCクウェートに売却され、アフリカで最も成功した事業の一つとなった。同社は現在アフリカの一五カ国以上に支社を置き、アフリカに七億五〇〇〇万ドル以上を投資している。

イブラヒムは自分が富を築いた大陸に、自ら還元し続けている。リーダーシップに対する賞金や指数だけでなく、彼はアフリカ起業家への投資を目的とした二億ドルのベンチャーファンドも設立した。

「私はその気になれば立派な大型ヨットや飛行機を買うことだってできる。だが、これは私の義務だ。私たちはアフリカという一枚の大きな織物をなしている。私がアフリカで稼いだ金は、本当は彼らのものなんだ」

しかし、こうしたアフリカへの投資は、ただの慈善事業ではない。世界的視野の下に隠れているかもしれない機会のことを、イブラヒムは誰よりもよくわかっている。アフリカは今、上り調子だ。

「アフリカにおける事業環境はどんどん良くなっている。いくつものファンドがアフリカで動き始めていて、アフリカ向けの新しいファンドの話も毎週のように聞こえてくる。アフリカ自身が、自分で自分の首を絞めるような真似をやめようと努力している。民間市場が成長しつつある。欧米で最高の学校で教育を受けた、新しいタイプの若いアフリカ人が育っていて、その多くがビジネスをするためにアフリカに戻ってきている。いろいろなことが起こっている。エネルギーがあるんだよ、手で触れるくらいのね。アフリカはビジネスを歓迎しているんだ」

ガーナで生まれ、アメリカで教育を受けたマイクロソフトの元エンジニア、パトリック・アウアーも、リーダーシップを育成する必要性に気づいた一人だ。アウアーはアフリカの未来の指導者を育てるために、アシェシ大学を創立した。「アフリカが今のような形になってしまった最大の原因は、リーダーシップが不足しているからだという結論に達したのです」。電話取材に応えて彼はこう言った。「私のような人間が取り組まなければ、誰がやるでしょうか[26]」

マッキンゼーの元コンサルタント、フレッド・スヴァニカー（同じくガーナ出身）も同様の必要性を感じ、南アフリカに高校生を対象としたアフリカ・リーダーシップ学院を創立した。「社会を作ったり壊したりするのは、その社会の一員であるごく少数の個人です」。二〇〇七年五月に行われた取材の中で、スヴァニカーは、ネルソン・マンデラ元南アフリカ大統領やデズモンド・ツツ大主教がもたらしたプラスの影響や、逆に他の指導者がもたらしたマイナスの影響に言及した。「私たちはアフリカの真の変革推進者を特定し、その人物像を伝えることで、新たな人材を育てているのです」

同じ衝動に突き動かされ、ベルギーのNGOエコー・コミュニカシオンは、「希望と富の創出プロジェクト」の助成により、「ハルブントゥ大会」（「ハルブントゥ」はキルンディ語で「この場所には価値がある」という意味）を設立し、「アフリカを前進させている人々」を評価している（www.harubuntu.net）。

動きだす九億人市場

アフリカの勃興は、ありふれた風景の中に隠れている。道端にも、品物があふれる小売店の売り場にも、勃興するアフリカを見ることができる。拡張される各地の空港やケニア航空、エチオピア航空、南アフリカ航空、その他諸々の航空会社の飛行経路にも（ヴァージン・ナイジェリア航空のような抜かりのない世界規模の航空会社は言うまでもない）。並外れて成長の早い銀行業、携帯電話、自動車、消費財にも。アフリカの通りを歩いていれば見えるのだが、見ようとしなければ見えてこない。

本書は、読者の目をアフリカの勃興と、そこにある機会に向けるために書かれた。

第二章「意外に豊かなアフリカ」では、**アフリカが一人あたり国民総所得で見ればインドよりも裕福である事実、一〇以上のアフリカ国家が中国よりも豊かである事実**について考察する。携帯電話や銀行業務の発展はさらなる成長の基盤を築いている。こうした初期段階の発展がまだ始まったばかりだということは明白だ。

アフリカ各国を取材して歩く中で、私は**アフリカにおける最も大きな機会は市場のミドル層にある**と聞き、その層を「アフリカ2」と名づけた。第三章「アフリカ2の力」では、アフリカ2を占める四億以上の人々が示す機会と、プレミアム・セグメント（アフリカ1）に見られる重大かつ新しい機会、そして低所得セグメント（アフリカ3）についても検証する。

こうした背景を踏まえ、本書の後半では、アフリカ市場の成長と共に出現しつつある具体的な機会と、一見意外な市場の特徴を見ていく。第四章「パズルのピースを探す――〝組織化〟で機会を創る」

では、**アフリカ市場がいかに以前よりも組織化され、小売や流通、輸送などで変貌を遂げているか**を見る。企業はこの組織化プロセスを利用または主導することにより、アフリカで事業を構築しているのだ。

第五章「格差を飛び越える——インフラの市場機会」では、**電力や水道、衛生、医療などアフリカのインフラ面の弱点が実は機会の源**であり、企業がこうした市場のニーズをとらえて事業を構築する様子を見てみよう。

アフリカの若年人口は世界で最も多く、しかも年々増加しており、制服やおむつ、教育といった商品に関してはまさに市場機会の源だ。これについては第六章「チーター世代と共に——成長を続ける若年層市場」で詳しく述べる。第七章「こんにちはノリウッド——メディアと娯楽の市場」では、**ナイジェリア映画（通称ノリウッド）の勃興をはじめアフリカ全土に及ぶ娯楽とメディアの普及**により、この分野における機会が増えてきたことについて考察する。

アフリカにおける市場機会の規模は、大陸の規模を上回る。第八章「故郷へ——在外アフリカ人が生み出す市場機会」で述べるように、**何百万ものアフリカ人が世界中に散らばり、アフリカに何十億ドルもの仕送りをするばかりでなく、経験と知識を携えて故郷へ戻ってくるのだ。**才能あるアフリカ人の流出は「頭脳流出」への懸念を招いたが、これもまた、アフリカの勃興と増え続ける富の隠れた原動力だ。そして最後に、第九章「人間性が経済を支える——ウブントゥ市場」では、アフリカにおける将来の市場機会と、その機会を見出す方法について考える。

アフリカ全体に楽観的意識が流れていることはさほど驚くことでもないのだろうが、アメリカの報道を見ていると、最初のうちはどうにも不可解に思えるだろう。二〇〇七年に『ニューヨーク・タイムズ』紙と米調査機構ピュー・グローバル・アティテュード・プロジェクトがサハラ以南の一〇カ国を対象に実施した調査によると、ほとんどのアフリカ人が、五年前よりも今のほうが暮らし向きは良いと感じているのだそうだ[27]。セネガルでは、五六％が暮らしは良くなったと回答した一方、悪くなったと答えたのは三〇％にとどまった。ナイジェリアでは五三％、ケニアでは五四％が良くなったと回答した。回答者は、将来についても楽天的だった。欧米のケーブルテレビで流れているアフリカについての報道には明らかに無頓着なようだ（事実、同調査ではエチオピア人の七一％が、自国についての世界の報道が適正に行われていないと答えている）。

広告会社マッキャンが世界一〇カ国の一六～一七歳における楽観主義について行った調査によると、イギリスなどの先進国では多くの若者が疲弊しているが、南アフリカの若者は世界で最も楽観的な人々だということだ。コカ・コーラが二〇〇六年三月に実施した汎アフリカ調査でも、こうした楽観的意識がアフリカ中に見られると述べている。地域によって多少意味するところは違うだろうが、おしなべて、楽観主義とは自分を信じる心と、自分の人生の主導権を握るという意味を持つ。

「矛盾するようですが、ナイジェリアは世界で最も暮らしづらい国の一つです」。二〇〇六年にラゴスで会った際、広告代理店プリマ・ガーネット・オグルヴィのCEOルル・アキンウンミはそう話していた。「家には発電機を備え、水は自分で確保しなければいけません。三メートル近い高さの壁と、ロットワイラー種の番犬が三頭、それに警備員も置かなければいけない。交通状況は最悪です。それでも、ナイジェリア人は陽気な国民です。夜になれば集まってビールやペッパー・スープをすすり、日中のストレスから解放されます。そんな光景は珍しくありません」

アフリカ外の人間の関心が問題点に集中する一方、アフリカ各地では、不可能などないという感覚が見られる。ナイジェリアは二〇三〇年までにナイジェリア人を月へ送り込む計画を発表したし、二〇〇七年に発表した計画では、シンガポールをモデルとした経済改革を行い、二〇二〇年までに世界の上位二〇カ国以内の経済大国になると述べている。これが、電力を安定供給できず、二〇〇六年の一人あたり国民総所得がわずか六四〇ドルの国が立てている計画なのだ。

実現性を疑うかもしれないが、ナイジェリアは中国人技術者の協力のもと、三億ドルをかけて初の静止通信衛星「ナイジコムサット - 1」を設計製作し、二〇〇七年に打ち上げた。このプロジェクトには中国政府が出資し、中国の国有航空宇宙会社である長城工業総公司が衛星を追跡しており、アブジャの追跡基地に配属するためのナイジェリア人技術者の訓練も行っている。衛星は法人顧客向けに通信環境を改善する他、通信教育や政府文書の一般人向けオンラインアクセス、オンラインバンキングなどの後押しも期待されている。二〇〇五年には南アフリカが南半球最大の望遠鏡を、サザーランドという小さな町に設置した。地上の問題はさておき、アフリカはつねに天を見上げているのだ。

ディアジオのアフリカ地域担当マーケティング・ディレクター、マシュー・バーウェルが言うように、「ナイジェリアのような土地で最高の輸出品は、楽観主義だ」。楽観主義は、これ以上落ちようがない状況のなかで生まれる、と言う者もいるが、より納得できる説明は、ラゴスで私が雇った運転手が教えてくれたことかもしれない。モーゼという実に良い名前をもつ彼は、ごみごみしたラゴス市内の移動中に何度も道に迷い、私はいくつもの約束に遅刻する羽目になった。にもかかわらず、彼は道順の知識に関して、つねに自信たっぷりだった。問い詰めると彼は、ナイジェリアでは自信ありげに振る舞わなければ世間に足元をすくわれる、と白状した。

楽観主義は、ラゴスの絶え間ない交通渋滞の隙間を、さまざまな品物を日の光にさらしたまま歩き回る大勢の失業者たちにも見られる。チューインガムに炭酸飲料、家電、じゅうたん、椅子まで売り歩く彼らは、文字どおり「動くデパート」だ。雇用がなければ、物売りになればいい。こうした楽観主義が、子供と若者をターゲットにした広告にも表れている。キャッチコピーを読む限り、彼らは「未来が待ち受けている」と信じているのだ。

これは希望的観測ではなく、先行指標になりうる。楽観主義は、アフリカの可能性に対する信念、大陸中に広がる信念の表れなのだ。

アフリカには、自分の問題を自分で解決する精神もある。この精神は二〇〇四年にアフリカ人女性として初のノーベル平和賞受賞者となったワンガリ・マータイ博士のような地域リーダーが示している。マータイは七人の平和賞受賞を含む一六人以上の（インドよりも中国よりも多い）アフリカ出身ノーベル賞受賞者の一人だ。アメリカで学んだマータイは出身国ケニアへ戻って博士号を取得し、「グリーンベルト運動」に取り組んだ。女性たちと共に一億本以上の木をケニア中に植え、土壌浸食を食い止めようとする活動だ。世界的な運動に発展したこの活動は、一〇億本の植林をもって二〇〇七年一一月に目標を達成した。ノーベル賞受賞後のＣＮＮの取材で、彼女はこう語っている。

「アフリカ人が自分たちに対する見方を変えない限り、外国人のアフリカ人に対する見方も変わらな

未来が待っている！　サーチ・アンド・サーチが手がけたピーク・ミルクの広告は、日に日に若返る大陸において、ナイジェリア人の親の願望に目をつけたものだ。今の世代の子供が、2030年までにナイジェリア人を月へ送り込むという計画で本当に宇宙を目指すことになるだろうか？（提供：SO&Uサーチ・アンド・サーチ）

いと思います。（中略）いちばん必要なのは、自分たちを勇気づけ、自分たちを信頼することです。資源ならもういくらでもあるのですから[28]」

アフリカの楽観主義は、アフリカでどんなことが成し遂げられるかをその目で見てきたビジネス・リーダーたちにも浸透している。ナイロビのセレナホテルで会ったとき、ケニアのマガディ・ソーダのCEOジェームズ・マセンゲは大胆に言い切った。

「**世界の未来はアフリカにあると思っています**」

美しいセレナホテルのプールサイドで、革ジャケットに開襟シャツといういでたちのマセンゲの口から出たその言葉には、信憑性があった。ピンク色の水泳キャップをかぶった観光客が暖かい日差しを浴びながらオリンピックサイズのプールにぷかぷかと浮かび、小鳥が木々でさえずっている。これが、毎朝ランドローバーに乗り込んではサバンナへと繰り出すサファリツアーの観光客が見に来るアフリカの光景だ。

観光業は、マセンゲが目を向けていた事業ではない。

彼の事業はナイロビから南へ約一三〇キロの農村部にある。マガディ・ソーダ（現在はインドのタタ・グループ傘下にある）はガラスや洗剤などの製品に使われるソーダ灰を作っており、世界中、特にアジアに製品を輸出している。工場へたどりつく道路や線路がなかったとき、マガディは道を敷いた。従業員やその家族が行ける学校や病院がなければ、学校や病院を建てた。そしてそうした施設を近隣の貧しいマサイ部族のコミュニティに開放し、税引き後利益の約二〇％を社会奉仕プロジェクトに充てたのだ。

マセンゲが楽天的なのは、努力すればアフリカでも事業で大成功できる可能性があることを知っているからだ。世界の未来はアフリカにあるという彼の意見は、十分うなずける。

- アフリカの勃興によって、どんな機会が生まれているのだろうか。
- 九億人以上を抱えるこの潜在的市場に進出するには、どんな戦略が求められるだろうか。
- 新たな市場ニーズで対応できるものは何だろうか。
- こうした市場はどのようなスピードで登場してきているだろうか。
- 大陸が発展する上で直面する課題は何だろうか。
- アフリカ大陸の多様性にはどういった機会があるのだろうか。

第2章 意外に豊かなアフリカ

大陸全体で見ると、アフリカは一人あたりの国民総所得でインドを上回るし、中国を上回っているアフリカ国家も十数カ国ある。プライベート・エクイティ・ファンドと活発な在外アフリカ人たちが、投資と市場機会を拡大しつつある。情報通信や金融の面での発展が、さらなる発展の土台となっている。アフリカは意外に裕福なのだ。

アフリカには世界で最も貧しい国々が含まれるが、大陸を全体として見れば、インドよりも裕福だ。二〇〇六年におけるアフリカ全五三カ国の一人あたり国民総所得の平均は約一〇六六ドル、インドよりも二〇〇ドル以上高かった。アフリカの一二の国（人口は合わせて一億人を超える）は中国よりも高く、二〇カ国（合計人口二億六九〇〇万）がインドを上回っていた。

これは膨大な可能性を秘めた市場の存在を示している。もちろん参入は容易ではなく、この大陸には多くの経済的、政治的、法的、医療的、社会的困難がある。だが、起業家精神あふれる企業は、携帯電話や金融、テレビ、旅行など、急増しつつある消費財やサービスの需要をとらえ、アフリカ市場への参入が可能であることをすでに証明している。

もちろん、人口一人あたりの国民総所得だけでアフリカを理解できるものではない。アフリカは残忍な独裁者や悲惨な病、環境危機、文化的・宗教的緊張、乏しいインフラ、その他無数の困難によって荒廃した大陸だ。そのためアフリカにビジネスチャンスがあるなどという考えには異論が多い。たとえば、「アフリカは小国の集合体であり、〝規模の経済〟が成り立ちにくい」、「機会があるといっても、それは南アフリカと北部地域だけだ」、「この大陸は〝病気国家〟に満ちており、それが大陸全体の安定を脅かしている」といった見方がある。

それでは、これらの異論に反論してみよう。

想像以上に大きなアフリカ

アフリカはばらばらの小さな国が集まった大陸であり、ビジネスに求められる「規模の経済」が成り立ちにくいという意見がある。だが、人口一億四〇〇〇万人のナイジェリアはもちろん、アフリカ諸国の約三分の二がシンガポール（四〇〇万人）よりも人口が多い。キプロス（一〇〇万人）より人口が少ないのは六カ国だけだ。シンガポールやキプロスのような市場を見逃す手はないと主張するのなら、アフリカ市場も見逃すべきではない。

各国の一人あたり国民総所得（2006年、米ドル）

セーシェル	8,650	コンゴ共和国	950	タンザニア	350
赤道ギニア	8,250	コートジボワール	870	ジンバブエ	340
リビア	7,380	**インド**	**820**	モザンビーク	340
ボツワナ	5,900	スーダン	810	ガンビア	310
モーリシャス	5,450	サントメ・プリンシペ	780	ウガンダ	300
南アフリカ	5,390	セネガル	750	マダガスカル	280
ガボン	5,000	モーリタニア	740	ニジェール	260
ナミビア	3,230	コモロ諸島	660	ルワンダ	250
アルジェリア	3,030	ナイジェリア	640	シエラレオネ	240
チュニジア	2,970	ザンビア	630	エリトリア	200
スワジランド	2,430	ケニア	580	ギニアビサウ	190
カーボベルデ	2,130	ベナン	540	エチオピア	180
中国	**2,010**	ガーナ	520	マラウイ	170
アンゴラ	1,980	チャド	480	リベリア	140
モロッコ	1,900	ブルキナファソ	460	コンゴ民主共和国	130
エジプト	1,350	マリ	440	ブルンジ	100
カメルーン	1,080	ギニア	410	ソマリア	-
ジブチ	1,060	中央アフリカ	360		
レソト	1,030	トーゴ	350		

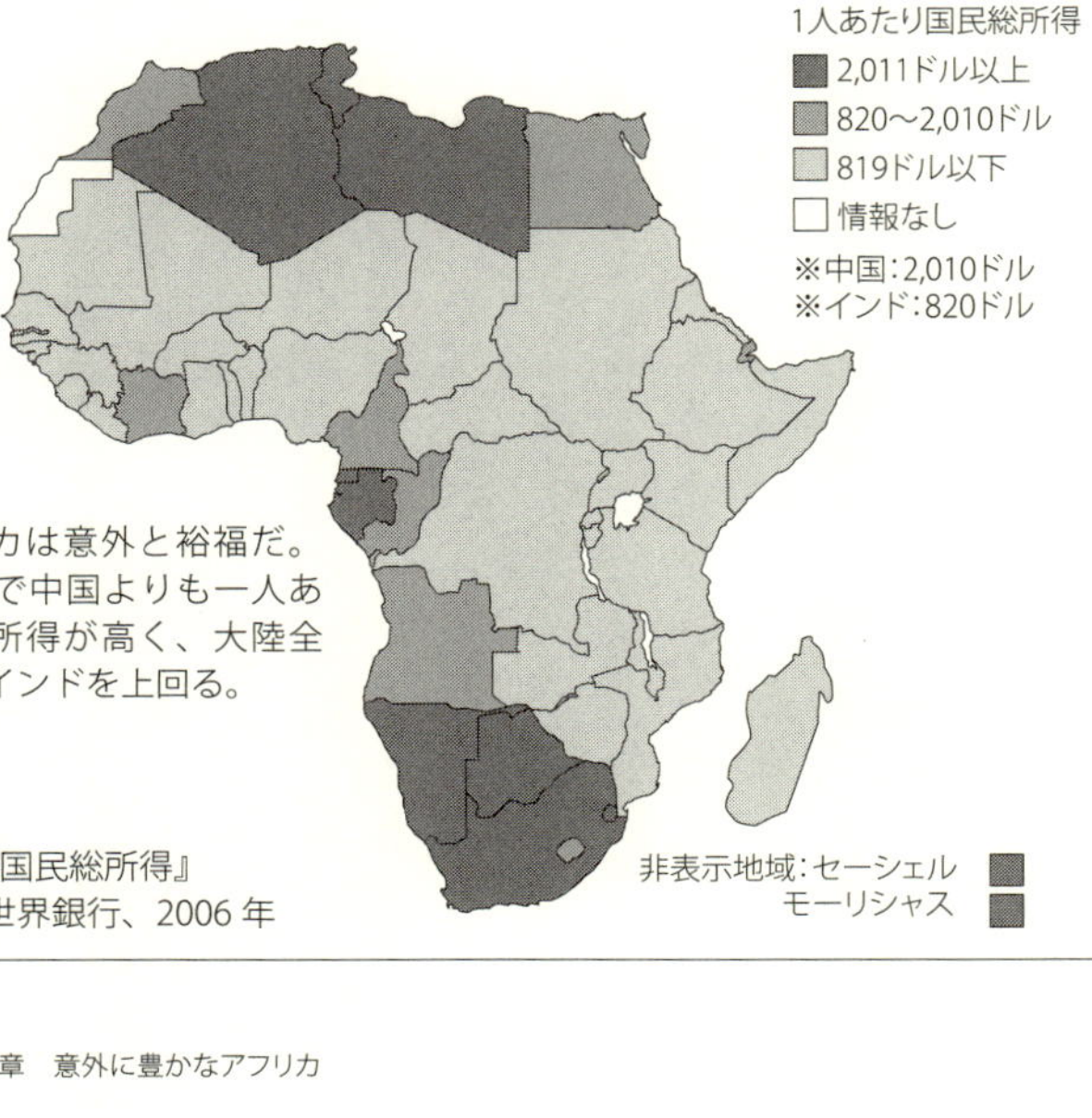

アフリカは意外と裕福だ。12カ国で中国よりも一人あたりの所得が高く、大陸全体ではインドを上回る。

出典：『国民総所得』
世界銀行、2006 年

それに、**アフリカでは複数の国が共通の言語や文化をもち、同様の貿易を行っているため、小国をより大きな地域にまとめられる場合がある。いくつかの国の集合体が、大きな市場を創り出すのだ。**

北アフリカのマグレブ地域〔リビア、チュニジア、アルジェリア、モロッコ、モーリタニア〕が好例だ。この地域に住む一億人のアフリカ人のうち七五〇〇万人は、フランスに直接・間接のつながりをもっている。貿易、人の流れ、言語、歴史における関連性を踏まえ、フランスは二〇〇七年三月にマグレブ諸国との連携強化を発表した[1]。この地域の人口はアフリカの全人口のおよそ九分の一を占めている。二〇〇八年、フランスのニコラ・サルコジ大統領はＥＵ加盟国と地中海沿いの一〇の国とを対象とした、より幅広い「地中海連合」を提唱した。また五カ国から成る東アフリカ共同体（ＥＡＣ）や一四カ国で構成する西アフリカ諸国経済共同体（ＥＣＯＷＡＳ）といった地域組織が結集し、貿易協定を締結するなど、さまざまな交渉を行っている。

小国の企業は国境を超えて市場機会を捜し求める。たとえば、人口一〇〇〇万人程度のチュニジアで会った経営者の多くは、成長するためには周辺国およびヨーロッパへの事業拡大が必要だと力説していた。彼らは政府間協定が結ばれるまで待つつもりなどないのだ。

また別の異論として、アフリカの多くの国は内陸国であるというものがある。これも深刻な懸念材料には違いないが、**本質的な問題は、他国経由で主要な港を利用するためのインフラや諸協定をその国が保持しているかどうかという点だ。**インドにも内陸の州はあるが、生産活動は非常に活発だ。たとえば、農業と工業が盛んなパンジャブ州は内陸だが、しっかりとした輸送インフラが確保されている。鉄道網でどこにでも移動できるのだ。

アフリカの公用語

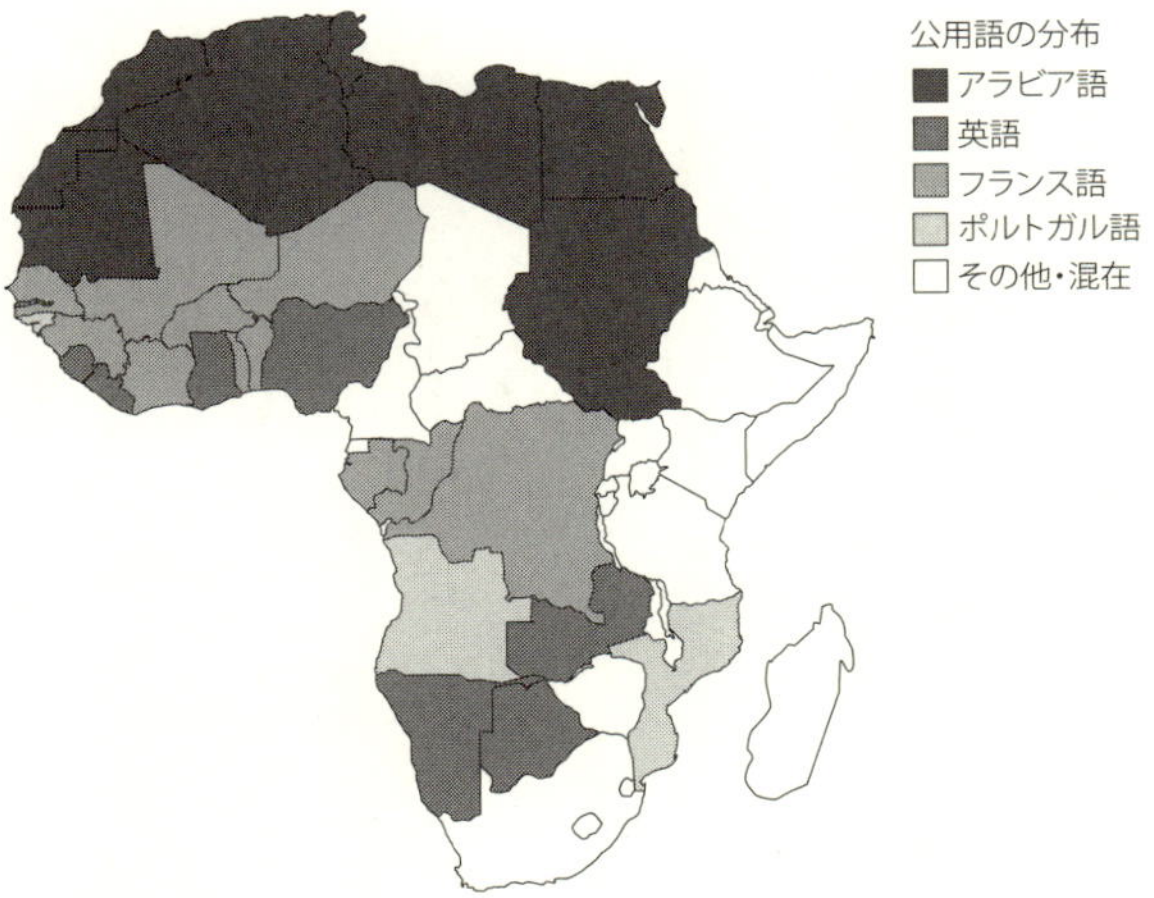

アフリカでは、航空会社や携帯電話の発展により、内陸に閉じ込められていることのハンデを克服してきた。二〇〇五年にセルテルを買収した通信大手ザインはアフリカの一五の国にサービスを提供しており、その多くが内陸国だ。ただ発展のためには、依然として海岸へのアクセスが欠かせない。

一九三〇年代にケニアで創業して以来一一カ国以上に事業を拡大してきた財閥コムクラフト・グループの会長、マヌ・チャンダリア博士は、内陸国の成長には鉄道などの輸送システムの改善がきわめて重要だと語った。「ケニアは、いくつもの内陸国にとっての玄関口なのです。内陸国にサービスを提供することが、ケニアで最大のビジネスとなる可能性があります」。博士は、ケニアがモンバサ港や鉄道などの輸送チャンネル、送油パイプライン、ナイロビ空港などのインフラを内陸国の玄関口として活用できることに注目している。[2]

アフリカと世界はナイロビで出会う

ウェスタン風のシルクタイにビーズつきのアフリカンベルトを締めたケニア航空代表取締役兼CEOタイタス・ナイクニは、世界の交差点に立っている。二〇〇六年七月に訪れたナイロビのジョモ・ケニヤッタ国際空港にほど近い彼のオフィスでは、デスクの後ろに貼られたポスターが「アフリカと世界はナイロビで出会う」と宣言していた。反対側の壁には世界地図がかかり、ナイクニはそれを眺めて次の市場機会に思いを馳せるのだった。

「アフリカについての議論には、大局的な理解が欠けている」と彼は言う。「否定的な雑音が多すぎて、肯定的な音がかき消されてしまっている」と言うのだ。

ナイクニはサイドボードに並べられたジェット機の模型を一つ手に取った。アフリカの伝統を活用し、汎アフリカ戦略を構築するために一新された会社のロゴマークと、「アフリカの誇り」という文字が機体を飾っている。国内の順調な観光ビジネスその他の事業を基礎とするケニア航空は、ナイロビをアフリカの事実上の拠点に仕立て上げた。

ナイクニのような先駆者たちは、世界のアフリカに対する見方を変えるだけでなく、アフリカのアフリカ自身に対する考えも変えている。「われわれにはアフリカを切り開いていく義務があるが、それは収益を上げつつやっていかなければならない」。ケニア航空は毎年二、三カ所の新規寄港地を開拓している。大陸において地方戦略、地域戦略、汎アフリカ戦略を推進し、サハラ以南のアフリカ諸国をヨーロッパや中東、アジアとつないできた。

ナイクニいわく、単独で航空事業を行うには小さすぎる国もいくつかあるが、関係のある国を数カ国まとめて魅力的な市場を形成することは可能だ。たとえばチャド、カメルーン、中央アフリカ、ガボン、赤道ギニア、サントメ・プリンシペ、コンゴは一つのグループになるという。彼のデータによれば、これらの国々の二〇〇六年七月時点での合計人口は三四八〇万人で、経済環境は良好、政治情勢も安定しており、言語と文化が共通だ。カメルーンに飛行機を飛ばせば、このグループ全体の玄関口となりうるのだ。

二〇〇三～〇六年の間に、ケニア航空の売上高は二七五億ケニアシリングから五二八億ケニアシリング（約六四二億円）まで増加した。このところ世界的に精彩を欠く航空業界において、同社の二〇〇五～〇六年の株価はブリティッシュ・エアウェイズ、ルフトハンザ、そしてダウ・ジョーンズの航空会社関連株価指数を大幅に凌いでいた。税引き後利益率は二〇〇三年の一・三％から二〇〇六年には九・二％になり、ほぼすべての競合他社を上回ったのだ。

地方や地域によってかなり違いはあるものの、携帯電話や金融業の実績が示すとおり、汎アフリカ戦略に可能性がないわけではない。携帯電話事業では、国境をまたぐ相互運用性、それに規模も強みだ。セルテル［ザイン傘下］は一二カ国の四億人を対象に相互運用性を提供する「ワン・ネットワーク」

サービスを二〇〇七年一一月に開始した[3]。利用者は自国通貨で購入した通話時間を国境を越えて利用できる。これによりアフリカの携帯電話利用者は、先進国でもなかなか得られないようなサービスを手に入れているのだ。同じことが金融業にも言える。バークレイズ銀行などは大陸中にその営業拠点を増やしつつある。

南北以外にも広がる機会

アフリカの市場機会はすべて南アフリカと北アフリカ諸国だけに存在するのだろうか。エジプトなどの北部諸国はアフリカにおける即時的な機会の大きな割合を占めており、大陸の反対側では南アフリカも同様だ。しかし機会は南北両端だけにとどまっているわけではない。一人あたり国民総所得において中国よりも裕福な一二の国のうち、一〇カ国がサハラ以南の国であり、インドよりも裕福な二〇の国のうち、一六カ国が南部の国だ。

アフリカン・ビジネス・リサーチのアヨ・サラミ博士が開発し、『アフリカン・ビジネス』誌に発表したアフリカ大陸における二〇〇六年の上位五〇〇社は、単独の業種や一、二カ国だけに集中してはいない。たしかに南アフリカとエジプトが上位企業の大部分を占めてはいるが、ランキングには一六の異なるアフリカ国家が入っている。上位企業の業種は鉱業、通信、建設、銀行、消費財と幅広い。これら一六カ国の上位企業の時価総額は、合わせて八九〇億ドル近くになる。アフリカの市場機会はさまざまなセクターにわたり、大陸全体を網羅している。

南アフリカは単にサハラ以南のアフリカにおける経済の牽引役というだけではない。アジアでシンガポールが果たしたような役割をも果たす場合が多い（もっとも、他の国も自らが「アフリカのシンガポール」を掲げて競っているが）。南アフリカはスタンダード銀行の主導により、アフリカ大陸最大の世界的な海外直接投資国となっている。同国の安定した経済と大規模な市場は企業がそこからサハラ以南の他国へ移っていく際の玄関口となった。南アフリカを例外として見てしまうと、他のアフリカ諸国の発展におけるプラットフォームとしての南アフリカの重要性を見落としかねない。ポール・コリアーは著書『最底辺の一〇億人』（日経BP社刊）で、近隣国が発展している国は自国も発展しやすいため、南アフリカのような成功国家は心理的な後光効果をもたらすと指摘している[4]。

アフリカにおける市場機会の分布は不均等であり、一部の国が急速に進展を遂げる一方、他の国は暗黒時代のままだと主張する人もいる。たしかにアフリカは均質ではない。だが中国やインドも同様だ。ただ、中国やインドの複雑性は一カ国の中に収まっているという違いはある。アフリカの国家は無力で紛争の多い国から世界で最も急激に成長し、繁栄している国まで多岐にわたる。

インドでもこの状況はそう変わりはしない。事実、インドの人口の約半数を抱える五〜六州は「バマル」、つまり「病気」の州と呼ばれている。こうしたバマル州をインドから取り除けば、一人あたりの国民総所得は大きく上昇すると言われることもある。インド保健省が実施した健康調査では、バマル州の一つであるウッタル・プラデーシュ州における子供の栄養失調の度合いはサハラ以南アフリカのそれよりも悪かったとされていた[5]（ただし後ほどアフリカの数値は下方修正された）。どのような経済にも問題地域はあり、異常値を基準にして市場機会のすべてを判断することはできない。

アフリカにおける成長率は先進国市場のそれを凌駕しており、それはつまりアフリカで事業を行う者にとって、前途はますます明るいということだ。世界銀行は『アフリカ開発指標二〇〇七』の中で、「多くのアフリカ経済が危機を脱し、急速かつ安定した経済成長の道へと進んでいるようだ」と結んでいる。[6] 一九九七年から二〇〇七年の一〇年間で、アフリカ全体のGDP成長率は三・五%から六%へと上昇し、インフレ率は一〇・二%から六・六%へと減少した。二〇〇五年の世界全体でのGDP成長率上位五〇カ国のうち、アンゴラは二位だった（首位はアゼルバイジャン）。高成長を遂げた他のアフリカ国家は赤道ギニア、リベリア、コンゴ、モザンビーク、シエラレオネ、ナイジェリアなどだった。全部合わせれば、二億二〇〇〇万ものアフリカ人が、GDP成長率六%超の地域に住んでいる。[7]

人口統計も、アフリカにとってよい兆候を示している。**アフリカは全人口の過半数が二四歳未満であり、世界的に見ても最も若い市場を有している。人口調査局によると、ヨーロッパの人口が二〇五〇年までに六〇〇〇万人減少すると言われている一方で、アフリカは九億人増えて現在の人口からほぼ倍増すると予測されている。**ただ、あまりの増加の速さに、人口過剰の影響に対する懸念も出てきている。人口調査局が調査を行ったこの期間で、コンゴ民主共和国とエジプト、それにウガンダが、ナイジェリアとエチオピアに続いて世界で最も人口が多い国の上位一五カ国に名を連ねている。[8] 出生率が世界で最も急速に成長しつつあるアフリカは、日に日に若返っている大陸だ。これは教育や娯楽、スポーツ、若年層向け広告に好機をもたらす。そして将来、世界の消費者の中でアフリカが占める割合がより大きくなるということでもある。ＢＲＩＣｓに焦点を当てるのならば、ナイジェリア、エジプト、ケニア、南アフリカによるＮＥＫＳ（「ネクスト」と読む）市場にも注意を向けるべきではないだろうか。

海外から流れ込む投資

二〇〇六年のアフリカに対する海外からの直接投資（ＦＤＩ）は三九〇億ドルと、二〇〇四年の倍の水準だった。[9] 過去の成功と将来の可能性に対する積極的評価を表すように、大陸には記録的スピードで資金が流れ込んでいる。**アフリカでは約二〇〇のプライベート・エクイティ・ファンドが投資活動を行っており、約一五〇億ドルを運用している。[10] 二〇〇八年には、南アフリカが初めて海外直接投資対象国上位二五カ国にランクインした。[11]**

資金はエジプトや南アフリカにだけ流入しているわけではない。二〇〇六年のデータでは、上からエジプト、ナイジェリア、スーダン、モロッコ、アルジェリア、リビア、赤道ギニア、チャド、ガーナなどが海外からの投資を引き付けている。[12] 二〇〇六年にはタンザニアに三億七七〇〇万ドル、ウガンダに三億〇七〇〇万ドル、そしてブルンジに二億九〇〇〇万ドルが注入された。投資家は二〇〇六年だけでサハラ以南アフリカへの投資を二〇億ドル以上（中南米やカリブ海諸国と同水準）増やしたという。[13] その成果は見事なものだった。[14] たとえばナイジェリアの株主資本利益率は世界最高水準の二〇％を記録、南アフリカでもファンドの上位四分の一が四〇％以上の投資利益を出している。

コマフィンのようなプライベート・エクイティ・ファンドが一九九〇年代に先陣を切って成功したことにより、キングダム・ゼファー（アメリカ）やアクティス（イギリス）、オーレオス・キャピタル（イギリス）、FMO（オランダ）、コーディアント（カナダ）といったファンドが進出した。二〇〇七年六月、世界銀行の国際金融公社はサハラ以南アフリカの携帯電話事業向けに三億二〇〇〇万ドルの投資パッケージを公表し、大陸に対する関心の高まりを示すものとして歓迎された。

一〇億ドル以上の資本を運用しているエマージング・キャピタル・パートナーズ（ECP）は、アフリカをターゲットとしたプライベート・エクイティ・ファンドの中でも最大規模の運用者だ。ECPは四億ドルのAIGアフリカ・インフラストラクチャー・ファンドや四億ドルのEMPアフリカ・ファンド2など五ファンドのポートフォリオを運用しており、二〇〇七年現在、アフリカ全土で三〇カ国以上を対象に四〇件以上の投資を行っている。

アフリカ開発銀行グループはアフリカに対して合計五三〇億ドルの投資を約束し、中小企業への投資には現地の提携銀行をよく活用している。この投資はナイジェリアにおける金融業の発展に弾みをつけ、これまで銀行サービスを利用できなかった低所得層や地方在住者向けにサービスを提供するケニアのKレップ銀行のような、革新的な企業の成長を促進してきた。

ヨハネスブルクにあるCBAキャピタル・パートナーズのジャグ・ジョハルは一九九〇年代にロンドンからアフリカにやってきたとき、そこにある機会の数々に驚かされたと語る。「ここに来るまでは、アフリカに対する私のイメージは飢餓と戦争だけでした」。ヨハネスブルクで取材した際、彼はこう言った。

「二年だけいる予定でしたが、ここにある数々のビジネスチャンスを目にしてしまって。アフリカという場所は住むと離れられなくなるんですよ」

二〇〇七年には数々のファンドが新たに立ち上げられたり拡大されたりした。その中には二〇〇七年八月の、ヨハネスブルクのパモジ・インベストメントによる一三億ドルの汎アフリカ向けファンド設立も含まれる。デベロップメント・パートナーズ・インターナショナルは五億ドルの資金調達を目標として設立された。セルテル創業者モ・イブラヒムが支持するプライベート・エクイティ・ファンドのサティヤは二〇〇七年五月に二億ドルを集めた。[15]

ルネッサンス・キャピタルはロシアの新興市場に対する理解に基づき、アフリカを「新たなロシア」とみなして大きく踏み込んできた。同社の調査では、サハラ以南アフリカの時価総額は二〇一〇年には二〇〇六年水準の四倍以上にあたる二四一〇億ドルに到達すると見込まれている。[16] 二〇〇八年四月、世界銀行のロバート・B・ゼーリック総裁はアジアと中東の政府系ファンドに対し、資金の一％をアフリカに投資するよう呼びかけた。それが実現されれば、アフリカに対する民間投資に三〇〇億ドルが上乗せされることになる。

「アメリカやヨーロッパで投資を行っているのなら、アフリカにも投資するのは理にかなっています」と言うのはバーバラ・ジェームズ。アフリカのベンチャー・キャピタルやプライベート・エクイティ・ファンドの投資促進を目的として設立されたアフリカ・ベンチャー・キャピタル協会（AVCA）の元代表取締役だ（ジェームズはアフリカ初の「ファンド・オブ・ファンズ」ヘンショー・ファンドが二〇〇七年に立ち上げられた際、その指揮をとった）。二〇〇七年八月の取材で、ジェームズはさらにこう言った。

「世界中のさまざまな国の成長を見てみると、高成長国の上位一〇カ国中八カ国はアフリカの国です。業績の良い株式市場も、上位一〇市場中八市場はアフリカにあります。このようなホットスポットを見逃す手はありません」

アフリカのプライベート・エクイティは五年以内に三〇億ドルまで増加すると彼は見ている。

「以前は、投資家にアフリカへの関心を持たせるには大変苦労したものですが、それも変わりつつあると思っています。アフリカに対する関心は、中国やインドに対する関心にはまだまだ遠く及びません。しかし、新たなビジネスチャンスや多様性を求めている人々は、アフリカで起こりつつあることに気づき始めています。到底見過ごせるものではないのです」

北アフリカは中東と強い結びつきを持つ。エジプトのような国ではサハラ以南のアフリカよりも中東とのつながりのほうが強い。共通の宗教と歴史があるということは、北アフリカとアラブ世界との間には人と資源の大きな流れがあるということだ。たとえば、ドバイ・ホールディングスはチュニジアのチュニス湖にある八三〇エーカーの区画に一四〇億ドルを投じ、二五〇〇ものハイテク企業を誘致するための土地を整備している。ドバイ・ワールドは東アフリカの小国ジブチに大型の港やホテルなどのインフラを構築するべく、八億ドル以上を投資した。要するに、ドバイを大規模な金融、観光、輸送の拠点へと変貌させた青写真を、ジブチでも使おうというわけだ。ドバイ・ワールドはルワンダでの開発にも投資を行っている。アルジェリアでは、エミレーツ・インターナショナル・インベストメントが砂漠化の防止と生物多様性の保全を目的とした二四〇ヘクタールの都市公園など、数々の投資を行っている。この公園は太陽光発電・風力発電設備により電力を供給し、再生可能なエネルギーの開発を目指すものだ。こうした結びつきは、アフリカから中東へ向かう移民の流れにより、現在も続いている。アフリカとレバノンとの結びつきも強く、数多くのレバノン系起業家がアフリカ、特に西アフリカで積極的に事業を立ち上げている。

プライベート・エクイティは、地元の成功者を多国籍企業へと変貌させている。一九五七年にタンザニアの小さな貿易会社として創業したスマリア・グループは、現在では製薬、プラスチック、洗剤、乳製品などを扱う事業を展開している。オーレオス・キャピタルからの投資を受けた同社はケニアやコンゴ民主共和国、モザンビーク、ウガンダへと事業を拡大し、タンザニア初の多国籍企業の一つへと成長を遂げた。

第一章で述べたとおり、投資家はジンバブエのように投資環境がかなり厳しいと思われる国へも大挙してやってきている。他の投資家たちは、一時期はただの金食い虫と思われたが今は魅力的に見える場所に押しかけている。一九七五年の独立以降、内戦と汚職に悩まされているアンゴラは突然、アフリカにおける投資先として人気を集めるようになった。[17] こうした市場の将来性は多くの場合、地元起業家や在外アフリカ人の信念と努力によって実証されてきた。アルジェリアにおけるコカ・コーラ飲料のボトラーであるNCAルイバの起業家スリム・オトマニは、二〇〇五年にプライベート・エクイティ会議を主催し、チュニンベスト〔チュニジアの投資会社〕からの投資を呼び込んだ人物だ。当時のアルジェリアは騒乱と経済的衰退の真っ只中にあり、未来を信じる非常に勇敢な投資家や在外アルジェリア人ぐらいしか魅力を感じないだろうというような国だった。だがほんの数年後、私が二〇〇七年秋に彼のもとを訪ねたときには、投資家たちはこぞって市場に参入してきていた。

大陸外の金融市場も、アフリカの安定性が向上したことに気づき始めている。二〇〇七年一月、ナイジェリアの大手商業銀行は三億五〇〇〇万ドル相当の五年物ユーロ債を八％の金利で発行した。民間であれ公的であれ、ナイジェリアの金融機関が国際資本市場に参入を図ったのは一九九〇年代初頭以来、初めてのことだった。[18] 二〇〇七年後半、ガボンはソブリン債の発行を通じて国際市場で一〇億ドルを集め、自国の安定性と財務管理能力を示した。[19] 第一章にもあるように、中国とインドも大陸において重大な責務を担った。

とはいえ、アフリカにおける市場機会はまだ広く知られてはおらず、秘密の存在だったため、以前はアフリカに投資する際の資金集めがより困難ではあったが、そのぶん投資機会の競争率は低かった。「アフリカで何かしようと考えている人間一人に対して、インドにはその一〇〇〇倍の人間が群がっています」と言うのは、二〇〇五年後半に私がワシントンＤＣで会った当時、キングダム・ゼファーで働いていたルナ・アラムだ（アラムは後に転職し、アフリカ初の投資ファンドの一つの設立者マイルス・モーランドが立ち上げた新ファンド、デベロップメント・パートナーズ・インターナショナルのトップとなった）。「誰もがインドのことで色めきたっていますが、私はアフリカにおける市場機会も同じようなものだと考えています」

真の課題

だからといって、アフリカで事業を行う上での真の課題が軽減されるわけではまったくない。汚職が蔓延しており、アフリカ各地で会った経営者はその深刻さを強調した。ナイジェリアだけを見ても、一九六〇年の独立以降、汚職による損失は四〇〇〇億ドルにのぼる。[20] 貿易や投資には他にも障壁がある。アフリカの大半の国では、商業登記を行って事業を開始するまでに、世界の他の地域よりもはるかに長い時間がかかる。汚職官吏が分け前を要求してくるためだ。状況は多くの国で改善されつつあるようだが、それでもまだ、アフリカで事業を行うのはアメリカやヨーロッパで事業を行うほど簡単ではない。

アフリカで事業を行う場合、企業は雇用や地元企業との提携などの規制にも従わなければならない。その一例が南アフリカの「包括的ブラック・エコノミック・エンパワーメント政策（BBBEE）」だ。BBBEEは所有権、経営、雇用、技能開発、調達、企業開発、CSR活動などに関して特有の要件を定めている。衣料や家具といった商品の国内生産要件や輸入制限などのため、小売業者の在庫がなくなってしまう場合もある。地元起業家を応援して、富を築くという目標は高尚ではあるが、そうした制約がアフリカで事業を行う企業にさらなる難題を与えていることも事実だ。

だが、ここで思い出すべきなのが、数十年前にインドや中国で事業を行う際にも同じ議論が交わされたことである。克服不可能と思われた障壁はどうにか乗り越えられ、事業開発の過程で政治的環境の改善が促された。

しかし、発展途上市場の例に漏れず、アフリカの市場は気弱な人間には向かない。他を尻込みさせるような障壁がある場所にこそ、耐え抜ける者だけがつかめる市場機会があるのだと知っている起業家や企業のための市場だ。

一部の地域では、政府が新興企業の開発を奨励している。エチオピアで花や野菜の輸出業を行っている経営者に話を聞いたところ、インフラ支援から税務上の配慮まで、政府の政策が輸出産業の成長を支援してくれているとのことだった。

地下と外に隠れている経済

アフリカの可能性が過小評価されがちである一つの要因は、非公式経済（公式な経済制度や法的機関が規制する経済の枠組みから外れた経済活動）の規模にある。つまり、公式なデータは実態より低い場合が多いということだ。ルナ・アラムは、セルテルがコンゴ事務所を開いたときも、期待度は低かったと話す。当時、コンゴは紛争地帯だった。一人あたりのGDPの低さからも、携帯電話を所有するなど不可能に思えた。しかし開業初日、あまりの人気に、事務所のドアを取り外さなければならないほどだった。最初の一週間で二〇〇〇人、一カ月で一万人の顧客登録があり、その全員が現金で代金を支払った。

経済学者フリードリヒ・シュナイダーが行った調査によると、**一九九九～二〇〇〇年のアフリカの非公式経済は、平均してGDPの四二％を占めていた。**ジンバブエ、タンザニア、ナイジェリアは経済の大半が非公式だったが、南アフリカではその割合はわずか二八・四％だった（世界の発展途上国の平均値四一％よりは低いが、先進国の一八％よりは高い）。アフリカにおけるこの非公式経済の規模のため、シュナイダーはこれが「ヤミ経済のようなもの」だと結論づけた[21]。

非公式経済は、アフリカにおける雇用の大半を占めてもいる。ジュネーブにある国際労働事務所は北アフリカにおける非農業雇用の四八%が非公式経済によるもので、サハラ以南のアフリカではその割合は七二%になると推定している[22]（南アフリカを除くと、この数字は七八%に跳ね上がる）。地方になると非農業雇用の九〇%が非公式セクターによる、と推定する者もいる。[23]

二〇〇四年、GNPの三〇%以上が非公式経済から生み出されるエジプトで、ユーセフ・ブトロス・ガリ財務大臣は国民がもっと収入を申告するようにと、四〇%まであった所得税率を二〇%まで軽減した。そのように大胆な減税で歳入基盤を縮小させたことで、大臣はIMFをはじめ、多方面からの批判を浴びた。しかし、努力は報われる。納税申告率は五〇%近く増加し、減税にもかかわらず、

アフリカ各国の1999～2000年のGNPに地下経済が占める割合（%）

ジンバブエ	59.4
タンザニア	58.3
ナイジェリア	57.9
ザンビア	48.9
ベナン	45.2
セネガル	43.2
ウガンダ	43.1
ニジェール	41.9
マリ	41.0
エチオピア	40.3
マラウイ	40.3
モザンビーク	40.3
コートジボワール	39.9
マダガスカル	39.6
ブルキナファソ	38.4
ガーナ	38.4
チュニジア	38.4
モロッコ	36.4
エジプト	35.1
アルジェリア	34.1
ボツワナ	33.4
カメルーン	32.8
南アフリカ	28.4
調査対象国の平均	42.0

出典：フリードリヒ・シュナイダー「世界110カ国における非公式経済の規模と測定」（Size and Measurement of the Informal Economy in 110 Countries Around the World） 2002年7月17日、オーストラリア、キャンベラのオーストラリア国立大学におけるオーストラリア国立タックスセンターのワークショップにて発表

歳入は増大した。エジプトは三年以内に効果が出ると見込んでいたが、それがわずか一年で達成されたのだ。どうやら、減税により、非公式経済から申告される割合が増えたようだった。公式な統計からわかることだけがアフリカ経済ではない。

アフリカにおけるアフリカ人一人あたりの国民総所得は、経済の全貌を示してはいない。アフリカは、将来の成功に貢献している、世界中に散った在外組にもつながっている。アフリカ・リクルート社の創立者ティティロラ・バンジョコ博士は、二〇〇七年に行った取材で、在外アフリカ人からは公式・非公式ルートで推定四四〇億ドルがアフリカへ送金されている、と語った。この金額は大陸全体の国民総所得の五％に相当する。**在外アフリカ人は一億人以上いると思われ（アフリカ系アメリカ人など、移住者の子孫も含めた場合）、アフリカの発展における大きな戦力となる。**在外組がアフリカに投資するための新たな経路をアフリカ諸国が生み出し、海外で教育を受けたアフリカ人が故郷で働こうと帰国するにつれ、在外組の重要性はますます高まっている。これについては第八章でより詳細に考察することとする。

こうした動向は、アフリカを含め発展途上国各地で成長を促進し、政治的・経済的不安に直面する国家間の隔たりを埋め、直接投資の機会を創出して観光業やサービス業、不動産業まで、さまざまな市場を動かしている。いったん移住してしまったら故郷とのつながりを断ち切っていた昔の移民と異なり、新しい時代の移民は故郷との結びつきを維持している。彼らは実家に仕送りをし、投資を行い、慈善運動に貢献する。国外移住により、アフリカ製品の世界市場も生まれる。大陸に住む九億人余だけがアフリカではないのだ。

携帯電話と金融——経済発展の鍵

金融と通信は成功市場の基礎である。アフリカ全土における携帯電話と金融業の急成長は両業界の成功を示すだけでなく、さらなる成長の基盤を提供してもいる。一台の携帯電話と小額の融資を受けた勤勉な起業家たちが設立した数多くの零細企業を見ればわかるように、この二つの業界のアフリカ全土での成長が、さらなる成長を推進していくのだ。

携帯電話

消費者は離れて暮らす家族と連絡を取ったり、事業を構築したり、作物を売ったりするためにコミュニケーションを求めている。

携帯電話を所有しているアフリカ人は現在一億三〇〇〇万人超。世界で最も成長の早い携帯電話市場だ。二〇〇七年にアフリカ・メディア・デベロップメント・イニシアティブが行った研究によると、調査を実施した一七のアフリカ国家のうち一〇カ国で、携帯電話は年間八五%以上の成長率を示した。[24]利用者は電話を他者と共有するため、実際の利用率は登録率よりも高い。さらに成長するための基盤がそこにはある。

GSM協会によると、二〇〇五年にはサハラ以南の人口の六〇%以上が携帯電話の通信圏内に入っており、この数字は二〇一〇年までに八五%まで増える見込みだ。[25]この市場で、大手通信会社各社は我先にと中東・アフリカの携帯電話利用者登録を行っている。市場最大手である南アフリカのMTNは、アフリカの二一カ国で事業を展開している。ザイン（傘下にセルテルがある）は一五カ国以上で登録者数が二〇〇〇万人以上となった。イギリス系南アフリカ企業のボーダコムは、アフリカに二五〇〇万人を超える登録者を抱えている。エジプトのオラスコムはアフリカだけで二〇〇〇万人、中東にもさらに二〇〇〇万人の登録者がいる（中東との強力な結びつきを考えれば不思議はない）。アフリカの登録者は、二〇一一年末までにさらに一億八四〇〇万人増えると見込まれている。[26]

市場の不安定さを理由に当初は参入を避けていたグローバル企業も一部あるが、こうした困難な市場は非常に収益性が高いことが実証された。ちなみに、セネガルのある携帯電話会社のスタッフは、こんなに所得の低い国で収益を公表するのがときどき恥ずかしく思える、と言った。それほどまでに収益が高いのだ。彼らの成功の理由は、オラスコムのCEO、ナグイブ・サウィリスが『ニューヨーク・タイムズ』紙の取材に応えた際の言葉に集約される。「**貧しくても裕福でも、コミュニケーションをとる必要は誰にでもありますから**[27]」

カイロのグランド・ハイアット・ホテルと隣接するショッピングモール。その地下に設置されたフードコート内のイタリア料理店でウェイターとして働くナビルは、職に就いて最初にしたことの一つが、三人の姉妹に携帯電話を買ってやることだったと言った。私がラゴスで雇った運転手の月収は一万八〇〇〇ナイラ（約一万一四六六円）だった。それでも彼は携帯電話を持っていたし（もっとも、通話に必要なSIMカードを買う金が足りないことはしばしばあったが）、三カ月かけて貯めた金でテレビも買っていた。運転手一家は家賃三〇〇〇ナイラ（約一九一一円）の小さなアパートで、二つのトイレ

2007年12月31日現在、ザインがサービスを提供している4,200万人以上の顧客基盤がある22カ国（うち15カ国がサハラ以南）。

とたった一つの台所を一六世帯で共有する暮らしをしていた。だが高校を中退した彼が安定した職業に就けただけでも幸運なことだった。それに、運転手をしていると、携帯電話は必需品だ。南アフリカのソウェト郊外に広がる違法居住区のように水道や公衆衛生が整備されていないところでも、軽量コンクリートブロックでできた家の外に立って携帯電話で話している男たちを目にした。水道よりも、水洗トイレよりも、果ては食べ物や飲み物よりも、コミュニケーションは優先されるのだった。

携帯電話を使うアフリカ人の多くは、公式な数字には表れない。小さなボックスの中に携帯電話を持った女性がいて電話を人に使わせ、通話ごとに料金を請求するような商売があるためだ。さらに、個人所有の電話を複数の利用者で共用しているケースもある。セネガルでは、携帯電話を持たない者がＳＩＭカードを買い、友人の携帯電話で通話するのが普通だと聞いた。セネガルで雇った運転手は中古の携帯電話を五ドル程度で買ったと言っていたので、接続費用はかなり安いと言える。一台の電話機を大勢で利用するとなればなおさらだ。**携帯電話は経済全体の促進剤だ。他の事業は携帯電話によるコミュニケーションの上に成り立っている。**ガーナのアクラに拠点を置くトレードネットは西アフリカの十数カ国に流通網を構築し、農民が農作物の売買を行えるようにした。ここで携帯電話は、市場情報を伝達するという新たな機会を提供する。**二〇〇五年に実施された調査によると、発展途上国における携帯電話の経済的影響は、先進国における経済的影響の二倍はあるだろうとのことだった。**レオナルド・ウェイバーマンらによる研究では、一九九六年から二〇〇三年の間に発展途上国において人口一〇〇人あたり一〇台携帯電話が増えた結果、一人あたりＧＤＰは〇・五九％増加したと結論づけていた[28]。携帯電話業界の成功は、今後さらなる経済発展の基盤となるかもしれない。

先進国の視点では、アフリカでの携帯電話の成功が持つ意味を見落としがちだ。というのも、欧米において携帯電話は必需品というよりはむしろ目新しい商品であり、ビジネスツールだった。消費者はすでに固定電話を持っていたからだ。**アフリカなど多くの発展途上地域では、携帯電話こそが初めて手に入れる通信インフラであり、零細企業に事業基盤を与え、地方と世界をつなぎ、知識を広める道具となる。一言で言えば、携帯電話は経済発展の根幹なのだ。**

金融サービス

アフリカの銀行上位五行――スタンダード銀行グループ、ABSAグループ（現在はバークレイズ傘下）、ネドバンク・グループ、インベステック、ファーストランド・バンキング・グループ――は一七〇億ドル以上の資本と三二四〇億ドル以上の資産を有する。二〇〇五年、バークレイズが南アフリカ最大手の小売銀行、ABSAの株式の過半数を取得したが、三三〇億ランド（約三九二九億円）で行われたこの買収は、バークレイズにとっては英国外での最大規模の投資であり、南アフリカにおける歴史上最高額の外資による投資となった。[29] 二〇〇七年一〇月には中国工商銀行が、アフリカの一八カ国で事業展開する南アフリカのスタンダード銀行株式の二〇％取得に五五億ドルを投じる計画を公表した。だが、何もかもが南アフリカだけで動いているわけではなく、上に挙げた銀行の多くは他のアフリカ諸国を目指して北上している。たとえばバークレイズはボツワナ、ガーナ、ケニア、モーリシャス、セーシェル、タンザニア、ウガンダ、ザンビア、ジンバブエ、エジプトなどアフリカの十数カ国に銀行ネットワークを構築した。

イギリスの雑誌『ザ・バンカー』がガバナンスなどの観点からランキングを行った、二〇〇六年に「世界で最も堅調だった一〇〇〇の銀行」には、アフリカの銀行が二八行も含まれている。国で言えば南アフリカ、ナイジェリア、エジプト、そしてモロッコだ。東アフリカの上位二行はモーリシャスの銀行（モーリシャス商業銀行とモーリシャス・ステート銀行）で、アフリカ大陸で最も裕福な国の一つであることを考えれば当然と言えるが、最も貧しい地域からランクインした大手銀行もある。『アフリカン・

ビジネス』誌による二〇〇七年のアフリカの銀行上位一〇〇行には、エチオピアの銀行が二行入っている（エチオピア商業銀行が五二位、アビシニア銀行が九九位）。数々の銀行が統合し、あるいはナイジェリアのアフリカ・ユナイテッド銀行がこれ以上「不良《ワハラ》」貸付を行わないことを宣言したように、さらに厳しい方針を導入している。インドのＩＣＩＣＩ銀行なども前向きにこの市場を検討している。アフリカ系銀行の台頭は、二〇〇七年にワシントンＤＣのグランドハイアット・ホテルで第一回が開かれた、アフリカ大陸の最も優れた銀行や銀行家を称える「アフリカン・バンカー・アワード」の創設からも感じ取ることができる(30)。

全家庭のわずか二〇％しか銀行口座を持っていないこの大陸で、金融機関は銀行非利用者層の囲い込みにかかっている。 ケニアのＫレップ銀行のような革新的な銀行がすでに先陣を切って地方や低所得層をターゲットとしているが、主流銀行も遅れてはいない。バークレイズはナイロビ郊外に小規模銀行を設立し、ガーナでは非公式な集金業者「スス」（伝統的な集金システム）と協働している。スタンダード銀行は遠隔地の支店に現金を届ける際、飛行機から現金を落とすという方法を取り、従来の非利用者層に銀行サービスを提供する道筋をつけつつある。

二〇〇四年一〇月に南アフリカで費用の低い「ンザンシ」口座の取り扱いが始まってから一年で、一五〇万件の口座が開設された。南アフリカの口語表現で「南」を意味する名前を冠したこの口座は国内の大手四行（ＡＢＳＡ、ファースト・ナショナル銀行、ネドバンク、スタンダード銀行）およびポストバンク（郵便貯金銀行）により提供されている。口座開設に必要となるのは有効な身分証明書のみで、費用は低い。地方にはコンテナハウスを使った簡易な支店を置くこのイニシアティブは、一三〇〇万人と言われる南アフリカの銀行非利用者を銀行システムに取り込むことを目的としており、ほぼ全ての南アフリカ国民の自宅から一〇キロメートル以内にATMを一台、一五キロメートル以内に総合サービス支店を一店舗置くという構想を掲げている。各行は低料金の送金サービスや保険、投資信託など、新規顧客を引きつけるための追加的なサービス・商品も提供した。二〇〇六年にエジプトでバークレイズに取材を行った際、総人口七五〇〇万のうち、銀行利用者とみなされるのは六〇〇万人、あるいは一二〇万世帯にも満たない数だと知った。銀行はまだきわめて小さな池で釣りをしているわけで、この池を拡大することが重要だ。

急速に普及拡大しつつある携帯電話の一方で銀行取引やクレジットカードの普及率が比較的低いため、アフリカ諸国は先駆的に金融業を携帯機器へと組み込んでいた。プリペイド式の通話時間は一種の通貨となっている。送金費用が高く、為替レートが不安定な市場において、通話時間は電子的に電話から電話へと送ることができる。二〇〇五年に銀行口座を持つ南アフリカ人は一三五〇万人程度だったが、携帯電話所有者は二〇〇〇万人を超えていた。したがって携帯電話プロバイダ最大手MTNがスタンダード銀行と提携してMTNバンキングを立ち上げたのは、理にかなった話だった。利用者は携帯電話で送金や請求書の支払、通話時間の購入などを行える。二〇〇五年時点で二七〇〇万の人口に対してATMがたったの一〇〇台しかなかったウガンダのように[31]**多くの地域で基本的な銀行サービスがない大陸でも、携帯電話によって銀行サービスが提供できるようになった。**

安全なテレフォンバンキングが円滑に行えるようにするために、カメルーン・ユニオン銀行は斬新な支払カード「マートカード」のパイロットテストを行った。ボタンを押すと信号を出す音響チップを組み込んだカードで、携帯電話で送金や支払、振替などをする際に電話口で信号を発して認証を行う。モバイルバンキングは、事実上、携帯電話を持つすべての人に支店を持たせることになる。MTNバンキングのCEOジェニー・ホフマンは『フィナンシャル・タイムズ』紙にこう語っている。「**インフラが不足しているからこそ、私たちはどんな飛躍もできるのです**」

多様性と共通性

前述のとおり、アフリカ中の市場に共通点が多いことは踏まえつつ、違いにも触れないわけにはいかない。この巨大な大陸を構成する五三の国には途方もなく多様な経済的、政治的、社会的状況が存在することを、私はナイロビの空港で電話用にセルテルのSIMカードを購入した際に実感した。携帯電話を手に二人のモデルが微笑んでいるパッケージがとても美しい、と賛辞を述べたところ、窓口の女性担当者が顔をしかめたのだ。理由を尋ねると、そのモデルはケニア人ではないから、と答えた。ナイジェリア人なのだと。彼女からすれば、ナイジェリア人はアフリカ人のうちに入らないのだそうだ。セルテルのキャッチコピーは「アフリカン・ドリーム」だったが、その夢《ドリーム》はアフリカの異なる地域にいる人々にとってはそれぞれ異なる意味を持つものらしい。ナイロビ空港のカウンターにいた女性にとって、「アフリカ」とはすなわち「ケニア」を意味するのだった。

市場機会はアフリカ全土に転がっているとは言え、たいていの場合、局地的にしか認識されない。セルテルの「アフリカン・ドリーム」は競合サファリコムの局地的アプローチに打ち負かされた（ネーミングからして、現地のスワヒリ語で「旅」を意味する「サファリ」という言葉を使われている）。ただ、例のモデルについての担当者の反応はともかく、セルテルが優れた汎アフリカ戦略を策定した企業の例であることは本章の前半で述べたとおりだ。

こうした国民感情を無視する企業は自らを危険にさらすことになる。SABミラーは南アフリカのビール「キャッスル」でケニアへの進出を試みた際、イースト・アフリカン・ブルワリーズの「タスカー」に阻まれ、身をもってそれを知った。黒と黄色のゾウのロゴに「わが祖国、わがビール」というキャッチコピーを掲げた「タスカー」には、アフリカ全土、特にケニアで顕著に見られる激しいほどの愛国心に響くものがあった。「タスカー」が「キャッスル」を踏み潰した力はすさまじく、この輸入ビールは市場から追放されたも同然だった。実際、「タスカー」の製造元であるイースト・アフリカン・ブルワリーズは、ケニアにおけるSABミラー商品の販売権を奪ってしまった。SABミラーは世界で最先端を行くビール会社の一つで、「キャッスル」は世界市場でもきわめて有名なアフリカのビールブランドの一つだ。それでも、地方ブランドである「タスカー」というゾウに踏み潰されてしまった。

チュニジアのソシエテ・ヌーヴェル・デ・ボワソン・ガズーズ（SNBG）やアルジェリアのハムードといった地元企業は、コカ・コーラやペプシのような多国籍企業に対抗できることを証明している。起業家ハビブ・ブアジズが創立したSNBGは、チュニジアにおけるジュースや飲料水の市場で圧倒的なシェアを誇っている。同社の事業は国内に特化しているため、地元市場に対応しやすい。たとえば、他社の商標が大概女の子の名前を使っていることに気づけば、自社のミネラルウォーターには一般的な男の子の名前である「フラット」という商品名をつける。エジプトの人気歌手ウンム・クルスームを地元メディアが「ディーヴァ（歌姫）」と呼べば、ジュースの銘柄に「ディーヴァ」を使う。地元市場の一時的なブームや人気に乗じようと、期間限定のネーミングをつけることもある。

同様の手法を、アルジェリアで最も歴史ある企業の一つである一八七八年創業のハムードもとっている（ハムードはフランスの支配を生き抜いた数少ないものの一つだ、という冗談がある）。ハムードもやはり国内市場に合わせてジュースや炭酸飲料を製造しており、「セレクト」、「ハムード」、「スリム」といった商品名がよく知られている。アルジェリアでコカ・コーラ飲料のボトリングを手がけるフルータル（株式の過半数はスペインのCOBEGAが所有）などは、ハムードに対抗する戦略の練り直しを迫られている。

地元特化ブランドか世界的ブランドかという選択は、単純に割り切れない場合が多い。ラゴス空港にあるエール・フランスのラウンジの接客係、ヘンリエッタ・エヌマに化粧品について尋ねると、彼女自身はアフリカのハーブ系コスメや天然シャンプー、もしくは「ドゥドゥオス」という、一〇〇ナイラ（六四円）で買える植物由来の大きな固形石鹸が好きだという答えが返ってきた。しかし、小さなボトルが一五〇ナイラ（九六円）するガーナの「サンシルク・シャンプー」のようなヨーロッパ系スキンケア製品も買うのだそうだ。一方、香水となると、ちっぽけな小瓶に入って二〇〇ナイラ（一二七円）するサウジアラビアの「ルファイイ」を買うし、アメリカの「カバーガール」の口紅も好きだとのことだった。どの市場でもそうだが、消費者は国内外問わず、さまざまなブランドを購入するのだ。

アジア市場、もしくはインド市場、中国市場、アメリカ市場をひとくくりにして論ずることが無意味であるように、アフリカ市場をひとくくりに論じると無数の複雑な要素を見落としてしまうことに留意しなければならない。これはインドでも同じで、一つの旗の下に一〇億を超える人々が集ってはいるが、ときには言語や食事、祭事といったさまざまな共通点よりも、違いのほうがはるかに大きい場合もある。

そのように違いはあるが、アフリカ諸国は数々の共通の経験をもっている。歴史家マーティン・メレディスが著書『アフリカの運命』で述べているように、「アフリカは多様性に満ちた大陸ではあるが、アフリカ諸国には多くの共通点がある。領土としての起源だけでなく、過去に直面してきた危険や困難にも類似したものがある」[32]。**アフリカにおける違いは認識されなければならないが、消費者市場は基本的かつ普遍的なものに共通して関心が向いている。つまり、健康、食事、水、衣類、住居、交通手段、通信手段、家族の世話、幸福感といった、人間の基本的ニーズへの対応だ。**こうした基本的ニーズや欲求は、昔から世界中のあらゆる所で市場の基盤となってきたのだ。

宗教がビジネスに与える影響

世界中のイスラム人口のうち、約三分の一はアフリカにいるが、アフリカのどこを旅していても、ヒンドゥー教の寺院やさまざまな宗派のキリスト教会、イスラムのモスク、ユダヤ教のシナゴーグまで、驚くほどの多様性の証を簡単に目にすることができた。アフリカではキリスト教が一九カ国で優勢で、イスラム教は一三カ国、ヒンドゥー教は一カ国（人口の六〇%がインド系住民のモーリシャス）で優位を占めている。ただし、この宗教地図は変わり続けている。キリスト教ペンテコステ派の台頭はアフリカにおける宗教の様相を一変させており、現在、ケニア人の一五%がペンテコステ派の教会に通っているという。二〇〇六年にアメリカ人伝道師T・D・ジェイクスが訪れた際には、ナイロビのウフル公園を一〇〇万人近い人が埋め尽くした(33)。

こうした信仰の意味を理解することは非常に重要だ。カイロ郊外に、スター・シティという高所得者向けの新しいコミュニティがあり、そこにある五階建のショッピングモール、スター・センターの広いアトリウムの中央には円筒型のガラスのエレベーターが通っている。サウジアラビアのデベロッパー、アブドゥル・レーマン・シャルバティが開発したこのショッピングモールにはゲスやディーゼル、オーシャンパシフィックといった有名ブランドの店が立ち並び、世界中のどこにでもありそうなモールだ。ただ、典型的なショッピングモールとはちょっと違う。四階のナイキストアに足を踏み入れれば、予想どおりに一足一〇〇ドル以上するようなスニーカーが並んでいるが、アメリカのナイキストアとは間違えようがない。流れているBGMが英語のロックやポップスではないからだ。代わりに、毎日午前一一時から正午までは、コーランの詠唱が鳴り響いている。二〇〇七年に私がアルジェリアの首都アルジェにあるフランス系スーパー、カルフールに入ったときも、BGMはサウジアラビアの伝統音楽「シャービ」だった。

宗教はビジネスに直接影響を及ぼす。南アフリカでは、復活祭《イースター》だけでSABミラーの年間売上高の一%が叩き出される。南アフリカで葬儀の後に行う「涙の後」と呼ばれる大きな社交行事も、コカ・コー

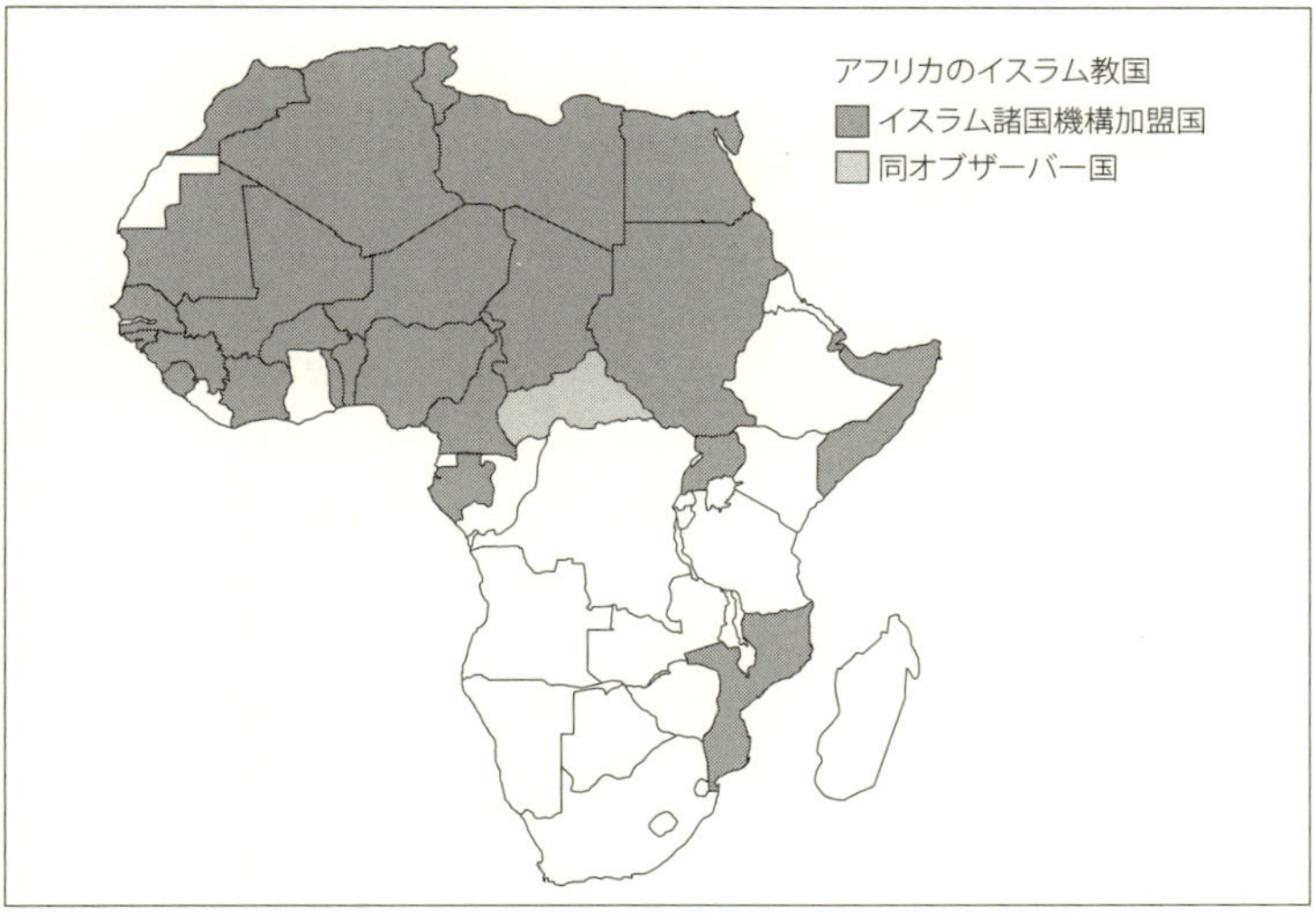

ラ飲料がふるまわれたり、贈られたりする場になる。断食《ラマダン》はモロッコや北アフリカの多くの地域で一番の買い物シーズンだ（小売業者がこのときとばかりに在庫品を値下げ処分することが多い）。モロッコではデザートの四〇％がこの時季に売られるという（ただし、休暇シーズンは実際に断食が行われる期間の四～五週間前から数週間後までを含む合計二～三カ月に及ぶので、この影響を過大評価しないよう注意が必要だ）。ラマダンの期間中、プロクター・アンド・ギャンブル（P&G）は期間限定の「タイド」洗剤、「ムスク・ラマダンの香り」を発売する。

　ケニア、ナイジェリア、そして南アフリカの銀行はこれまで銀行非利用者層だったイスラム教の顧客をターゲットに、シャリア［イスラム法］対応のイスラム金融を導入した。エジプトの携帯電話会社モービルニルはメッカ巡礼の間も「連絡は絶やさずに」と訴え、巡礼の期間中はローミング料金を引き下げるサービスを提供している。他の携帯電話会社は、「ラマダン・カリーム（断食月の寛容）」と題して無料通話時間を提供する（チュニジア・テレコムがラマダン中に無料通話時間を提供しようとしたが、通話の殺到でネットワークが過負荷になってしまい、このキャンペーンを中止せざるを得なかった）。南アフリカのリーフ・テクノロジーズが開発したのは、スポーツの試合結果を伝えるだけでなく、キリスト教徒には「日々の祈り」も配信するサービスだ。エジプト、モロッコ、ナイジェリア北部など、イスラム人口の多い国では、ラマダンの期間中、日没後に食事をとるため帰宅する人々にコカ・コーラが軽食を配布している（チュニジアでもこの試みは行われたが、国民を養うのは自分たちの責任だと当局が考えたため、失敗した。そこで、コカ・コーラは代わりに子供の教育を支援した。つまり、同じイスラム国でも、一つの国でうまくいった戦略が別の国でもうまくいくとは限らない、ということだ）。

ラマダン直後、エジプト人は映画館へなだれ込む。映画の興行収入が最も高い夏に次いで、この時季は年間合計売上二億五〇〇〇万エジプトポンド（約四二億円）のうち七〇〇〇万エジプトポンド（約一二億円）を売り上げる。伝統主義者は眉をひそめるかもしれないが、テレビ局もラマダンに向けて準備を進める。二〇〇六年九月には、人気エジプト人俳優を配したテレビドラマがラマダン期間を狙って一〇以上も制作された。メルヴァアト・アミン、イルハム・シャヒーン、ダラル・アブデル・アジズ、ライラ・エルイ、ナディア・グインディ、フィフィ・アブドゥ、サミラ・アハメド、シェリーン・セイフ・ナスルといったスターたちが出演するその内容は明らかに世俗的で、離婚やカネ、結婚といったテーマが顕著に取り上げられていた。北アフリカのフランス語圏諸国では、イスラム教国ながらも、国産ワインが世界的な賞を取るようになってきた。イスラム教国であるセネガルの首都ダカールの露店ではアメリカ人ラップ歌手トゥパック・シャクールの写真が売られ、地元のラップグループがアメリカのお手本にならって揃いのTシャツと野球帽をかぶっている。ラップとヒップホップは何世紀も昔の西アフリカまでさかのぼることができる伝統的音楽で、奴隷船に乗って海を渡った話し言葉の音楽だ。それが今、形を変えて故郷に戻ってきた。(34)

宗教は、もう少し間接的な影響も及ぼす。たとえば、イスラム教の女性が頭に巻くヘッドスカーフは、シャンプーの売上にどう影響するだろうか？　カイロのP&Gの管理職によると、人口七〇〇〇万のエジプトで売られるシャンプーの量は、四〇〇万人のレバノンで売られる量とほぼ同じなのだそうだ。ヘッドスカーフはその一因と考えられる。シャンプーの洗剤市場となるべき一九〇〇万人のエジプト人女性のうち八七％がヘッドスカーフを巻いており、頭を隠していないのは四〇〇万人弱だ。シャンプーメーカーは主に頭を隠さないキリスト教の女性信者から成るこの小さな市場で競合していることになる。

近代化でも、この状況は変えられないかもしれない。エジプト人女性は男女平等を望みつつも、大多数がヒジャーブという伝統的なヘッドスカーフをまとっている。イスラム教徒が多数を占める二二の国でギャラップ社が行った調査によると、女性の大半は自分たちが男性と同じ権利を与えられるべきだと考えているが、同時にイスラムの「シャリア」が国の法律の基礎であるべきだとも考えているとのことだ。顔を隠すためのヒジャーブは以前は上流階級に冷たい目で見られていたが、最近では高等教育を受けた女性や欧米寄りのエジプト人映画スターまで、私生活ではヒジャーブをまとっている。(35)

しかし、ヘッドスカーフは新たな需要も生み出す。絹や合成繊維のヘッドスカーフは風通しが悪く、発疹、悪臭、抜け毛といった悩みの種となる。これに目をつけた地元エジプトの会社が、自社のシャンプーは女性の髪の呼吸を促進させると宣伝した。P&Gも、より洗浄力の強い、しかし抜け毛を抑える「パンテーン」のキャンペーンを打ち出した（一つ謎なのはサウジアラビアではシャンプーの売上が好調なことだが、これは女性が保護されたキャンプの中にいて、そこではヘッドスカーフをつけずに歩き回ることができるからかもしれない）。

消費財の他にも、アフリカ市場におけるイスラム教消費者はイスラム銀行のようなサービスや商品の市場機会を創り出す。ケニアではバークレイズが「無利息」を意味する「リバ」というイスラム銀行口座を立ち上げ、ＡＢＳＡは二〇〇六年に南アフリカでイスラム銀行部門を設立した。

これらの例が示すように、**アフリカでビジネスをするには宗教的、社会的相違による複雑な事情が伴う。企業はこうした違いを理解し、地元市場に合わせてカスタマイズした商品やマーケティング戦略を展開しなければならない。同時に、大規模市場にはすべて同様の複雑性があるものだと認識しておく必要がある。**

数字の向こうに見えること

外から見ると、アフリカは危険な場所に見える。私が南アフリカへの取材旅行を計画していたとき、取材先の大手欧米企業が、応急手当の心得があってボディガードも兼ねる運転手を紹介しようと申し

ケニアの小さな村にて、小袋入り洗濯洗剤を手にする女性。9億人を超える消費者市場には巨大なチャンスがありそうだ。（提供：リチャード・ポンスフォード、ユニリーバ・ケニア）

出てきた。たしかに、ある意味では危ないところに違いない。だがインドや中国の企業がアフリカでそのようなやり方で商売はしないだろうと私は考えた。そこでそうしたアジア系企業の数社に連絡を取り、立派な運転手と車を見つけることができた。言うまでもなく、ボディガードは抜きだ。

もちろん、危険が存在するという事実を否定するわけではない。ラゴス郊外のビクトリア島地区で夕食を兼ねた取材を終え、ホテルに戻る途中の高速道路で、私と編集者が乗った車は警察の制服を着て自動小銃を手にした複数の若者に止められた。ナイジェリア人の運転手が窓を下ろした。若者の一人がなにがしかの金銭をもらえるものと期待して二言三言挨拶をしたが、後部座席に座って携帯電話で話をしているインド人の教授と、ノートパソコンをパチパチやっているイングランド人の編集者をどう受け取るべきか、判断に迷ったらしい。彼が結論を出す前に、私たちは車を発進させた。アフリカで泊まったほぼすべてのホテルではゲートでセキュリティチェックが行われ、車の下に鏡を差し入れるか爆発物探知犬を使ってひととおり調べるまでは敷地内に入ることができなかった。ほとんどの場合、私はアフリカのなかでも比較的安全な地域におり、ときには地元の市場を歩いてみたり、ごみごみした地域に足を踏み入れたりもしたが、そういった場合はつねに地元のガイドと一緒だった。

それでも、ボディガードと救急隊員も兼ねた運転手つきの車の申し出を聞いたときの私のアフリカに対する印象は、ここが非常に危険な場所なのだというものだった。だが、アフリカで最も特筆するべきなのは、実はそこにある市場機会なのだ。ひょっとすると、私に必要だったのはボディガードではなく、投資銀行家だったのかもしれない。それほどまでに、アフリカ市場の発展の兆しはいたるところで見受けられた。

アフリカの勃興の兆しは、ほぼすべての側面ではっきりと見ることができる。一人あたりの国民総所得、回復しつつある景気、高成長率、投資の増加。しかし数字だけでは、全体の一部しかわからない。ときには、データだらけの表よりも、たった一枚の写真のほうが市場の発展について多くを語ることができる。百聞は一見にしかず。ケニアで撮影された前頁の写真は、ユニリーバのリチャード・ポンスフォードが私の訪問後間もなく送ってくれたものだ。そこに写っているのは、伝統的な家屋の中で、洗剤「オモ」の小袋を手にした東アフリカの女性だ。

この市場に参入するには、そこに合った適切な商品を用意する必要がある。高価な、大きな箱に入った洗剤ではいけない。**適切な商品を適切な場所に投入できれば、アフリカ市場は非常に魅力的なものとなる。アフリカにはまだ通商の及ばない地域がわずかに残されているが、携帯電話の普及によ**

り、世界最先端の通信技術が最も未発達な村にまで届けられるようになった。金融業はどこまでも行く。成長は速く、収入は上がっている。アフリカは途方もない可能性を秘めた大陸だ。とりわけ成長著しいミドル層の消費市場について、次章で詳しく述べよう。アフリカは、意外に裕福なのだ。

- アフリカ市場の魅力に鑑みて、あなたは十分に関心を払っているだろうか。
- 自社のアフリカにおける戦略は、中国やインドにおける戦略と比較してどうだろうか。
- 自社製品の公式な市場を生み出すには、どのように非公式市場に入り込めばいいだろうか。
- 携帯電話や金融業の発展により、どのような機会が創出されているのだろうか。

第3章 アフリカ2の力

今日、選り抜きのショッピングモールから最貧の農村まで、アフリカ市場のさまざまなセグメントに膨大な機会があふれている。そしてその中心にあるのが四億人強を擁する「アフリカ2」、時が来るのを待っている巨大な市場だ。

アフリカで訪れたどの国でも、企業は世界的慣行に従い、市場を収入などの指標によって五つのセグメント（A、B、C、D、E）に分けていた。これらのセグメントの定義は厳密には国によって異なり、セグメントごとの比率も多少異なってはいるが、全体としては同じ構図だ。市場において、特に国際企業が最初に注力するセグメントはAまたはBクラス、別名「アフリカ1」で、最も手取り収入が多く、他の世界市場のエリート階級に最も近い行動を取るセグメントだ。これがアフリカ市場という木の、手の届きやすい位置にある果実というわけだ。しかし、このセグメントは、アフリカ全体でもせいぜい五〇〇〇万から一億五〇〇〇万人程度にしか満たない（次頁の表参照）。

一方、Cクラス（アフリカ２）は大陸全体で三億五〇〇〇万から五億人にのぼる。インドや中国の類似セグメントに匹敵するもので、この将来の中流セグメントへの参入に強い関心が集まっている（本章の後半で詳しく述べるが、中国やインドの企業は自国にいながらにしてこの機会を感じ取り、このセグメントに訴える商品を携えてアフリカへ競って進出している）。市場の残りの部分、DおよびEセグメント（アフリカ３）も、後ほど検討するとおり、それぞれに可能性を秘めている。

アフリカ２の人々は生活水準をより良くしようという願望が強く、上方移動しつつある。子供に教育を受けさせ、消費財を購入する将来のエリート予備軍だ。端的に言えば、彼らはアフリカ市場の未来なのだ。アフリカ２を引きつけることができる企業は、市場の成長に合わせて成功している。

このセグメントに含まれるのは南アフリカのエドガーズやウールワースで買い物をしたり、ＰＥＰストアのバーゲンセールで子供服を買ったりする顧客層だ。こうした客は中国製のテレビや冷蔵庫を買い、アフリカ中の携帯電話会社の成功を支えている。カイロ郊外の、主に上流階級（ＡおよびＢ）セグメントをターゲットとしたショッピングモールの中にあるカルフールで押し合いへし合いしながら安売りワゴンをあさっている人々も、アフリカ２の一部だ。チュニジアでは、カルフールでの買い物はビザいらずのフ

アフリカ２の潜在能力

セグメント	構成比	推定人口
アフリカ１	5 〜 15%	5,000 万〜 1 億 5,000 万人
アフリカ２	35 〜 50%	3 億 5,000 万〜 5 億人
アフリカ３	50 〜 60%	5 億〜 6 億人

ランス旅行のようなものだと聞いた。本物のヨーロッパ旅行にはまだまだ手が届かない顧客層が、海外旅行を疑似体験できるのだそうだ（もっとも、このフランス系スーパーではラクダやウマの肉も売っているので厳密にヨーロッパとは言えないが）。

これがアフリカ2だ

ナイロビで私が雇った五五歳のマサイ族の運転手は、このセグメントの一例だ。彼は政府公用車の専属運転手だったが、五年前に退職して個人運転手を始めた。年金とチップ以外の収入は、月に一万五〇〇〇ケニアシリング（一万八二二五円）程度だ。それでも夫婦で力を合わせ、ナイロビ市内に住む三人の娘の面倒を見、教育費を出してやって上の二人には携帯電話も買い与えることができた。末の息子をケニア奥地にある全寮制の学校に進学させることもできた。

彼の妻は二人の故郷であるニエリ地区で小学校の教師をしており、毎月一万二〇〇〇シリング（約一万四五八〇円）程度の収入を得ている他に、三エーカーの所有地でトウモロコシ（メイズ）と豆を作って家計を助けている。二頭の乳牛から絞る牛乳は、生協へ売りに行く。夫婦どちらも携帯電話を持ってはいるが、夫は五〇〇〇シリング（六〇七五円）で購入したモトローラ製の電話でかける通話料を、毎月一〇〇〇シリング（一二一五円）に抑えている。二週間に一度は、妻の顔を見るためにマタトゥ（乗り合いのミニバス）に五時間揺られて地元へ戻り、三連休を自宅で過ごすことにしている。

彼のナイロビのアパートでの暮らしは非常に質素だ。七〇〇〇シリング（八五〇五円）の家賃で借りている部屋には小さな台所と、専用の風呂がついている。時々、本書でも後ほど述べるナクマットというケニア生まれの欧米風スーパーで買い物をするが、普段は近くの売店で用を済ませる。およそ二〇〇〇シリング（二四三〇円）で購入した携帯ラジオの電池は、一カ月に一回くらいの頻度で交換する。家には電気がきており、ここ数年は電力供給も比較的安定している。

買い物かごの中身

ナクマット・スーパーマーケット・ティカロード店で、私がケニアで雇った運転手が普段買う品は次のようなものだ。「マザーズ・チョイス」のトウモロコシ粉二キロ入り五四シリング（約六八円）。二キロで一三〇〜一七〇シリング（一五八〜二〇七円）の米を買う場合もあるが、普段は近くの売店かもう少し大きいドゥカ（スワヒリ語で「店」）で量り売りのものを少量ずつ買うのだと言う。いつもは水を飲んでいるが、時には五〇〇ミリリットルで二五シリング（三〇円）のコカ・コーラに手を伸ばすこともある。紅茶にはミルクを入れるので、五〇〇ミリリットルの三角パックに入った「トゥゾ」の新鮮な牛乳を二八シリング（三四円）で買う。冷蔵庫はないので、牛乳は朝と晩の紅茶で使い切る。最後に、ラジオの電池も買わなければいけない。これは二個入りのパックが五五シリング（六七円）だ（ラジオに必要な電池は一個）。たまに、「キウィ」の靴墨を、一缶九五シリング（一一五円）で買う。

彼の最大の投資は、ナイロビ市内に暮らしながら勉強を続けている三人の娘への仕送りと教育費、毎月合計一万五〇〇〇シリング（一万八二二五円）だ。長女はモーテル経営を学んでおり、拡大しつつあるサービス産業分野で働きたいと考えている。彼は買い物の時にかかるVAT（付加価値税）に加え、毎月約二〇〇シリング（二四三円）を納税している。妻はテレビを持っているが、家には電気が来ていない。夫婦は村の協同組合から融資を受けて四万シリング（四万八六〇〇円）の太陽電池パネルを購入し、三LDKの持ち家に必要な電力をまかなっている。これで、一日何時間かはテレビをつけることができる。

右のコラムで紹介したのは二カ所に住まいを持ち、私立学校に子供を通わせ、毎月およそ二万七〇〇〇シリング（三万二八〇五円）と年金とチップで生活している六人家族だ。彼らは勤勉だし、田舎に土地を所有し、安定した職にも就いている幸せ者だ。しかし**表面上はこの収入では六人が生活するに十分とは見えず、ましてや魅力的な消費者セグメントとは言えそうもない。だが彼らはきちんと食べ物を買い、教育費を支払い、複数の携帯電話やテレビ、太陽電池パネルの代金も払っている。こうした大きな可能性は、マクロな経済分析ではほとんど見えない。**だが、数多くの企業が地上の目線からアフリカ2の可能性を見出し、その囲い込みにかかっている。

もう少し若い世代のアフリカ2の例も挙げておこう。チュニジアで雇った運転手は、チュニス大学でコンピュータ科学を学ぶ三年生だった。彼の両親は二人とも教師で、子供に良い教育を受けさせるために一所懸命働いていた。彼の姉は医者で（チュニジアの教育費はほぼ無料だ）、ローンで買ったフォードのフィエスタを乗り回しており、もう一人の兄弟はエンジニア。一家はチュニス郊外に住んでいる。きみたちは「中流階級」なのか、と尋ねると、「いいえ、あと少しで中流階級です」という答えが返ってきた。市場は「買える人と買えない人」を区別するのだ、と彼は説明した。アフリカ2の位置づけとしてはこれが一番いい説明かもしれない。彼らは、「買える人々」なのだ。

求められるアプローチとは

インドもアフリカと同様の市場構造を持っており、インドの企業はこのセグメントに対しては異なるアプローチが必要であることに気づいた。インド最大手の小売業者パンタルーン・リテール（インド）の創立者キショール・ビヤニは、市場を三つのセグメントに分類している。市場の一四％程度を占めるインド1がエリート階層（AおよびBセグメント）。ビヤニの事業が注力しているのはインド2（Cセグメント）である。インド1のために働く運転手やメイドや子守だ。このセグメントは市場のざっと五五％、約五億五〇〇〇万人から成る。残りがインド3（DおよびEセグメント）だ。[1]

インド2に的を絞ったビヤニは、事業を見直す必要性に気づいた。このセグメントに含まれる顧客にとって、先進国市場の小売店にあるような、きちんと整頓された陳列棚は近寄り難いのだ。彼らが求めているのは混雑した、形式張らない市場だった。そこでビヤニはごちゃごちゃと狭苦しい商店を開き、埃まみれの商品を並べた。顧客にとっては、それこそが新鮮さの証だったのだ。ビヤニはムンバイにもともとあった欧米風のぴかぴかした店を、五万ドルをかけて雑然とした市場へと変えた。成功の方程式は欧米で通用するものとはまったく異なる場合もある、ということを実証してみせたのだ。このインド2の方程式を使い、ビヤニは二〇〇七年半ばまでに六億ドル規模の事業を築いた。

アフリカの小売業者やその他の企業は、このセグメントを取り込むために自社の製品やサービスをどのように変えるべきだろうか。先進国市場やアフリカ1のエリート階級消費者向けに構築されたモデルを放棄し、ビヤニがインドで大成功したような混沌としたモデルを採用するべきなのだろうか。

アフリカ2はその富と影響力を急速に高めつつある。[2] このセグメントの消費者をターゲットとした商品を生み出し、共に成長していける企業は、アフリカで大規模な事業を生み出すことが可能だ。収入よりも野心が上回っているアフリカ2は、本来アフリカ1向けに開発された商品を、すでに消費し始めているのだ。

アフリカ各地で、企業はアフリカ2にこそ会社の将来があるのだと気づき始めている。チュニジアで会ったチュニジア・アラブ銀行（ATB）のフェリド・ベン・タンフースの話は、その典型と言えるものだった。アフリカ1に含まれる人口の四〜一〇%をめぐる競争は非常に厳しいため、三〇〜四〇%のアフリカ2のほうにより重点を絞り込んでいるのだという。アフリカ1の顧客が銀行から銀行へと乗り換えがちである一方、アフリカ2の顧客はかなりロイヤルティが強い。ATBは若者向けの銀行として評判を集めており、この市場向けの商品を提供したり、ATMネットワークを拡大したりしている。「チュニジアの未来はCクラス（アフリカ2）にあるのですよ」と彼は言った。

アフリカ2に潜む可能性

二〇〇七年半ば、アメリカの住宅ローン市場が崩壊に向かっていた頃、ザンビアでは地元住民に住宅と融資を提供する公営住宅の試験計画が進行中だった。首都ルサカで行われた三七〇〇戸の郊外型住宅「リライ団地」の開発は、ケニアやガーナでも住宅融資を行っているアメリカの海外民間投資公社の支援を受けて行われた[3]。ヘリオス・インベストメント・ファンドも、住宅市場に的を絞った企業を対象に三億ドルのファンドを設立した。アフリカ全土での住宅ローン市場の発展は、アフリカ2における可能性を反映するものだ。銀行はクレジットカードや消費者ローン、住宅ローンを提供し始めている。他の企業も、このセグメント向けに海外旅行やホテル、金融サービスを提供するようになってきた。このセグメント向けに小売店や新聞、洗剤といった商品を開発している企業もある。いくつかの事例を見ていこう。

古き良き時代

この市場の潜在能力を理解するには、ある企業がアフリカ1のエリート市場からより幅広いアフリカ2市場へと移った経緯を検証してみるといい。ここに挙げる例の舞台はエジプトだが、大陸全土にわたって私が度々耳にしてきた市場発展の典型的な例だと言える。中東最大級の民間企業であるマンスール・グループが一九九八年にエジプトで立ち上げ、成功を収めていた上流階級向けの「メトロ・

エジプトの首都カイロにあるディスカウントストア、ヘイル・ザマンは、アフリカ２消費者をターゲットにしている。

スーパーマーケット」は、当初AおよびBセグメントの消費者に注力していた。同社の初期の経営陣はイギリスの大手スーパー「テスコ」の元管理職で、メトロもイギリスのチェーン店と同じ様式に作られていた。事業は非常に好調だったが、マンスールの首脳陣は、主に上流階級のいる都市部に限定された二五の店舗では、高級なメトロの市場を今後拡大させていくには限界があると気づいた。どれほどがんばっても、囲い込めるのは市場の一〇％程度だった。

二〇〇六年六月、マンスールは初のディスカウントストア、「ヘイル・ザマン（古き良き時代）」をアフリカ２消費者向けに立ち上げた。この店は国内で製造された商品を販売している（海外ブランド商品も含む）。メトロよりも店舗は小さく、収益も若干少ないものの、市場の潜在能力ははるかに大きかった。二〇〇六年七月時点で三つの店舗が一日五〇〇〇人近い客をさばいており、その年の売上は三六〇〇万エジプトポンド（約六億一〇一六万円）に届く勢いだった。マンスールは二〇〇七年までに店舗を二〇まで増やし、その後は年間一〇店舗ずつ増やしていく計画を立てた。メトロの店内ではホイットニー・ヒューストンの歌声が流れエリート心をくすぐっていたが、ヘイル・ザマンで流れているのはアラブ音楽だった。アフリカのどこであっても「古き良き時代」というネーミングは場違いな気がするとは言え、複雑な歴史的背景を考えると、新しいディスカウントストアの登場は郷愁の念を呼び起こすだけでなく、アフリカ大陸で生まれつつある最も重要な市場セグメントにも訴えかけるものだ。

屋根を葺く

コムクラフト・グループ傘下のマバティ・ローリングにとって、より良い家に住みたいという願望があることはすなわち屋根材の需要があるということだ。この需要により、ケニアの小さな新興企業だった同社は金属業界でケニア最大の企業へと成長した。同社が製造する「マバティ」（スワヒリ語で「圧延鋼材屋根」を意味する）の売上は、ケニア国内における一億八〇〇〇万ドルの金属屋根材市場のうち、一億ドルを占める。

この売上の八〇％はアフリカ2とアフリカ3向けだ。これらのセグメントに含まれる村人たちは、藁の屋根の次には圧延鋼材の屋根を葺く。ケニアの平均的な村の住宅であれば、一軒につき二〇枚から三〇枚の屋根板が必要となるが、彼らはそれを一枚か二枚ずつ購入し、バスの屋根に載せて運ぶ。こうすれば、借金をしなくても、いずれは二〇〇ドルの屋根が手に入るというわけだ。家屋のほうも少しずつ、という場合もある。その場合、まずは屋外に台所を据えた一〇〇平米の部屋を一つ造り、その後一部屋ずつ増やしていく。

すでにマバティ屋根を持つ者は、次は色つきの屋根やタイル風屋根を夢見るかもしれない。すでに高級なマバティ屋根を所有していれば、次は本物のタイル屋根か、あるいはより大きな家を考えているかもしれない。マバティ・ローリングは市場のあらゆるセグメントを対象とした商品を生み続けてきた。ベーシックなトタン屋根に加え、亜鉛やアルミ製の高品質な屋根、色つき屋根、高所得層向けには瓦風の金属屋根も取りそろえている。マバティはホームプランニングをサポートするため、大都市に顧客サービスセンターを置いた。二〇〇六年にはZARSと呼ばれる新技術を導入し、寿命が四倍で、損耗も少ない屋根材を提供した。商品の宣伝には、ハイテク品質の良さを力説して認知度を高めるべく起用された、宇宙服を着たハイテク「宇宙人」が、ラクダなどの移動手段で国中を回った。

マバティは世界約五〇カ国にも金属製品を輸出しており、そのうち二五カ国がサハラ以南のアフリカ国家だ。ケニア国内からの収益は全体の半分にしか満たない。マバティはアフリカ2にサービスを提供して成長を続けている企業なのだ。

アフリカで融資を受けて建てられている住宅には、ペンキも塗らなければならない。これはエジプトのSCIBペイントにとってはビジネスチャンスだ。二〇〇二年末にインドのアジアン・ペイントに買収されて以来、SCIBは四年連続で毎年売上を四倍ずつ増やし続け、エジプト国内のペンキ市場で第四位、中東でもアフリカでも最大級の企業にまで成長した。

二〇〇六年九月に当時のCEOだったA・S・スンダレサンに会ったとき、同社がいかにエジプト市場向けに商品をカスタマイズして成功したかを聞いた。エジプトの社内開発チームを使って、毎年七～八種類の新商品を発売したのだそうだ。そうして生まれたヒット商品には耐汚染性ペンキや、メタリック風や大理石風に仕上がる装飾効果ペンキなどがある。同社の最も安いペンキは一リットルでたったの一・五エジプトポンド（二五円）だが、耐汚染性ペンキはその一〇倍以上の値段で売られ、メタリック仕上げのペンキは約七〇倍だ。それほど高価であるにもかかわらず、これらは急成長の新商品となり、同社は顧客に商品価値を実証することに成功している。二二カ国で事業展開するアジアン・ペイントの中でも、こうした仕上げ用ペンキの開発技術に関してはエジプトの右に出る国はない。

エジプトの若い男性は妻を迎える家を手に入れるまでは結婚できないため、家を所有することを誇りとする。そしてエジプト人は家を美しくするためには投資を惜しまない。SCIBはコンピュータを使ったペンキの色見本を展示するショールームを高級市場ザマレクに置いているだけでなく、インババ、ワッラ、シュブラのような人口密集地域の店まで、あらゆる年齢層にペンキを売っている。地方の顧客は、耐久性に優れているなら値段が高くても気にしない。アジアン・ペイントがインドで商品を宣伝する際はライフスタイルに絡めたメッセージを使うが（「アジアン・ペイントと共に祝おう」）、SCIBのエジプトでのアピールはより実際的に、「SCIBペイントは長持ちする」というキャッチコピーを使っている。同社は現在エジプトでしか事業を行っていないが、同社にとって南アフリカやケニア、ナイジェリア、アルジェリア、スーダンは巨大な潜在市場である。

パーソナルケア商品

二〇年前、ユニリーバは南アフリカで洗濯用粉石鹸、固形石鹸、マーガリンといった基礎商品を主に販売していた。現在では、売上のかなりの割合を「サンシルク・シャンプー」、「ポンズ」のフェ

エジプトで売られている20ドルの洗濯機は、古いドラム缶を使って国内メーカーが製造している。アフリカ2向けに洗濯洗剤を生産する企業は、自社の製品がこのような機械に使われることも認識しておく必要がある。（提供：イハーブ・バリグ、P&Gエジプト）

イシャルクリーム、デオドラント、高級香料などのパーソナルケア商品が占めている。アフリカ2をターゲットとしたこうした商品が、二桁成長を支える原動力だ。小売業者も白人向けヘアケア商品よりは縮毛矯正剤など、アフリカ人の頭髪用に開発された商品に売り場を割くようになってきており、「ブラック・ダイヤモンド」消費者などの南アフリカ黒人の購買力の高まりが見て取れる。

ただ、各地で私が気づいたのは、ナイジェリアやサハラ以南の他のアフリカ諸国でも、シャンプーは美容室で売られる場合がほとんどだということだ。美容室へ行く金がない者は、路上の床屋へ行く。しかし、そのためのシャンプーは通常、小売店では手に入らない。従来の小売販路を使って商品を流通させ、市場を構築しようと考えているブランドにとって、これは深刻な課題といえるだろう。

二〇ドルの洗濯機

インド人小売業者のビヤニがインド2を取り込むためには店をごちゃごちゃしたものにするべきだと気づいたように、アフリカにおけるこのセグメントが他とどう違うのかに気づかされた企業もある。たとえば、エジプトで洗濯用洗剤を販売していたP＆Gは、エジプトの一般的な洗濯機が海外メーカーのものとは限らない、という事実をまず認識しなければならなかった。ヨーロッパや韓国の家電メーカーも洗濯機や乾燥機をエジプトで販売してはいたのだが、低所得者の多くは、地元メーカーが古いドラム缶でつくる半手動の洗濯機を使っているのだ。これは二〇ドルほどで売られ、材料はモーターと鉄器具の廃材。エジプトで洗剤を売る会社は、自社商品がこのような機械に入れられるということを理解しておかなければならない。

しかし、ここで新たな疑問がわく。エジプトや他のアフリカ諸国では、廉価な洗濯機の市場があるのだろうか。地元企業がこの小売価格で洗濯機を売ることができるのなら、大手メーカーにもできるのではないか。低価格の中国製テレビやCDといった電化製品はアフリカではすでにかなり普及している。国産洗濯機と競うべく、新興ブランドが出てくるのも時間の問題かもしれない。おそらくは中国かインドあたりの企業がもう取りかかっているだろう。この廉価なブランド洗濯機は、アフリカ2や、さらに低所得のセグメントにまで販路を開くことができるかもしれない。

アフリカには服飾小売業者も進出してきており、アフリカ2やアフリカ1までを囲い込もうとしている（こうした企業は、発展途上国ではより高級なイメージを持つ場合が多い）。二〇〇七年後半までに、ザラはモロッコに三店舗、チュニジアに一店舗、服飾店をオープンさせた。マンゴもチュニスの、カルフールが入っているショッピングモールに出店。ベネトンはチュニジアに八店舗、モロッコに一店舗、エジプトに二店舗、リビアに一店舗を置いていた。南アフリカのヨハネスブルグで訪れたウールワースはカフェや高級市場などでちょっとした豪華さを演出し、そこでは革ジャケット各種が約八〇〇ランド（九五二四円）までの値段で売られていた。

可能性はあらゆる階層に

アフリカ2はアフリカ最大の可能性かもしれないが、唯一の可能性というわけではもちろんない。アフリカ1のエリート市場にも膨大な可能性があることは、アフリカ中の大都市に見られる高級ショッピングモールや高級ブランド店が証明している。そして適切なビジネスモデルを用いれば、アフリカ3にも収益性のある市場機会が隠れているのだ。

たとえばナイロビでは、SBOリサーチのキャサリン・ンガフが、キベラ地区（主にアフリカ3消費者）の人口密集地域で売られる商品と、中間購買層の住むブル・ブル地区（主にアフリカ2消費者）で売られる商品、さらに高級住宅街ウェストランド地区の上流階級（主にアフリカ1消費者）向けに売られる商品を並べた表を見せてくれた（一〇九頁参照）。これを見ると、市場のあらゆるセグメントに大きな可能性があることは明らかだ。各セグメントの商品は少しずつ異なるが、意外に重複するところも多い。

アフリカ1――サントンで物を売る

ヨハネスブルグのサントン地区にある商業施設には、高さが六メートルもあるネルソン・マンデラの銅像が、彼にちなんで名づけられた広場に立っている（この場所は一九六〇年にマンデラが逮捕された農場からそう遠くない)。銅像の周りにはグッチやロレンツィ、それに何軒もの宝石店がきらびやかに軒を連ね、膨大な敷地面積を誇るショッピングセンター、サントン・シティが隣接している。道路脇にはアルファロメオ、メルセデス・ベンツ、BMW、フェラーリのディーラーがずらりと並ぶ。サントン・シティへ初めて足を踏み入れたときの印象は、「ここはアフリカじゃない」というものかもしれない。だが、ここもアフリカだ。ただ、アフリカ1だというだけだ。

私は本書の取材のなかで、ラゴス、ナイロビ、カイロ、その他数々の都市で、アフリカ1を相手に商売をしている高級ショッピングモールをいくつも見てきた。国民の大半には手が届かないものだが、優雅なレストランや映画館もあった。

次ページの写真は、ハラレで見たベンツのディーラーだ。アフリカ中どこへ行っても、こうした高級車のディーラーがあった。チュニジアでは、マイユ・クラブの高級衣料品店マブルークが一四店舗すべてでアフリカ1顧客に注力している。子供服やその他のセグメントを狙ったブランド開発にも取り組んでおり、向上心に燃えるアフリカ2顧客が上がってくるのを待っているのだ。

アフリカの富裕層はきわめて健全に成長しており、特に短期的には重要な市場機会を示す。メリルリンチとキャップジェミニが共同で行っている調査によると、アフリカの富裕層は二〇〇六年に資産を一四%成長させたという(世界全体の成長率は一一・四%)。こうした裕福なアフリカ人は合わせて九〇〇〇億ドル程度の財産を保有している。[4] アフリカにおける個人高所得者の数は中南米や中東に比べれば四分の一程度に過ぎないが、それらを上回るスピードで成長しつつある(次頁表)。『フォーブス』誌の二〇〇八年版長者番付にはアフリカ人が九人ランクインしており、出身国は

3地域の消費者が利用する商品やサービスの銘柄

商品	キベラ地区	ブル・ブル地区	ウェストランド地区
洗剤	固形石鹸：ジャマア、キパンデ	オモ	トス、オモ、サンライト
歯磨き粉	コルゲート（小）	クローズアップ、アクアフレッシュ、コルゲート	アクアフレッシュ・ハーバル、コルゲート、クローズアップ
交通	徒歩、自転車、マタトゥ（乗り合いミニバス）	ミニバスーシティホッパとダブルMの乗継ぎ	マイカー、運転手を雇う場合もあり
衣料品	ギコンバやトイの市場で購入したミトゥンバ（古着）	洋服屋（展示即売）、古着	デザイナーショップ、ウールワース、輸入衣料品
銀行	ポストバンク	信用金庫	バークレイズ、スタンチャート、NIC、CBA
蚊よけ	蚊取り線香、蚊帳	蚊帳、ドゥーム	モスキチップ、無香性ドゥーム
化粧品	ソレア、ワセリン	フェア・アンド・ラブリー	ニベア、クラランス
ラジオ	ソニー（偽造ソニー）	ナショナル・スター	LG、ソニー
テレビ	ナショナル・スター、白黒	ソニー	LG、ソニー、薄型またはプラズマテレビ

出典：キャサリン・ンガフ、SBOリサーチ、ナイロビ、ケニア

ジンバブエの首都ハラレにあるメルセデス・ベンツのディーラー。最も困難な環境にでさえ、アフリカ1向けの商品を扱う市場は存在する。

南アフリカ、エジプト、そして初登場のナイジェリアとなっている。このうち二人は初のアフリカ黒人で、一人はアパルトヘイト政策廃止後に鉱業を始め、国内初の黒人億万長者となった南アフリカのパトリス・モツェペ。もう一人は長者番付に載った初のナイジェリア人、アリコ・ダンゴートで、おじからの借金で商売を始め、そこから砂糖や製粉、セメント、製塩などの事業を手がける盛況なコングロマリットを作り上げた人物だ。二〇〇六年七月にラゴスにあるダンゴートの会社を訪れた頃にはすでに彼が世界的大富豪の一人ではないかという噂が囁かれていたが、『フォーブス』誌がそれを確認するのには少々時間がかかったようだ。まだ知られていないアフリカ人億万長者は他にもいるかも知れず、まだそこまで至らない者も、精を出して働き、アフリカの勃興に合わせて自らの富を築き上げていることは間違いない。

アフリカ3――少量で、できる限り低価格に

最後に、アフリカ3（DおよびEセグメント）の可能性について触れておこう。ここでの可能性は、一から市場を創り出せる

2005〜2006年の個人高所得者（HNWI）の成長率

地域	HNWI人口増減（%）	HNWI総資産増減（%）
アフリカ	12.5	14
中東	11.9	11.7
中南米	10.2	23.2
アジア太平洋	8.6	10.5
ヨーロッパ	6.4	7.8
北米	9.2	10.3

出典：『ワールド・ウェルス・レポート』、キャップジェミニおよびメリルリンチ、2007年

ところにある。ある投資家の言葉を借りれば、これは裸足の消費者に安いサンダルやゴム靴を買わせるようにするということなのだ。むきだしで売られている固形石鹸から、店で切り売りしたり客が丸ごと買ったりできるロゴ入り固形石鹸、そして有名ブランド商品へとステップアップさせていくことだ。これがユニリーバの戦略で、同社は粉洗剤を小分け包装し、最も到達し難い市場までも届く革新的な流通ネットワークを構築した。ここでは、アフリカや他の発展途上地域における市場の需要に応えるために適切な小売価格で商品を開発することの重要性について、簡単に述べることとする。

この種の市場においては、価格設定が間違いなく決定的な要素だ。特に消費財メーカーは、そうした市場で可能な限り低い価格を設定した商品を開発している。**従来の商品開発においてはまず商品があって、最後に値段をつけるのだが、アフリカ3向けの商品を作るには、まず可能な限り低い価格があって、それからその価格で売ることのできる商品を考えるのだ。**ナイジェリアでビニールパック詰めの水を販売する企業の多くが、値段を五ナイラ（三・二円）に設定しているが、これはこの国で最も小額の紙幣が五ナイラ札だからだ。大手企業でこの考えに最も近い戦略を取っていると思われるのはネスレで、「ピュア・ライフ」という商品名でレモン型の小瓶に入った水を売っているのを、二〇〇六年にラゴスで見かけた。ホイルのキャップがついたこの小瓶は、開けたら一口二口で飲みきってしまう。地元のショップライトでの小売価格は一六ナイラ（九・七円）と、ビニールパック詰めの水の三倍もするが、容量はたったの三三〇ミリリットルで、五〇〇ミリリットル入っているビニールパック詰めの水より量が少ない。それでも、世界的ブランドは信頼性が高く、値段が高くても良いということになるのかもしれない。コカ・コーラやネスレのような大手企業は、懐に余裕のある消費者向けに大きなボトル入りの水も販売しているが、アフリカ3の消費者向けには、ビニールパック詰めの水が正解なのだ。

エジプトでは、ラシディ社がブランド化したゴマ菓子「ハルヴァ」の小さなパックが一五ピアストル（二・五円）という価格で売られ、ノーブランド商品から市場の八五％を奪ってしまった。エジプトではＰ＆Ｇも「タイド」や「ボネックス」といった商品の少量パックを作り始めており、人口の七〇％を占めるアフリカ2とアフリカ3に狙いを定めている。ナイロビのチューインガム市場では、一枚のガムを一ケニアシリング（一・二二円）で売っている企業が多かった。リグリーのような世界的企業にしてみれば、これによりブランド価値に基づいた自社商品をどう位置づけるかという課題が生まれたことになる。

小分け商品の活用以外にも独創的な流通や商品開発を行うことで、企業はアフリカ3向けに販路を拡大しながら利益を出す方法を見つけることができる。底値の小売価格を実現するために、さまざまな輸送経路やビジネス・モデルを構築している企業もある。イースト・アフリカン・ブルワリーズはケニアの地方で「セネター」ビールを売るとき、樽から量り売りする方法で成功した。このビールは電力供給が不安定な地域ではあまり見かけない冷蔵庫に入れなくても長持ちするだけでなく、瓶ビールの価格設定を損なうことなくグラス単位で安く売ることができる利点があった。

サハラ以南のアフリカ人の半数が一日一ドル未満で生活している、という話はよく聞くが、これも慎重に検証しなければならない。人口密集地域では、五人家族や八人家族が一軒の家に住んでいることが多い。つまり、世帯としては一日五ドルから八ドルを稼ぐことができるわけで、一カ月にすれば

アフリカ３へ参入するべく、企業はその国の最低貨幣単位で商品を販売している。たとえば、ナイジェリアの都市ラゴスの水売りは、袋詰めの水を5ナイラで売っている。

それは一八〇ドルになる。ジンバブエの人口密集地域、タファラには活況を呈する市場や整然とした大型小売店まであり、そうした小売店ではユニリーバのような世界的メーカーのブランド商品が売られていたのだが、これでその理由が説明できる。**ユニリーバなどの企業が発見した成功への鍵は、正しい小売価格で収益性のある商品を開発し、地方市場のように見えにくい販路を見出すことだ。**[5]

また、「**メイドと運転手**」効果というものがある。ケニアのビドコのマーケティング責任者ファティマ・アリモハメドは、アフリカ2およびアフリカ3の多くがアフリカ1雇用者の下で働いていると指摘する。これはつまり、従業員が、自分たちには手の届かないような商品やサービスに触れることができるということだ。たとえば、雇い主が必要に応じて連絡できるよう、運転手に携帯電話を持たせるかもしれない。メイドは衣服や携帯電話を与えられ、場合によっては教育費や医療費も雇い主に払ってもらえるかもしれない。そうなると、こうした従業員の持つ資産は、数字に表れるよりも大きい場合があるということになる。企業は、家事使用人が利用する商品やサービスについて雇い主に対してマーケティングを行うことも考えるべきなのだ。

願望の大陸――歩き続けよう

願望とは、つまりアフリカ3消費者がアフリカ2向けに開発された商品を買う場合があり、アフリカ2消費者はアフリカ1の領域に手を伸ばすことがあるという意味だ。市場をセグメント化する際、ビドコは「闘う貧困層」と「諦めた貧困層」とを区別している。大きな違いの一つが、願望なのだ。願望とは大きな困難にもかかわらず個人的成功を収めるという、アフリカ全土に横たわる共通のテーマの一つだ。**アフリカにおける消費者市場の勃興は主として集団主義から個人主義への転換を原因とする。集団主義的社会において、アイデンティティとはすなわち帰属するグループを意味するが、個人主義的社会において地位の表象は個人的な向上や獲得したものに基づくため、この転換は帰属先の変更を意味する。集団主義がなくなるわけではないが、個人的イニシアティブと市場との関係がより強くなるのだ。**

膨らむ願望や個人主義は、南アフリカで過去三年間で二五％の成長を遂げたディアジオが販売する「ジョニー・ウォーカー」の堅調な成長を促進する要素となった。商品のキャッチコピー「歩き続けよう」は世界市場向けに考えられたものだが、あらゆる障害を乗り越えてひたすら前へ進め、と人々を鼓舞するように大きな歩幅で歩く男のイラストは、アフリカ市場のためだけに作り出されたようにさえ思える。だからこそ、「J&B」など格下ブランドが八〇ランド（九五二円）、高級ブランデーが七〇ランド（八三三円）で買えるにもかかわらず、南アフリカ人は一本二〇〇ランド（二三八一円）払っ

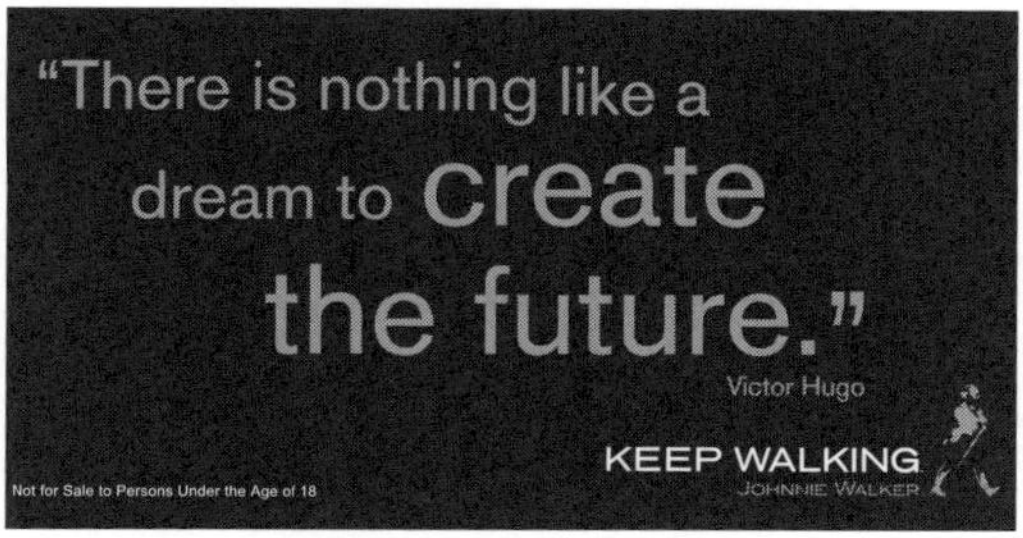

"There is nothing like a dream to create the future."
Victor Hugo
KEEP WALKING
JOHNNIE WALKER
Not for Sale to Persons Under the Age of 18

「ジョニー・ウォーカー」のキャッチコピー『歩き続けよう』はアフリカ人の夢と決意に訴えかける。図は南アフリカで掲載された広告。「夢こそが未来を創造する」というヴィクトル・ユーゴーの言葉が使われた。（提供：ディアジオ）

てでも「ジョニー・ウォーカー」を飲みたがる。「歩き続ける」ことは、購買者の願望に訴えかけるのだ。

「あらゆる階層の人々が携帯電話や特定の飲み物によって地位や富を誇示したいと思うその願望こそ、アフリカの多くの国で消費者需要を喚起する要素に他なりません」。二〇〇七年八月の取材時、ディアジオ・アフリカのマーケティング・ディレクター、マシュー・バーウェルはこう語った。最近、アンゴラを訪れて目を見張ったと言う。「あの国で生まれつつある、富と高級ブランドを手に入れたいという願望は、むしろブラジルやベネズエラに近いものでした」

このように膨らむ願望に応えるべく、南アフリカのSABミラー（サウス・アフリカン・ブルワリーズ）は茶色の瓶に入った低価格ビールから、緑色の瓶に入ったやや高級なビールの販売へと方針を転換した。コカ・コーラや他の飲料メーカーも、返却可能で販売価格も低いガラス瓶から、小売価格がずっと高いペットボトルへと移行している。

二〇〇〇年から二〇〇六年の間に、「キャッスル・ライト」や「ハイネケン」といった緑色の瓶に入ったビールの南アフリカでの売上は五七％増加し、市場でのシェアを四％から一一％へ伸ばした。ビール市場を牛耳っていたSABはこうした需要を受けて「ミラー・ジェニュイン・

ドラフト」、「ピルスナー・ウルケル」、「キャッスル・ライト」、「ペローニ」を発売した。消費者が茶色の瓶から緑色の瓶へとグレードアップしていることは、アフリカ2セグメントが急速に成長している証であり、それにも増して、願望が急速に膨らみつつある証である。

　私が南アフリカのソウェト居住地区を訪れた際、横丁の居酒屋がドアを開け放って大きなスピーカーから音楽を大音量で流していた。店内に見えた冷蔵ケースの一つは「キャッスル」のような安い茶色の瓶ビールで一杯だったが、もう一つのケースには、高級な緑色の瓶ビールがずらりと並んでいた。たとえ数人のグループ客がみんなで緑色の瓶を一本しか買うことができなくても、普通のビールをたくさん飲むよりは、テーブルの真ん中に緑色の瓶を一本置いて、うまい酒を分かち合うほうを選ぶ。仲間と一緒にコカ・コーラを買う時も、返却可能な瓶や缶入りのものを別々に買うよりは、流行のペットボトルを分け合うほうが多い。

　発展途上国の例に漏れず、ファストフードでさえ、向上心に満ちている。ナイジェリアでは週末や特別な日には一家そろって「ミスター・ビッグス」というレストランへ出かける人たちが多い。ミスター・ビッグスのようなクイックサービス方式のレストランは元来西洋料理しか提供していなかったが、健康意識の高まりに伴って現地食の需要が増加したことを受け、アフリカ料理も置くようになった。現在、レストラン各店ではヤム芋をついて作る「アマラ」や「エバ」、豆とプランテーンバナナ、米とプランテーンバナナ、「オファダ」ライス、ヤム芋のポタージュなどが食べられる。ミスター・ビッグスはそうしたナイジェリアのレストラン業界で、売上の約半分、三九〇億ナイラ（約二四八億円）を占めている。

ダイナミックな経済

アフリカ市場は両極端な研究対象だ。二〇〇六年の半ばごろ、ナイジェリアのシェラトン・ラゴスの宿泊料は一泊五〇〇ドルと、その国の一人あたり平均GDPよりも高かった。企業幹部や政府高官はたった一晩で平均的な国民の年収を上回る金額を支払うことができるのだ。一方の端では、最高級のショッピングモールで湯水のように使える資産を持つエリートが続々と出てきている。もう一方の端では、日々生き残るだけで精一杯のアフリカ人が数多く存在する。しかし時として、経済指数はアフリカ市場におけるバイタリティとダイナミズムを覆い隠してしまう。ナイロビでもアルジェでもラゴスでも、市場は商品の売り買いで活気に満ちている。

高級市場では高級商品に機会があり、低価格市場では価格重視商品に機会がある。しかし高級市場の消費者も価格で選ぶ場合があるし、低価格市場の消費者が高級品を求める場合もあるので、境界線は必ずしも明確ではない。ユニリーバの高級商品「フェア・アンド・ラブリー」のスキンクリームは現在、ナイジェリアでは小分けパックで売られている。ここで見えてくるのはダイナミックな市場であり、そこには贅沢品から必需品まで、幅広い機会がある。願望に突き動かされ、これらの市場セグメントは目を上へ向けている。彼らが立ち上がるにつれ、アフリカも立ち上がる。そしてアフリカの市場機会の中心にしっかりと腰をすえているのが、アフリカ2だ。

- アフリカ市場の各セグメントには、どんな戦略が求められるのだろうか。
- アフリカ2向けに自社はどのような機会をとらえるべきだろうか。
- アフリカ1の富裕層の市場にはどのような機会があるだろうか。
- アフリカ3で収益を上げるにはどうすればよいだろうか。
- 人々の諸々の願望は、自社の事業の成長とどのように関わりうるだろうか。

第Ⅱ部

新たな市場を どう開拓するか

［ビジネスチャンスの探求］

第4章

パズルのピースを探す——「組織化」で機会を創る

アフリカ市場は組織立っておらず雑然としている。そこで機会を創出することは、すなわち市場を組織化することである場合が多い。非公式な露店を整備された店舗へと移行させ、非公式市場や闇市場を公式市場へと転換させ、中古市場を整備する。そのようにして自ら機会を生み出している企業は現に存在する。そうした企業はノーブランド商品のブランド化や、輸送、流通経路の組織化も行っている。

モロッコでは、小売販売のほとんどは、「ハヌート」と呼ばれる国内に八万軒もある町の小さな雑貨屋を通じて行われている。こうした家族経営のハヌートに組織立ったチェーン店が太刀打ちできないのは、ハヌートが顧客との間に築いている密接な関係と、つけ払い制度のためと考えられる。つけ払いを許すことにより、店側は公式な金融サービスを利用することができず家計のやり繰りが大変な顧客をつなぎとめておける。労働者は帰宅途中に飲み物やその他の品物を買って帰る際、店主に代金を自分の勘定につけておくよう頼む。これはその労働者の家族全員が利用できる勘定だ。利息はかからない。現金決済やクレジットカードに慣れている先進国の小売業者は、こうした掛け売りサービスは提供できないだろう。コンビニエンスストアのチェーンがモロッコ市場に参入するのは、銀行やクレジットカードなどが普及するまで待たなければならないかもしれない。

しかし、過去にP&Gとメディテルのマーケティング責任者を務めた起業家モンセフ・ベルクハヤートは、待つことを選ばなかった。彼は市場を組織化しようと決断したのだ。まずはハヌートのブランドチェーンを立ち上げるというアイディアを思いついた（店名は「ハヌーティ」）。プロジェクトに対する投資の二〇%を負担するBCME銀行と提携し、ベルクハヤートは店の利用客に信用供与を行うことにした。三〇〇〇店舗の出店計画で二〇〇六年に展開を始め、急速に成長を続けている。ブランドには近代性、清潔感、安全性のイメージを持たせている。伝統的なハヌートでは店主が個人的に提供していた信用供与は、今度は銀行が提供するようになった。古い慣習の現代版というわけだ。非公式は公式になる。ノーブランドの「ハヌート」がブランドの「ハヌーティ」になる。市場が組織化されたのだ。

BCMEにとって、ハヌーティは数多くの銀行非利用者層を取り込むための入り口となる。モロッコの都市部でも銀行口座の保有者は二〇%程度に過ぎず、地方ともなればその数はさらに減少する。顧客がハヌーティで信用供与を申し込めば、銀行はクレジットカードや口座、請求書による支払いサービス、保険会社RMAワタニヤを通じた保険サービスなどを提供することができる。こうしたサービスの多くはハヌーティの店頭で申し込むことができるし、店内で配られるチラシを利用して申し込む

ナイジェリアのラゴスの露天市。

ことも可能で、事実上、銀行はモロッコ中に支店を置いたような状態になる。こうして、アフリカ2やアフリカ3顧客の市場がつくられていくのだ。

顧客に信用供与を行ったときと同様、ハヌーティは店舗に供給を行う流通経路の最終段階も組織化した。高機能の集中型販売システムを構築し、これによりモロッコの大型小売業者に対抗できるようにしたのだ。

市場を組織化する

雑然とした非公式のハヌートを近代的な小売店へと変貌させるため、ハヌーティは自前の金融や流通システムを持ち込まなければならなかった。市場を組織化する必要性に気づいたのだ。持続可能な事業を構築するためには、小売だけでなくさまざまな業界への幅広い視点が求められる。大手コンビニエンスストアは銀行利用の普及まで市場が発展するのを待つかもしれないが、その前にハヌーティは先駆者として地位を確立しているのだ。

アフリカ市場は非公式であり組織化されていない。二〇〇六年、

西欧では小売業全体の売上の五九％を上位三〇社が占めたのに対し、アフリカおよび中東の小売業者上位三〇社のそれは二九％だった。(1) アフリカの小売業は、概して非公式市場の形態をとっている。信用制度が発達しておらず、不正が横行するラゴスでは、ビジネスマンが現金の束を持ち歩いている。クレジットカードもあるが、大型テレビや自動車といった高額商品の買い物でも、一般的に好まれる支払い方法はスーツケース一杯のナイラの札束だ。経済の大部分が、地下の非公式経済で行われている。ナイロビでは経営者が自分の自動車修理代を携帯電話の通話料という形で支払うことがある。こうした取引は一切通貨が介在することなく終わることになる。

事業についてより幅広く考えたハヌーティが気づいたのは、**企業は市場を組織化すれば機会を創り出せる**ということだった。小売業を再編し、マーケティングやコミュニケーションを組織化する企業が登場しつつある。非公式市場や闇市場を、公式なものに変えているのだ。中古商品やノーブランド商品の流れも追いかけ、官と民で協力して組織立った販路をつくって利用している。**起業家は、アフリカ市場が自然に整備されはしないことを知っている。こちらで市場を組織化しなければならないのだ。**

小売業を組織化する

ある晴れた日曜の朝、私は運転手に案内されてヨハネスブルグ郊外に広がる黒人居住区、アレクサンドラを訪れた（近隣のソウェト同様、アパルトヘイトの時代に黒人が強制移住させられた地域だ）。隙間な

南アフリカのヨハネスブルグ郊外、アレクサンドラにある昔ながらの小売店「スパザ」

く並ぶ軽量コンクリートの家々から、人々が通りへとあふれ出していた。小さなテントの下の売り場には、野菜や衣料品が山積みになっている。小型の赤い輸送コンテナの前を通りかかると、開いた扉から若い女性が出てきた。中には「公衆携帯電話」がずらりと並び、利用者は一回一ランド（約一二円）未満で通話ができる。通りはほこりっぽく、混雑していた。

二番街では、カーフェン・ヌドゥが昔ながらの小売店「スパザ」の黒い鉄格子の向こうで働いていた。スパザは民家の軽量コンクリートの壁に穴を開けたもので、パンや菓子、ろうそくなどの日用品を売っている。ヌドゥは戸口で待つ女性に、白い小箱から出した絆創膏を渡した。絆創膏一枚でも煙草一本でも、一ランドで売っているのだ。最近まで、黒人居住区や地方の小売はこれが普通だった。だが、今はこれだけではない。

さらに少し先へ行くと、新しくできた小さなショッピングセンターが姿を現した。埃まみれの通りから新築のスーパー、ショップライトへと入るのは、途上国から先進国へと移動するような感覚だった。床はなめられるほど清潔に保たれ、食料品も豊富に並んでいる。四方八方に伸びる広く明るい通路。商品で一杯の棚。BGMはクリスティーナ・アギレラの歌声だった。先進国のどこにあってもおかしくないようなスーパーだが、レジに列をなしているのはカート一杯に日用品を詰め込んだり、通路に山積みされている四〇〇ランド（四七六二円）足らずの電子レンジに見入ったりしている地元の人々なのだった。

一九七九年にケープタウンで創業したショップライト・グループは、いまやアフリカ最大の食品小売業者となっている。アフリカの一八カ国で八二五カ所に直販店を持ち、北はサハラ砂漠を飛び越えてエジプトまで（これは後に失敗したが）、東はインド洋諸島や南アジアにまで進出を果たした。二〇〇六年に五六億ドルを売り上げたショップライトは「フォーチュン五〇〇」ランキングではアメリカの小売業者ベッド・バス・アンド・ビヨンド（五八億ドル）に次ぐ四〇八位と、バーンズ・アンド・ノーブル（五三億ドル）よりも上位に入った。

このショッピングセンターで、子供服専門店PEPが幼児の上着を七ランド（八三円）以下で売っていた。PEPの親会社ペプコーのモットーは「価値ある品をお手頃価格で」というものだ。一九六五年、レニエ・ヴァン・ルーイエンが南アフリカの北ケープ州にある故郷のへんぴな村で貧困層を対象に始めた小さなディスカウント・ストアが、この会社の前身だ。貧困層の黒人客相手に最初に商売を始めた店の一つで、客が商品を直接手にとって見ることができるようになっている（それまでは商品はカウンターの奥に置かれているのが普通だった）。

今、PEPは南アフリカ、ナミビア、レソト、ボツワナ、スワジランド、マラウイ、モザンビーク、ザンビア、ガーナで一三〇〇店舗を展開している。低所得層を対象にしているとは言え、慈善事業な

南アフリカのアレクサンドラに新しくできたショップライト。

PEPのバーゲン。南アフリカでは幼児用の上着が1ドル程度で買える。

どではない。二〇〇八年には、ＰＥＰは一万四〇〇〇人の従業員を擁する、南アフリカ最大の単独ブランド小売業者となっていた。年間販売量は約四億個で、その商品の一部は、ＰＥＰが傘下にもつ、アフリカ南部最大の衣料品会社で作られている[2]。

ナイロビでは、ティカ通りにあるスーパー「ナクマット」の入り口に置かれたテーブルで、にこやかな女性がロンドン製のスキンケア商品「ビューティ３」のデモンストレーションを行っていた。ここはロンドンから遠く離れた場所で、メイシーズの化粧品売り場とは似ても似つかない。しかしナイロビに昔からあるトタン屋根の粗末な雑貨店と比べれば、一歩足を踏み入れたスーパーマーケットの店内はまったく違う世界だ。ナクマットの店内には食料品が並ぶきらびやかな通路、国内外のブランド商品、パン屋、それに惣菜が並ぶカウンターがある。平均的な店舗の広さは約三〇万平方メートル超で、一七五の国々から届けられた食料品や家具などを販売している。

ナクマットが新たに展開する大型スーパーの規模は、同社がケニアや周辺地域に向けて抱く野望と同様に大きい。一九九一年の創業以来、ナクマットは一軒の店から一七店舗へと拡大してきた。

二〇〇六年度の売上高は二億八〇〇〇万ドル。ナクマットはまだ始まったばかりだ。二〇〇七年にはウガンダ、ルワンダ、タンザニアに進出してさらに八店舗を立ち上げ、予定されている株式公開までに四億ドルを達成する計画だ。

ケニアのナクマット本社で会った際、事業本部長ティアガラジャン・ラマムーティは同社の三%という収益性がウォルマートにも匹敵し、他にも比較するべき点は数多くあると指摘した。ナクマットという社名は創業当初販売していた商品（マットレス）と一号店をオープンした場所（ナク市）から取られている。ちなみにナク市というのは、ウォルマートが本社を置くアーカーンソー州ベントンヴィルよりもずっとへんぴな場所だ。アメリカのお手本よりはるかに小規模ながら、ナクマットの形式と洗練の度合いはウォルマートと類似している。ナクマットが始めた「スマートカード」は、二〇〇七年時点では一五〇万人いる顧客のうち、すでに二一万人が利用していた。同年にはさらに、バークレイズと提携したクレジットカードを発行。創業者アトゥル・ハク・シャーは、ナクマット版サム・ウォルトン［ウォルマート創業者］なのだ。

ナクマットの拡大を支えてきたのは、その無駄のない構造だ。店舗を建てる土地は賃貸で、地主は八年以内に賃貸料収入で投資分が回収でき、一一年間のリース期間が無事に終了する頃には百万長者になっていると約束される。また、同社は在庫商品の一部を委託販売の形で引き受けている。こうした相互関係のおかげで、ダウンサイド・リスクを軽減しながら市場を組織化することが可能となった。

ナクマットはいちはやく顧客を理解し、世界中に分散した在外組に目をつけた。親の希望に応え、買い物で獲得できる「スマートポイント」で子供の学費が払えるようにしたのだ。ナクマットは顧客

マンデラ・スパザ。ウィニー・マンデラが経営していたこのスパザはソウェトでマンデラ家が住んでいた家の向かいにあり、主人の長年に及ぶ抑留の間、家族の生活を支えた。

が獲得したポイントに一〇％上乗せして学校に小切手を書く。この他に、国外に住むケニア人が祖国の家族へナクマットの商品券を贈るオンラインプログラムも提供している。

四万軒の小売直販店が存在するうち、組織化された小売市場は全体のわずか一五％というチュニジアでも、市場の組織化は進んでいる。バヤーヒ・グループは提携企業と共にマガザン・ジェネラルの五二店舗を取得した。一方、チュニジアの銀行最大手BIATの株主であるマブルーク・グループは、金融サービス向けの市場を組織化している。また、小売業にも事業展開し、ハイパーマーケットのモノプリ買収などに乗り出している。

アフリカでは、ショップライトやPEP、ナクマットのような企業が市場を組織化しつつある。二〇〇六年の世界小売業上位二五〇社の中には、南アフリカの企業が三社入っている（一二三位のピックンペイ、一二三位のショップライト、一四〇位のマスマート）。そうした企業が展開する店に入る客は、地元の雑貨屋や売店で売られる品と価格や品質を比較できる。そして驚かされることがしばしばだ。価格が商品の前や、通路の端の購入を呼びかける大きな表示板に表示され、比較購買が推奨されているからだ。非公式は、公式になった。

市場の大半はまだ雑然としたスパザ商店などの小規模小売店のままだ（しかし、これはインドや他の発展途上国でも同じことだ）。中でも有名なのは、ネルソン・マンデラの元夫人、ウィニー・マンデラがソウェトのマンデラ家の向かいで経営していた店だろう。自宅は現在博物館になっており、夫妻は離婚して久しいが、店はまだ続いている。ネルソン・マンデラが南アフリカを生まれ変わらせる長い戦いを繰り広げていた間、この店が家族の生活を支えていた。政治と経済発展は密接に関係しているのだ。

アレクサンドラにあるような小規模ショッピングセンターがアフリカ中で生まれつつあるなかで、より大がかりなショッピングモールも大陸中に建ち始めている。二〇〇六年にナイジェリアのラゴスを訪れたときには、高速道路沿いにごちゃごちゃと露天商の屋台が並ぶそのすぐ先に、パームズ・ショッピングモールがそびえ立っていた。パームズは国内で建設が計画されていた二〇以上のモールの一つとして二〇〇五年一二月に開業。ショップライトの他、南アフリカの「ゲーム」というディスカウントストアなどが出店している。センターコートにはポルトガル系鶏料理店ナンドスも入っている。私が訪れた週末には、レストランのテーブルを人が埋め尽くし、陽のあたるアトリウムもあふれ出した人でごったがえしていた。上階の映画館ではハリウッドのヒット映画が一二五〇ナイラ（七九六円）で鑑賞でき、コカ・コーラ飲料は一瓶二〇〇ナイラ（一二七円）と、下階のショップライトの倍以上の値段で売られていた。

このような贅沢はアフリカ1しか楽しめないものだが、「超近代的スーパーモール」と銘打ったパームズは、私がショップライトの店内で見かけたカップルのように、清潔で明るい店で必需品を何点か買うためにわざわざバスで一時間かけてやってくるアフリカ2やアフリカ3にも門戸を開いている。そのカップルの女性のほうは、町で買えば一〇〇ナイラ（六四円）するペットボトル入りのコカ・コーラが、スーパーマーケットではたったの八〇ナイラ（五一円）だと驚いていた。このような店を訪れることは、価格設定や消費者主義の教育の機会にもなるようだ。同じような光景はアフリカのそこかしこで見られ、小売ショッピングセンターはまだこれからも増えてくるだろう。

二〇〇六年にはこれまで世界中の投資家が無視してきたガーナやナイジェリア、マラウイ、モザンビークなどでのショッピングモールその他の商業開発を目的として、CDC（元イギリス政府系の発展途上国向けファンド）の支援により一億ドルのアクティス不動産投資ファンドが設立された。小売業は、アフリカ市場を組織化する数多くの方法の一つに過ぎないのだ。

非公式を公式にする

違法なコピー商品に対する需要さえも、正規のビジネスの基盤になりうる。たとえばアズバン・コスメティックスの創業者たちがワセリンの市場機会に気づいたのは、モロッコで露天商の間を通り抜けているときだった。ノーブランドや偽ブランドの商品がいたるところで売られており、需要があることは一目瞭然だった。

この洞察に基づき、彼らは後に市場最大手となるブランド商品を立ち上げた。テレビCMやプロモーションを行わないことでコストを抑え、世界的ブランドの半値で商品を販売し、偽ブランドを買っていた消費者を引きつけた。二七五ミリリットル入りのアズバン社製ボディローションは約八ディルハム（九五円）。ヨーロッパのブランドのおよそ半額だ。同社はこの初期の成功を足がかりとして、より高級な化粧品や香水も手がけるようになった。スペイン、西アフリカ、チュニジア、その他世界各地へ販路を広げ、アメリカ市場まで視野に入れている。観光業の活況にも目をつけ、シャンプーなどのパーソナルケア商品をホテルチェーンに売り込むことに成功した。

ウガンダにおける携帯電話に関する調査によると、毎年一〇万台にのぼる偽造もしくは盗難携帯電話が売られ、政府の損失は税収だけでも九〇〇万ドルにのぼるという(3)。エジプトでは衛星テレビの普及率が二〇〇四年一月の一九％から二〇〇六年五月には六八％に跳ね上がった(4)。二〇〇六年の一人あたり国民総所得が一三五〇ドルしかなかったエジプトで、どうして国民の六八％が衛星テレビを利用できるのだろうか。

衛星テレビ視聴者の半分以上が、プロバイダの顧客リストには載っていない。彼らは利用料金を支払っているわけではない。一般に広まっている「ワスラ（分岐）」と呼ばれる方法で、衛星信号を盗んでいるのだ。場合によっては、たった一基のパラボラアンテナが、近隣一帯に映像を届けていることさえある。エジプトの大都市アレクサンドリアでは全世帯の六二％が衛星放送をワスラ受信しており、エジプトの貧しい階層が住む地域ではこの割合はさらに多くなる。

モロッコやチュニジア、そしてアフリカの他の地域でも、起業家がヨーロッパの衛星放送受信コードを売って大儲けしているという話をよく聞いた。客は起業家からカードを購入し、好きな有料番組を観ることができる(一番人気はサッカーの試合中継だ)。衛星会社がコードを変更すると、非公式市場はすぐさまその新しいコードを盗んで売り出す。

衛星信号の侵害行為は、大きな問題かもしれないし、大きな機会かもしれない。一方では衛星プロバイダが契約料収入を取れず、多額の損失を出していることになるが、これには侵害者が実際に正規の視聴者となったとすれば、という前提が伴う。また一方では、こうした違法な視聴者がいるということは、公式なデータよりもはるかに多くの視聴者への宣伝効果が期待できるということにもなる。違法受信者の多くはアフリカ2や、一部アフリカ3消費者セグメントの中でも上流に位置する、金銭的に余裕のある市場であり、衛星信号をスクランブル処理すると、国際的な広告の影響力を殺いでしまうことになるかもしれない。

マイクロソフトは、中国における著作権侵害行為の横行に対し、政府に無料で自社ソフトウェアを提供するという方法で、著作権侵害とオープンソース・ソフトウェアの脅威に対抗した。導入基盤の増加により、中国政府とマイクロソフトの利害を一致させたのだ。マイクロソフトの著作権侵害対策は、価格設定の変更という方法でも実施されている。たとえば、同社は二〇〇七年七月、全ソフトウェアの三五%が海賊版と言われている南アフリカで(中国は九〇%、アメリカは二二%)、オフィスソフトの従量課金登録サービスを導入した。マイクロソフト・オフィスのプロフェッショナル版パッケージのライセンスに七〇〇ドル払う代わりに、ユーザーは三カ月で三〇ドルの利用料を支払えばよいのだ[5]。

非公式市場を公式に組織化するためには、他にどういった戦略が使えるだろうか。

中古市場を組織化する

自動車や衣料品、タイヤ、電化製品、家庭用品の「トクンボ（中古市場）」は、ナイジェリアだけで一〇〇〇億ナイラ（六三七億円）規模の市場だ。自動車メーカーや衣料メーカーの貸借対照表には表れない巨大な市場なのだ。ショールームに一度も入ったことがないにもかかわらず、ＢＭＷ製品に忠実な顧客がアフリカにどれだけいるか、同社は知っているのだろうか。ブランド物の古着のアフリカにおける市場を、クリスチャン・ディオールは把握しているのだろうか。

アメリカの古着はアフリカにおける成長の機会を生み出した。毎年、アメリカ人は一人あたり平均三〇キロもの衣服などの繊維製品を寄付または廃棄している。そしてその大半が、アフリカに届けられるのだ。

こうした「廃棄物」の中にはカルバン・クラインやラルフローレンなどのブランド服も含まれる。シエラレオネからの移民がジョージア州アトランタで設立したグローバル・クロージング・インダストリーズのような仲介業者は、古着を一ポンド（約四五〇グラム）一〇～一五セント（一〇～一五円）で買いつける。古着はその後仕分けされ、一山一〇〇〇ポンドずつ押し固められて一ポンドあたり一一セント（一一円）という値がつけられる。世界の古着取引は年間一〇億ドルとも言われ、業界では古着の取り扱い、流通、洗濯、修繕のために何十万人というアフリカ人を雇用している。(6)

二〇〇七年二月にアメリカンフットボールチームのインディアナポリス・コルツのメンバーが優勝にちなんだキャップやシャツを身に着けていた頃、敗北したシカゴ・ベアーズ用に事前に製作されて

チュニジアの首都チュニスの「フリパリー」で売られている古着は、消費者が一流ブランドを手にする機会を提供する。

テキサスから遠く離れたナイジェリアのラゴスで、中古車売り場で売られていたテキサスナンバーの車。

いた優勝記念グッズはまとめてアフリカへ送られた。ＮＧＯのワールドビジョンがそれをウガンダ、ニジェール、シエラレオネなどの貧困国で配布した。[7] アメリカで優勝できなかったチームは、アフリカで勝者となったのだ。

ナイロビでも、古着市場を見かけた。チュニジアとアルジェリアでは古着を「フリプ」（フランス語で「古着」の意）と呼び、古着を売る店は「フリパリー（古着屋）」と呼ばれる。

ナイジェリアでは、ラゴスのアパパ地区を通る高速道路沿いの丘に、自動車やトラックがびっしりと斜面を埋め尽くす自動車売り場がある。ユナイテッド・ベルジェ・モーター・ディーラーズが運営する二七の売り場の一つで、どの売り場にも一〇〇〇台以上の中古車を並べている。そのほとんどがヨーロッパから輸入されているため、「ベルジャン（ベルギー産）」という通称で知られる。中古車はヨーロッパ全域に加え、アメリカからも運ばれる。中には、私が住むテキサスのナンバープレートをつけたままの車もあった。車を買うのは、エリート階級から、初めての車を購入できるだけの現金をやっとの思いでかき集めた者まで、多種多様なナイジェリア人だ。

売り場に並ぶ車のほうも、三五万ナイラ（約二三万円）で売られている傷だらけの旧型の日産車から、七五〇万ナイラ（約四七八万円）の値がつけられた走行距離わずか二万三〇〇〇キロの最新型トヨタ・トゥアレグまでと、さまざまだ。新車のＢＭＷ・Ｘ５は、五五〇万ナイラ（約三五〇万円）で売られている。取引のほとんどがスーツケースに詰め込んだ現金で支払われるため、代金を持ってくるためだけに同じ大きさの車が必要なほどだ。

埃っぽい売り場に足を踏み入れるのは、アリ塚を刺激するようなものだった。販売員がわらわらと出てきて、自分が担当する七台の車のうちどれかを売りつけようと群がってきたのだ。彼らを大まかにまとめているのは、フォースター・アグとドナルド・アンソニーという二人の人物だ。販売員は一台売るごとに車の所有者から手数料を受け取るが、売り手の提示価格に数千ナイラ上乗せできれば、差額は自分のものにできる。アフリカ東部のケニアでは、車は日本などのアジア各地から輸入されているが、コンセプトはナイジェリアでヨーロッパ車を輸入するベルジャンと同じだ。

アフリカの自動車市場は急速に成長している。エジプトの自動車産業は二〇〇五年に六〇％成長し、一五万台の新車販売台数を記録した。そのうち約七五％が乗用車で、韓国のヒュンダイが市場シェアのトップに立っていた。輸入税が高額なため、最上位の市場で年間約二〇〇〇台を売るベンツやＢＭＷを含め、企業の多くが現地で組立を行っている。セールスポイントの鍵を握るのは、アフターサービスだ。

ディーラーでは中古車を扱っていないが、エジプトには政府が出資する売り場で、比較的組織化された非公式市場が存在する。売り手は一〇エジプトポンド（一六九円）を支払って自分の車を展示し、買い手がそこへやってきて交渉する。金曜日ともなると、ナサル市の売り場には何千という車が並ぶ。車を買取って売る販売店や、ブローカーとなる小規模中古車販売店もある。

セネガルでベンツのディーラーに聞いたところによると、彼らの売上高はヨーロッパよりは低いかもしれないが、利幅はヨーロッパより高いのだそうだ。パリのディーラーは二〜三％の利益率でもありがたいと思うかもしれないが、セネガルの首都ダカールのディーラーは一〇〜一五％もの利益率を出し、アフターサービスでもさらに稼げるという。また、この市場は先進国よりもはるかに速い、年間約一五％の速度で成長している。最大のライバルは、正規代理店とは別の輸入ルートである並行市場だろう。ディーラーの元へやってきて、自分の輸入車がヨーロッパで盗難された車か、輸入税逃れのために密輸された車だったと知って落胆するベンツオーナーは少なくない。

この活発な中古市場には数々の機会がある。たとえば、アメリカのディーラーが「認定中古車」の仕組みをつくったように、またはカーマックスのような企業が公式な中古車ビジネスを構築したように、中古市場を組織化するという可能性があるのだ。また、中古市場はより安い新製品を生み出す機会を浮き彫りにする。ヨーロッパから中古車を輸入しているエチオピア人エンジニアのタデッセ・テッセマはオランダ人投資家の援助を受け、一九七〇年代のフィアット131をベースにした（悪路走行向けに車高を高く設計し直した）低価格自動車を製造する自動車メーカーを設立した。エチオピア国内で製造することにより高い輸入税などのコストを回避できるため、トヨタ・カローラの半値で自動車を販売できるのだ。テッセマがこの新しい自動車を「オランダ」と名づけたのは、「エチオピア製」ではヨーロッパブランドの高いステータスには勝てないという事実の表れだろう。(8)

エチオピアの新ブランドは、中国の競合他社との激しい競争に直面している。長城汽車《グレートウォール》や奇瑞汽車《チェリー》、吉利汽車《ジーリー》といった中国企業がアフリカに進出し、中古車に対抗できるほどの価格で新車を販売しているのだ。グレートウォールは二〇〇八年までに南アフリカに三〇のディーラーを置く計画を立てている。二〇〇八年に、ウガンダ政府は東アフリカ市場を視野に、カンパラ郊外の新工場で年間三〇〇〇台のジーリー車を組み立てる計画を発表した[9]。一方、チェリーは二〇〇六年にエジプトで自動車製造を開始した。二〇〇七年には無利息ローンに加え、中古トヨタとほぼ同額のわずか一万二〇〇〇ドルで新車を販売した。アルジェリアで私は、チェリー車が六〇〇〇ドルほどで売られているのを目にした（同じ場所で、九万ドル以上の値がついているベンツも見かけた）。

インド企業もアフリカ市場での販売を展開している。アルジェリアやアフリカ北部の他の地域へは、タタ・モーターズやマルチが進出している。南アフリカではタタやマヒンドラ、それに韓国のヒュンダイや日本のトヨタ、ホンダといったアジアのメーカーも見かけた。セネガルでは新車の輸入量が増えるにつれて、ヨーロッパ中古車の輸入量が減少傾向にある[10]。南アフリカのプレトリア郊外でマヒンドラとフィアットのディーラーが提供しているようなローンのおかげで、同社の車にはより多くの国民の手が届くようになった。次ページの写真のフィアットは二〇〇六年七月に販売されていたものだが、月々の支払はたったの九九九ランド（一万一八九三円）だった。

アフリカや他の発展途上地域の自動車市場に対する関心の高まりを象徴するかのように、ルノー・日産のCEOカルロス・ゴーンは二〇〇七年九月にモロッコのタンジールへ飛び、アフリカ大陸最大級の自動車組立工場の建設計画を発表した。この工場は、最終的には年間四万台の自動車を製造

ローンは、自動車所有への架け橋となる。南アフリカのプレトリア市外にあるオートモールのディスプレイは、安価なフィアットが格安の月額払いで手に入ることを宣伝していた。

する計画だという（初期の計画ではアフリカ大陸外の市場をターゲットとしている）。同社はまた、インドのバジャジ・オートと業務提携し、三〇〇〇ドルの自動車を製造する計画にも取り組んでいる。[11] 超低価格の自動車［二〇〇九年七月に「ナノ」が約一二万ルピー（約二二万円）で発売予定］を開発したタタ・モーターズも、南アフリカの基盤から急速に拡大している。これらの企業や中国からの市場参加者は、サウスウェストなどの航空会社がアメリカにおける航空旅客業を再定義したように、低層市場の定義を変えつつあるのだ。

公式市場が非公式の中古市場に取って代わりつつある。しかし、トクンボ市場で世界的ブランドを手にしてきたため、消費者の期待はかなり高くなることが考えられる。たとえばラゴスで会ったある管理職は、同じような値段だったとしても新車の三菱よりは中古のＢＭＷのほうがほしいと言っていた。

アフリカ全域において、中古市場は低価格で高品質の商品に対するニーズに応えている。こうした中古市場は、アメリカで非営利組織グッドウィルや民間のリサイクルショップがやっているように、組織化することが可能だ。また、トクンボ市場では、適正水準の品質と信頼性がある低価格の新製品に対する多大な需要も見られる。

流通を組織化する

カイロでは、マルチサービス・フォー・トレード会長兼CEOのヤセル・サイヤドが、チョコレートやクッキー、ジャム、豆乳など幅広い製品の流通に取り組むことでいかに事業を構築してきたかを話してくれた。テーブルにはココナツクッキーとチョコレート、冷蔵庫には豆乳とヨーグルトが並んでいた。マーズ社のチョコバー「ギャラクシー」を売るため、サイヤドはスーパーから小さな売店まで、エジプト中の四万店舗への流通経路を考える必要に迫られた。冷蔵保存を要するチョコレートは特に難物で、一番の得意先小売店には冷蔵庫を提供しなければならなかった。ところが店主の多くは電気代節約のため、夜になると冷蔵庫の電源を切ってしまう。また競合製品や、中には鮮魚まで入れてしまう者もいた。サイヤドによれば、流通における難題は、「市場が成熟していないこと」だった。

企業はなぜ独自の流通システムを構築しないのか。プライスウォーターハウスの幹部を務めていたこともあるサイヤドは、「地元市場を理解していたからこそ、大手欧米企業からの評価が得られたのだ」と語った。彼の会社は複雑かつ細分化された小売販売網の中で最適の経路を特定するためにコンピュータ・ルーティングを行い、地元消費者や組織化されていない小規模小売業者を理解している。市場に商品を届けるため、彼はトラックだけでなく自転車やロバまで活用してきたのだ。

コカ・コーラも、南アフリカで大都市の高速道路や人口密集地域の細い路地、地方の農村まで炭酸飲料を届けるために、トラックや自転車、手押し車などを活用している。ナイジェリアでノンアルコール飲料「マルタ」を売るのにギネスが使用しているのは「プス・プス」と呼ばれる小さな手押し車だ。ザンビアでは、ジレットが一万八〇〇〇人の若者に自転車を貸与し、廉価な二枚刃の剃刀が五枚入ったカードを売らせている。ジレットはこの方法で商品をザンビア中に流通させ、二〇〇四年には販売量を五〇〇〇個から七五万個まで増加させた。マラウイではコルゲートなどの商品を載せたトラックが月に一回、行程一〇〇〇キロの巡回販売を行っている。ジンバブエでは、地元起業家が発案して工場で直接販売していた人気トウモロコシ菓子「ザップマックス」が、やがて人口密集地域を訪れるトラックの荷台から買えるようになった。メーカーは客が商品を買いに来るのを待つ代わりに、客のところへ商品を届けるようになったのだ。

公式な小売販路が生まれつつある一方で、企業は非公式販路を活用して消費者に商品を届けてもいる。ガーナは一人あたり国民総所得がわずか五〇〇ドルで、販売網もインフラもきわめて未発達な国だ。それでもユニリーバは小分けパックで数百万ドル規模の事業を構築することに成功した。**ユニリーバは小さい所では大型家電用段ボール箱程度の広さしかないような小規模店舗のネットワークを構築し、人口の八〇%に商品が届けられるようにした。**さらに、最後の一押しとして、二〇〇三年には地方販売員（通称「穴開け屋《ボアホーラー》」）を雇い入れ、販売網計画に組み入れにくい辺鄙な村の巡回市場（定期市）へも商品を流通させた。このシステムは世界中の他の地域ではまったく見られないようなものかもしれないが、このおかげでユニリーバはガーナで高収益事業を構築することができたのだ。

南アフリカでのビールの流通は当初、自家製の密造酒をジャムの空き缶に注いで飲ませる「シェビーン」と呼ばれる闇酒場に依存していた。一九六二年になるまで、南アフリカの黒人は商業的に製造されたビールを買うことが許されなかったのだ。その禁止令が撤廃されると、サウス・アフリカン・ブルワリーズ（ＳＡＢ）は地方のシェビーンや小さな直販店を活用して事業を構築し、これらの直販店で売られるビールをほとんど一手に供給した。ＳＡＢは地方の悪路でも商品を配達できる運転手のネットワークを開発し、自社のトラック運送業で雇っていた元従業員を頻繁に登用した。抜かりのないＳＡＢは、地方の業者が冷蔵庫だけでなく、その冷蔵庫を動かすための発電機も持っているかどうかを確認してまわった。

市場には、モロッコの市場《スーク》のように、一時的に設営された後に解体される仮設市場も含まれる。**アフリカ市場は細分化しており、モロッコのハヌーティや南アフリカのスパザのような家族経営の店が大半を占める。このため流通は大きな課題となるが、流通の組織化に成功した企業は、自社製品を最果ての地にまで届けるにあたり、とてつもなく有利になるのだ。**

雑踏する都市では、ファストフードや食料雑貨といった商売にとっては配達がきわめて重要だ。通りは渋滞し、駐車する場所もない。そんななかで、宅配は販売の最も重要な流通経路として浮上してきたのだ。マクドナルドなどのファストフード店は、カイロの渋滞を配達用のスクーターですり抜ける。エジプトのマクドナルドでは売上の二七％が宅配によるもので、同業他社の中にはその割合が八〇％にのぼるところもある。[12] エジプトのレストランチェーン「アメリカーナ」の売上の半分はテイクアウトから来ており、それもドライブスルーではなく宅配だ。配達能力強化のため、アメリカーナはアメリカやオーストラリア、シンガポールで展開するドミノなどの企業の成功事例を参考にし、その成功事例よりもさらに優れた手法を作り上げた。現在、アメリカーナの宅配システムは世界一と言われており、他のフランチャイズ企業が研修を受けにくるほどだ。洗練されたこのシステムはコールセンター、政府資料をもとに綿密な開発が行われた経路設定データベース、そしてできたてあつあつを届けるための保温容器を積んだバイクにまたがった「パイロット」たちのネットワークを統合して作られている。

アメリカーナ——すべての市場には独自の鍵がある

創業してから四〇年の間に、アメリカーナは主に高級品市場に注力することでエジプトおよび中東におけるファストフード、食料品店、そして日用消費財で一〇億ドル規模の事業を構築してきた。同社はKFC、ピザハット（ヤムブランド）、ハーディーズ（カールス・ジュニア）、クリスピー・クリーム、TGIフライデーズ、コスタ・カフェといった名だたるブランドや地元のコンセプトレストラン、チキン・ティカなどの看板を掲げた八〇〇のレストランを経営している。アメリカーナの創業者は、『フォーブス』誌が世界で最も裕福な人々の一人に挙げているクウェート出身のナセル・ハラフィ氏。会社を率いるのは、人望厚いエジプト人ビジネス・リーダー、モアタズ・アルフィCEOだ。

エジプト市場の上級セグメントは人口のわずか六%だが、人口が七〇〇〇万人を超える国ではその六%がクウェートの総人口を上回る。そしてもう一つ下のセグメント（アフリカ2）

まで浸透することができれば、二カ月に一度のご褒美としてレストランを利用するかもしれないこのセグメントが占める、市場の三〇%が手に入るのだ。アフリカ2によるレストランの利用頻度は、増加傾向にある。アメリカーナのブランド力は若者にとっても魅力的であり、人口の五〇%が二五歳未満というエジプトの人口構成から見ても有利となる。ブランドの魅力は、所得階層よりはむしろ、ライフスタイルの表れに深くかかわっている。

とはいえ、エジプトは中東で最も厳しい市場の一つだ。ライフスタイルは変わりつつあるが、この国には昔から外食の習慣があまりなかった。またエジプトではコストも高く、その割に販売価格は中東の石油国の半値に近いのだ。不動産や信頼の置ける資金源を見つけることも困難だ。しかし、それだけの価値はある。

「この市場でなら、リーダーシップをとる機会があるのです」と語るのはアメリカーナの最高マーケティング責任者、ボラーン・キラニーだ。「たった二%の市場シェアを得るために人殺しも辞さない、というような世界ではありませんから」

エジプトで成功するため、アメリカーナは自社のインフラを構築しなければならなかったが、これが日用消費財を手がけるきっかけの一つとなった。レストラン網をサポートするために冷凍チキンとフライドポテトの事業を始め、中東におけるハインツ製品のメーカーとなったのだ。一九七〇年代に初めて冷凍食品に手を出したときには、家庭にも小売店にも冷凍庫が十分普及していなかったため失敗に終わり、工場は缶詰工場へと変えられた。しかし同社は後に再び冷凍食品分野に乗り出して成功し、小売業者には自社製品を（そしてやはり競合製品も）

貯蔵するために、何千台という冷凍庫を提供した。生鮮食品に対抗して冷凍食品の価値を高めるため、広告キャンペーンも行った。

エジプトで事業を行うには、多額の投資と努力が伴う。「時間をかけることです。長期的なコミットメントが必要です。速攻は効きません」。アメリカーナの代表取締役、アムガド・モフティの言葉だ。強いリーダーの存在も、成功にとって重要な要素であり、課題でもある。モフティはシティバンク出身で、他の上級管理職はヒルトンやP&Gなどから来ている。ボラーン・キラニーは、こうも言った。「市場へつながるすべての扉には、それに合った専用の鍵があるものです」

多くの市場で、その最も組織化された部分を多国籍企業などの大企業が占めている。大企業の従業員は定職を持ち、情報を入手できるため、市場セグメントの最上部に位置している。**宣伝や流通の経路が限られた地域では、こうした大企業が商品流通の主要経路となりうるのだ。雇用主は独自のインフラを整え、自社の従業員の生活改善に深く関与している。**たとえばノバルティスは、ナイジェリアのシェル社員向けにマラリア予防キットを開発した。マラリア予防や検査についての情報と治療薬をセットにしたものだ。この市場は、顧客企業（シェル）自身によって組織化された市場といえる。

従業員に給与を支払うため、企業は金融を媒介する役割も果たしている。従業員にとっては、それが初めて触れる金融システムということもありうるのだ。インフラの脆弱性は、B2Bのサービス企業にとっては機会となる。たとえばチュニジアのアハメド・アンド・マヘル・ブシャマウイ・グループやアルジェリアのレッドメッド・カンパニーなどは、石油業界に住居や交通、研修施設といったインフラを提供することでアフリカ北部最大級の企業を築き上げた。

官民協働の戦略

市場は、特に健康や社会問題に関連する場合、官民イニシアティブの相乗効果によって組織化できることが多い。世界中のマラリアの症例の八〇％がアフリカで見られる。これは大きな問題であると同時に機会でもある。ノバルティスが開発した抗マラリア薬「コアルテム」は、非常に効果が強く、三日間の治療でマラリアを治癒する画期的な製品だ。しかし最大の障害はコスト、流通、認知度、そして教育だった。ノバルティスはこれらの難問に、官民協働の戦略をもって取り組んだ。ノバルティスが原価並みの価格で世界基金と世界保健機関に提供したこの薬は、ナイジェリアやアフリカの他地域に住む子供や貧困層に無料で配布された。同時にノバルティスは、薬局や医者を通じて、より裕福な顧客層を対象にした営利事業を展開したのだ。

道具を人々の手に委ねるだけでは不十分だ。ノバルティスのマラリア・イニシアティブ渉外担当責任者ノエル・ジュードは、セネガルの漁師がマラリア対策の蚊帳を魚網に使っているのを見たという。彼女が漁師に向かってマラリアから家族を守ることの重要性や、殺虫剤を練り込んだ蚊帳が水を汚染する危険性について警告すると、漁師はこう答えたという。「マラリアで死ぬのと、飢えて死ぬのと、

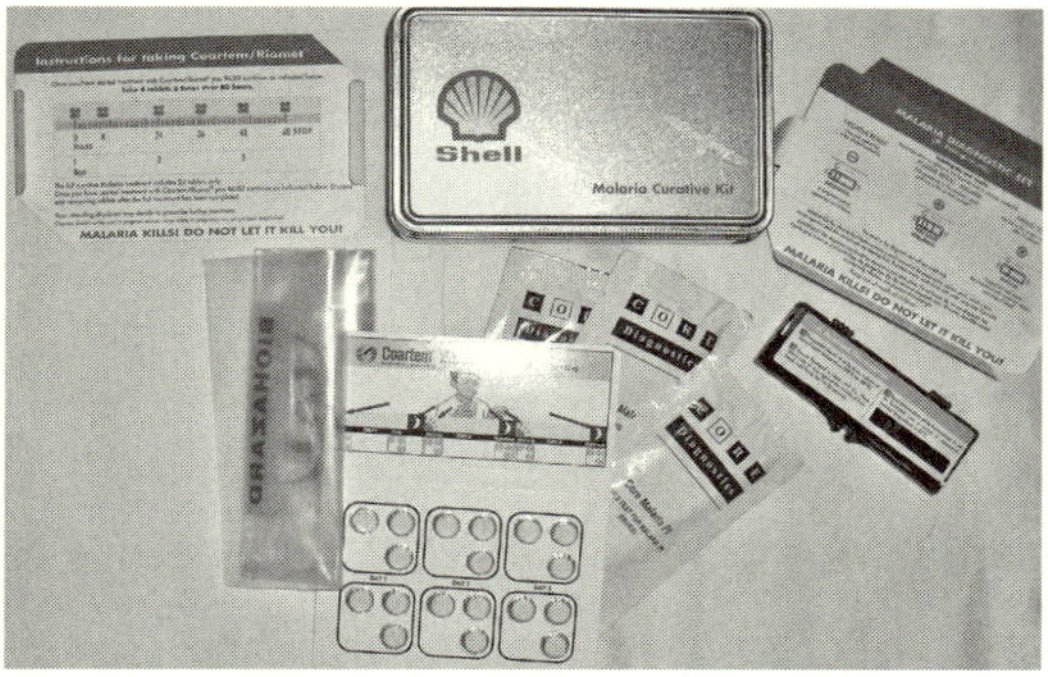

ナイジェリアで使用されているシェル石油のマラリアキット。ノバルティスがシェルの従業員向けに作ったもので、抗マラリア薬コアルテムの配布に企業の確立された流通経路を活用した。

どっちがいいかね」

ノバルティスはコアルテムの正しい使用を促すべく、数多くの教材やイラスト入りのパッケージをつくった。子供のマラリアに対する意識を高め、予防や治療について説明するための漫画本まで、いくつもの言語で制作したのだ。

こうした指導は絶対に必要だ。二〇〇六年七月に訪れたラゴス近郊にある病院のマラリア病棟では、茶色の柄入り毛布にくるまれた赤ん坊がマラリア薬の点滴を受けていた。さまざまな年齢の子供が病院のパイプベッドに寝かされ、その脇では母親が椅子に腰掛けているのだった。このような診療所ではコアルテムが無料で配布されているにもかかわらず、コアルテムを処方されていたのは一〇人の子供のうちたった一人で、しかもその子は誤った分量を投与されていた。ほとんどの子供が、耐性ができて効果が薄くなった治療を受け続けていた。通路のベンチには患者がずらりと並んでいた。この病院では一日に一五〇人もの患者を診察するのだ。沿岸部では、雨季に診療を受けにやってくる患者の八〇％から九〇％がマラリア患者だという。

しかし、この病院にいる医師はロシアで勉強して帰ってきたナイジェリア人で、慈善事業が商売へと発展する道筋があることに気づいていた。彼は病院を訪れたノバルティスの経営幹部にこう言ったのだ。

「ナイジェリアは貧困国ではありません。原油が豊富な国です。経営はまずいですが、それも良くなりつつあります。いつまでも無料で薬をもらえるわけではないことはわかっています。企業が無料で薬を配布できなくなる頃には、私たちが自分で買えるようになっています」

ナイジェリアのような国で、マラリアは収入や教育の程度に関係なく、ほぼすべての人間に影響を与える問題であるため、効果的な治療薬に対する強力な商業市場とともに、貧困層への援助としての配布も切実に求められている。この二重戦略は、どちらの問題にも対応できる。

コアルテムは、競争という障害にも立ち向かってきた。市場には安くて効果の薄い商品があふれていた。ナイジェリア国家食品医薬品管理局（ＮＡＦＤＡＣ）総局長ドラ・アクニィイリは蔓延する非合法薬品を摘発するべく「もう一つの薬との戦争」と銘打った活動を開始した。二〇〇一年の分析によると、薬品の六〇％以上がＮＡＦＤＡＣに登録されておらず、ナイジェリア人は世界でも偽造薬品による健康被害が最も多い民族の一つだということだ。[13]偽造薬品の多くは、中国など、国外からも流入している。

ナイジェリアでの薬局経由の配布にはさまざまな紆余曲折が伴う。薬の多くが、たとえ処方薬であっても、医師の処方もなく、薬局で直接販売されている。市場価格には一貫性がない。ラゴスの未舗装の裏通りにある小さな個人経営の薬局では、三日分のコアルテムが一一〇〇ナイラ（七〇〇円）で売られていた。大きめのやや高級な薬局では、同じものが一五九〇ナイラ（一〇一三円）だった。ラゴス州立大学付属病院（ＬＡＳＵＴＨ）の病院薬局での価格は一三二〇ナイラ（八三四円）だったが、ここでは貧しい患者に無料で治療を施していた。組織化されていない薬局の流通経路は四層から成り、一方で付属病院のほうは輸入業者から直接薬品を調達していたが、それでも組織化されていない薬局のほうが価格は安かった。前述のとおり、こうした流通システムを再編することが、市場の組織化の機会を生み出すのだ。

ノバルティス作成の漫画本などの教材からもわかるように、市場の組織化には教育が欠かせない。ユニリーバは世界銀行と協同で、ウガンダで手洗い促進キャンペーンを展開している。二〇〇六年の調査によると、この国ではトイレの後で手を洗う成人が全体のわずか一四％しかいない。世界銀行と協力して衛生の向上促進に努めることで、ユニリーバは国民の健康を改善するだけでなく、自社製品の「ライフブイ」石鹸の市場を育てることもできるのだ。[14]

道路や港などのインフラ構築においては官民協同の戦略はつねに重要だが、アフリカではより重要といえる。各種の社会的困難の存在を考えれば、企業が政府やＮＧＯなどと協力してビジネスの基盤となるインフラの整備に取り組むことは、大きな機会となりうるのだ。

薬剤市場を組織化する

ノバルティスのような企業が販売するブランド薬品に加えて、ジェネリック医薬品の市場も急速に拡大しつつある。二〇〇一年、インドの製薬会社シプラは、ＨＩＶ／エイズの治療とその価格を大きく変える、一粒の錠剤に三種類の抗レトロウイルス薬を配合した画期的なジェネリック医薬品を発売した。この混合薬は当初、年間たったの三五〇ドルという破格の値段で売り出され、その後は値下げを続けている。(15)

二〇〇六年、インドの薬剤市場が六〇~七〇億ドル規模、中国はおそらく一二〇~一五〇億ドル規模だったのに対して、アフリカの薬剤市場は約九〇億ドル規模だった。南アフリカのジェネリック製薬会社アスペン・ファーマケアは、一九九七年にダーバンという街の民家から始まった、HIV/エイズ治療薬の製造会社だ。年平均四〇%という勢いで成長した同社は二〇〇七年には四〇億ランド(四七六億円)以上の売上を計上し、南アフリカの最大手製薬会社となった。(16)エジプトでは合計一〇億ドル規模の医薬品市場のうち約五五%をジェネリックが占め、さらに残りの三分の一を市販薬が占める。売上の半分近くが国内企業によるもので、ほとんどが上流階級によるものだ。

エジプトでは、密輸業者が安い製品を近隣諸国へ持ち出している。この問題に対処するべく、ノバルティスは独自のデータシステムを開発して二万三〇〇〇に及ぶ薬局のネットワーク上で製品の追跡を行い、どの店舗に対しても、責任者の承認がなければ販売できないようにした。こうした薬局の大半は、この情報を入手できるような情報システムを持っていない。業界では使用期限の記録管理も求められているが、小売業者が時折使用期限を変えてしまうため、メーカーのほうでも確認しておかなければならない。ノバルティスは、市場を組織化せざるをえなかったのだ。

アフリカの薬剤市場における機会は数々の国際企業の関心を集めてきた。これまでも発展途上の市場へ低価格薬剤を提供して成功を収めてきた企業の関心は特に高い。

「アフリカに関しては、私は強気でいます」と言うのは、インドの医薬品大手ランバクシーのアフリカ・中南米地域担当ディレクター、ランジャン・チャクラバルティだ。彼が拠点を置く南アフリカの市場売上は、過去四年間で一五倍に成長してきた。二〇〇六年五月に行った取材で、彼はその成功は、現地化戦略、新興市場に注力した製品ポートフォリオ、そして「忍耐」の賜物だと語った。南アフリカでは、製品を登録するのに二年半かかる。ランバクシーは二〇年前にナイジェリアに進出し、国内第二位の製薬会社となった。競争は本国インドほど激しくはなく、インドには製薬会社が四〇〇〜五〇〇社もあるのに対し、南アフリカは一七五社だ。

一つ興味深い新製品がある。アメリカの企業、ラボナウ社が開発したラボチップ技術だ。このチップは比較的未熟練な技術者であっても、研究施設にサンプルを送り返すことなく現場でＨＩＶ／エイズ検査を実施できるようにするものだ。アフリカや他の発展途上国における深刻な健康問題に着目した企業が、数多くの医療改革を促進している。

交通を組織化する

南アフリカ、ヨハネスブルグ郊外の町ジャーミストンにあるタクシー乗り場。運転手たちは午前二時には早くも行列を作り、数時間後に居住区からやってきて低賃金労働のために長時間かけて街へ向かう通勤者たちを乗せようと待ち受ける。走っているのが不思議なほどおんぼろの白い九人乗りワゴン車に、二〇人ほどが押し込まれる。タクシー乗り場は混沌とした場所で、人情と不満と犯罪に満ちあふれていた。私が雇った運転手は、夕方六時以降はここには近づかないほうがいい、と言っていた。

ナイジェリアでは、「オカダ」と呼ばれるバイクがタクシーの役割を果たす。安さに加えて、都会の渋滞や村の小道もすいすい走れる柔軟性から、非公式交通機関の最も一般的な形となっている。バイクは五万五〇〇〇～七万ナイラ（三万五〇三五～四万四五九〇円）で購入できるが、かなり荒っぽい運転をすることが多い運転手たちは、ほとんどが一日単位でレンタルしている。中国のメーカー、金城《ジンチェン》が市場の半分近い最大のシェアを占める。安全上の懸念から、ナイジェリア政府はアブジャや他の都市でのバイクタクシーを禁止した。南アフリカではマイクロバスの乗り合いタクシーを締め出す動きもある。

タクシーに代わる交通手段も生まれつつある。マレーシアのコンソーシアム、ニューサイクルは、ソウェトの居住区とヨハネスブルグを結ぶ民営の路面電車の建設計画を発表した。一七億ドルかかるこの交通システムは、非効率な公共鉄道や、ぎゅうぎゅう詰めで時間のかかる非公式タクシーに取って代わることになる。

アフリカ全域で市場を組織化できる者にとっては、低価格交通機関という領域に大きな機会が待っている。どこかへ行く必要のあるすべての人間にとって、組織化されたシステムは必須なのだ。そこでバスやタクシーに機会が生まれ、タタ・モーターズのようにアフリカ市場向けに車のデザインを行っている会社がある。だが、組織化されたタクシーはあるだろうか。二〇一〇年にはワールドカップ・サッカーが開催される。南アフリカ政府には、何千人もの観光客がなだれ込む前にインフラの強化・改善を行わなければならない、という新たなプレッシャーがかかっている。

アフリカにはまだまだ数多くの弱点がある。たとえば、アルジェは事実上、信号の存在しない街だ。大都市では普通に見られる交通信号の代わりを、警察官が務めている。大陸の大部分で、ごく基本的なインフラが欠如している。しかし、こうしたギャップが機会を生み出すのだ。インドなど他の発展途上国では、電力供給の問題を避けるために、政府が最新技術である太陽光発電のＬＥＤ電球を最初から導入しているところもある。

ブランディングと組織化

韓国のＬＧ電子は、アフリカ市場に参入してからまだ一〇年ほどしか経っていないが、積極的に市場を組織化することで飛躍してきた。

二〇〇二年にモロッコに進出したときの経緯を見れば、ＬＧが市場を組織化するために巧妙なプロモーションやコミュニケーションを実施していることがわかるだろう。当時のモロッコではソニーがすでに有力ブランドとしての地位を確立していたが、専用ディーラーを通さずに業者経由での販売を行っていた。そのなかで**ＬＧは年五〇％近い成長率で拡大した。大きな原動力となったのがイスラムの祭日に的を絞ったプロモーションだった。**ＬＧは「イード・アル・ケビール（犠牲祭）」の期間中に冷蔵庫のプロモーションを展開した。イスラム暦では最後の月の一〇日目にあたるこの日は、敬虔なイスラム教徒が伝統にのっとって子羊を屠《ほふ》る日だ。二〇〇七年にＬＧが売り上げた冷蔵庫の三〇％が、この時期に売れたものだった。

ＬＧは、ラマダンがテレビの売上にとって重要な時季だということにも気づいた。この時に合わせて、新番組がいくつも制作されるのだ。そこでラマダン向けのプロモーションを行ったところ、二〇〇七年にはテレビや他の家電の売上の二五％が、このシーズンに集中した。

ＬＧはさらに、在外者の里帰りにも目をつけた。夏になると、海外に暮らしながら働くモロッコ人がポケット一杯に現金を詰め込んでぞろぞろと帰国する。ＬＧはこうした出稼ぎ組や家族、訪問客をターゲットに大型プロモーションを打ち出した。また、観光業のおかげでホテルや空港、航空会社などにおける薄型テレビの需要も伸びている。現在、ＬＧの売上の一二％が六月の観光シーズンに上げられている。

ＬＧは、プロモーションに加えてコミュニケーションやブランド戦略でも市場の組織化を図っている。ブランド認知度を向上させるためにコンサートやスポーツイベントのスポンサー、屋外看板といった大がかりなメディア投資を、モロッコで初めて行った企業なのだ。ＬＧはモロッコ最大のテレビ広告主の一つとなった。二〇〇一年にはＬＧサッカー杯も開催した。これにより、ＬＧブランドは市場トップを狙う企業としてのポジショニングに成功した。二〇〇三年には高麗大学のボランティア医療チームと共同で、「ＬＧホープ・プログラム」を立ち上げた。口唇裂に悩むモロッコの若者に無料で手術を行うものだ。また、カサブランカには高級ショールームを、さらに一〇〇カ所の家電店内にブランド専用の小型店舗を置いた。

マーケットリサーチ会社ニールセンによると、ＬＧが独力で高め続けたモロッコでの認知度は、二〇〇六年に七一％に到達した。そしてこの年までにＬＧはデジタル表示機器市場の三分の一以上、デジタル家電市場の四〇％、携帯機器市場の一五％を獲得した。

同社はアフリカの他の地域でもブランド構築に成功した。南アフリカのブランド調査機関マルキノの調査によると、ＬＧはソニーやフィリップスといった名だたるメーカーを抑えて電子機器分野で認知度トップのブランドとなり、全消費者製品ブランドでも一〇位以内に入った。ナイジェリアへは二〇〇四年に進出したが、その二年後にはすでに国内家電市場の四〇％を占めていた。この成功は地元卸売業者との緊密な関係と販売力、そしてナイジェリア消費者の六〇％にブランドを知らしめたマーケティングコミュニケーションによるものだった。二〇〇六年、ＬＧはスーダンにアフリカ最大のデジタル家電ショールームを開いた[17]。

しかし市場を組織化する先駆者であるということは、競合他社が簡単に追随してくるという問題も生む。競合他社だけでなく、ＬＧは物品税を支払わない密輸業者や、中国からの偽造品という脅威にも立ち向かわなければならない。物品税を避けるためにモロッコ国内で製造されたゴールドビジョンのような新興低価格ブランドも、中間市場に狙いを定めてきた（二〇〇七年初頭の時点でＬＧはモロッコ国内には製造拠点を持っていなかった）。

トップでいるために、ＬＧは市場を組織し続けなければならない。最近、同社はモロッコでのアフターサービス強化に注力しはじめた。全国に三〇カ所のサービスセンターを開設してサービス市場を組織し、顧客が家電を持ち込んだ場合、三六時間以内に修理できるようにした。地方でも、四八時間以内に修理するとしている。マーケティングとコミュニケーションの組織化により、ＬＧはアフリカ全土に大きな事業と存在感を築いたのだ。

アフリカ市場は、ブランドよりは商品の販売に関心がある商人が大半を占めている。だからこそ、ＬＧのようにブランディングに投資する企業には機会が生まれる。市場にそれだけの魅力がないと考える企業もあるかもしれない。だがＬＧの実績を見れば、この市場は、組織化すれば膨大な機会を生むことがわかるだろう。

日用品からブランドを生み出す

砂糖や米といった日用品は、アフリカでは量り売りが普通だ。洗濯石鹸は小売店で一個を切り分けて売られている。**市場を組織化するもう一つの方法が、こうした無名の日用品を、ブランド商品に変えてしまうことだ。**

たとえばナイジェリアに本拠地を置くアフリカ最大級の貿易会社ダンゴートは、自社が扱う砂糖のブランド構築に取り組んだ。顧客企業や小規模小売業者に一袋五〇キロ入りの砂糖を売るだけでなく、小売用に角砂糖や小袋入りの砂糖を作ったのだ。

ダンゴートは自社ブランドで小売業にも攻め込んだ。主要小売業者にはダンゴートのロゴ入りのポロシャツや、ブランドカラーであるオレンジと白の傘を提供。小さな店の主人たちは歩く看板に早変わりした。こうしたプロモーションのターゲットは、アフリカ２とアフリカ３だ（第三章で説明した中間から低層の市場）。ダンゴートはセメントでも同じ戦略をとった。こうして差別化が難しい日用品がブランド商品となり、市場が組織化されたのだ。

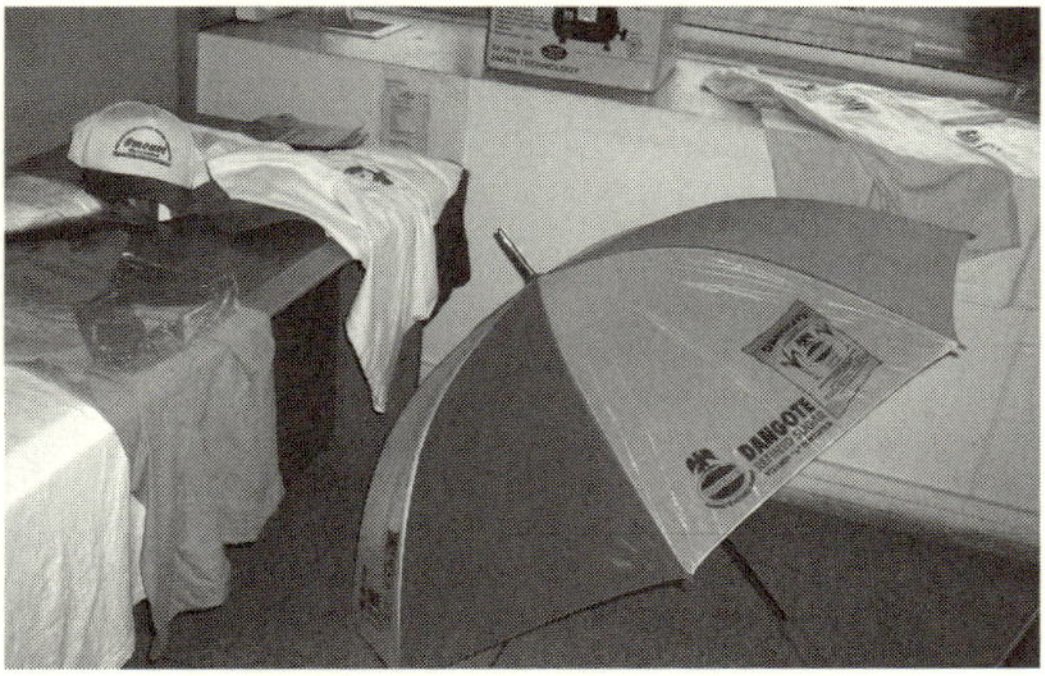

ナイジェリアにおけるダンゴートのブランド戦略。ダンゴートはTシャツや傘などの販促品を小売業者に提供し、自社の砂糖を日用品からブランド品へと変えた。

ユニリーバは長年、ナイジェリアや他のアフリカ市場で粉洗剤「オモ」を販売してきたが、今度はアフリカ3に受け入れられる商品を作ろうと、ナイジェリアで新たに固形洗濯石鹸「キー」を発売した。アフリカ3の顧客は通常、粉末の洗剤よりも安い無名の固形洗濯石鹸を地元の売店で購入する。キーはそうした固形石鹸のブランド製品で、小売店でも消費者自身でも切り分けられるよう、切り込み線が入っている。顧客はこのような石鹸を洗濯だけでなく体を洗うのにも使用するため、ユニリーバはさまざまな色で試作を行い、石鹸を従来の緑色から香りつきのピンク色のものへと変えた。ブランド石鹸の市場が、こうしてつくられた。

新興市場の例に漏れず、アフリカ市場も最初は汎用市場から始まる。ブランドをつくるためには、企業はこのようなノーブランド市場を組織していかなければならない。たとえば南アフリカの小売店ピックンペイは、アフリカ2および3をターゲットに、その名も「ノー・ネーム」という人気ノーブランドを展開している。しかし市場の大部分において、ブランディングの取り組みはようやく始まったところだ。

教育と訓練を組織化する

ある金曜の午後、ラゴスにあるスレシュ・チェララムのオフィスを訪ねたとき、カウチに置かれたクッションに「ストレスがなければ、人生など空虚なものだ」とプリントされているのに気づいた。貿易会社チェララム・グループの代表取締役である彼の最大のストレス源は、人材だった。国内の教育システムの質は良くない。つまり、必要な技術を持つ従業員を発掘するのが困難だということだ。在外組の中から管理職や有能な人材を呼び寄せるのも、また難しい。優秀な在外ナイジェリア人は、もっと高い給料で銀行や多国籍企業に勤めたがるからだ。シンド（現在のパキスタン）からやってきたチェララムの曽祖父が一九二三年にナイジェリアで興したこの会社は、工業化学薬品やスポンジマット、化粧品、乳製品、オートバイ、発電機、衣類など、多種多様な製品を輸入・製造している。最近では航空会社のケータリングや空港ラウンジの運営など、サービス業にも事業を拡大している。

教育と訓練のニーズを満たすため、チェララム・グループは自社の教育施設を組織する必要に迫られた。まず、空港に近い倉庫に研修センターを作り、ボルトにナットをはめるといった単純作業から経営戦略まで、一〇〇以上の訓練コースを用意した。市場に能力のある人材が不足していた以上、自ら教育システムをつくりあげるしかなかったのだ。

モロッコでは、コカ・コーラが自ら大学を創立してスポンサーとなり、店の経営者にエクセルの使い方を教えたり、販売員の研修を行ったりした。多くの業界が同様の課題に直面しているが、後に第八章で述べるように、在外組が経験豊富なマネジメント人材の需要の一部を埋め始めている。

市場の組織化に秘められた力

アフリカ市場は、電源をつなげばすぐに使えるような簡単なものではない。必ずと言っていいほど、パズルのピースが不足しているのだ。ハヌーティの場合、不足していたのは信用供与の能力だった。LGの場合は、プロモーションと宣伝だった。ノバルティスやユニリーバ、ダンゴートのような企業の場合は、ブランドだった。流通システムが混乱している場合もある。インフラの不足もある。だが、企業は創造的思考を膨らませて、**市場の非公式な部分、組織化されていない部分を組織化することにより、機会を見出すことができるのだ。**

- 市場を組織化することで、アフリカでどのようなチャンスを創れるだろうか。
- 流通はどのように組織化できるだろうか。
- マーケティングコミュニケーションはどのように組織化できるだろうか。
- 中古市場にはどのようなチャンスがあるだろうか。
- どうすれば日用品をブランド商品に変えられるだろうか。
- どのようにして教育を組織化すればよいだろうか。
- 市場を組織化するために、政府や他の市場参加者とどのように協力すればよいだろうか。

第5章

格差を飛び越える——インフラの市場機会

インフラの脆弱さに加えて水、電気、薬など、アフリカの国々が直面する数多くの課題は、利益を上げつつ社会的ニーズに応える事業の機会を生んでいる。

アフリカは困窮の大陸だ。清潔な飲み水や電気、薬が不足している。基本的なインフラが、かなりの地域で不足しているのだ。このためアフリカは世界最大の慈善対象地域となっている。だが視点を変えれば、世界最大の潜在市場だ。上に挙げたような数々の問題を機会ととらえる企業が事業を成功させ、地元起業家を支えてきた。アフリカに立ち込める暗雲の中にも明るい兆しはあるのだ。

電力不足に潜む機会

二〇〇六年七月のある暑い日、柄入りのワンピースと茶色の「ゲレ」（ナイジェリアの伝統的な頭飾り）

をまとったママ・ハビバは、自らが経営する小さな店の前に置いた椅子に腰かけていた。ママの店はラゴスのイコイ地区、ファロモにある通りの両側に沿って無数の小さな店が並ぶ、ＰＯＷＡ（「警察夫人会」の頭文字から名づけられた）市場の真ん中あたりに位置している。良く冷えたコーラでも飲みたくなるような日だった。帳簿によると、ママはコカ・コーラから仕入れた炭酸飲料を六月に二六五ケース、約五〇〇〇本売っており、乾季とクリスマス休暇が重なる一二月には、もっと売上が伸びるとのことだった。

返却可能なガラス瓶に入った三五〇ミリリットルの飲料は三五ナイラ（二二円）、最近出た五〇〇ミリリットルのペットボトルは三倍近い九〇ナイラ（五七円）で売られていた（キャップに「一〇〇Ｎ」という値札シールが貼られているところを見ると、それでもお買い得らしい）。ナイジェリアでは、炭酸飲料の売上の七〇％近くを、こうした零細の小売業者が占める。

言うまでもなく、ママの店の床から天井まであるコカ・コーラの冷蔵庫（毎週三〇ケース以上売り上げる店舗に贈られるメーカーからの報奨品）は、電力供給がなければ動かない。「長ければ二日間も停電が続くことがある」とママ・ハビバは言った。冷蔵庫が動いていない時、客はぬるい炭酸飲料を飲むしかないが、コカ・コーラは停電時にこうした小さな店に氷を提供できるよう、独自の製氷所を建設中だった。ＰＯＷＡ市場に店を構えるやや裕福な店主は地下室に発電機を持っており、停電があった場合でも（それも万が一ではなく、必ずあるのだが）冷たい飲み物を売ることができる。他の店でも、多少見た目は悪いが、歩道に小さな携帯用発電機を置いて同様の対策を取っている。次ページのＰＯＷＡ市場の写真には、振動防止のための古タイヤに載せた中国製の赤いティグマックス発電機が映って

ナイジェリアのラゴスにある
POWA市場とママ・ハビバの店。

いる（発電機もまた巨大な市場機会であり、当座しのぎのタイヤに代わる振動軽減機能付の革新的製品がすでに出ているかもしれない）。

南アフリカを除くサハラ以南のアフリカに住む七億の人々は、ポーランドに住む三八〇〇万人と同程度の電力供給しか受けていない。(1) ナイジェリアのオフィスビルや裕福な家庭には最低でも一台は大型発電機が備えられている。最高級のホテルでさえ、発電機が動き出す直前には一瞬明かりが暗くなるか、ちらついて消える。ラゴスのシェラトンホテルにあるスポーツジムでも、停電が発生して小規模なジムほどの場所を取る何台もの発電機が起動するまでの間、照明が消えてランニングマシンが減速するのだった。あまりに頻繁に発電機が起動するため、オフィスによっては、バックアップ用のバックアップとして発電機を二台備えているところまであるのだ。

ケニアではインド企業キルロスカが大型の発電機を製造しており、二〇キロワット級のもので小売価格はおよそ五〇万ケニアシリング（約六一万円）だ。ホンダ、ヤマハ、中国企業などの競合他社は、店舗や一戸建て住宅向けに数百ドルの小型発電機を製造・販売している。しかし、キルロスカは一部の地方で三〇世帯ほどのグループ向けに大型発電機を販売しているのだ。購入資金は、グループの参加者がNGOからの援助を受けるなどして貯めた金だ。中型の発電機一台が、「村の発電所」を持ちたいと願う村人たちに力を与える。

チュニジアで、安定した電力供給で定評のある大手企業の経営幹部を訪れていたとき、ボンという音がした。部屋の照明が一瞬消えたかと思うと、自家用発電機が動き出す。パソコンの電源は落ちなかった。電力が途絶えた瞬間から発電機が動くまでの間、パソコンへの電力供給を維持するインバーターを入れているのだという。

南アフリカのように比較的インフラが安定した国でも、限られた電力に成長を脅かされている。二〇〇八年初頭、急激な成長とインフラ整備の遅れの結果として停電が頻発した。採掘場が一時的に閉鎖され、安定した電力供給が普通だったこの国で、数々の事業が停滞もしくは停止した。経済の急激な成長に加え、必要なインフラ建設の遅れが電力不足につながったのだ[2]。政府は産業用電力利用者を対象に、電力の配給制度を設けた。また、国営電力公社エスコムの拡張を行うと共に、アメリカのエネルギー会社AESの主導による、一〇〇〇メガワットの発電能力を持つ工場二棟の建設プロジェクトなど、民間による開発も後押ししている[3]。

だが、発電所の建設には何年もかかる。つまり、それまでは、発電機や太陽電池といった代替物の市場は成長を続ける可能性があるということだ。たとえば、ヨハネスブルグで停電による交通の混乱が起こった後、運輸当局は今後の交通渋滞に備え、太陽電池のバックアップシステムを信号に設置した。**太陽電池は、電力の供給網の範囲外にある地域へ電気を届けることもできる。太陽電池パネルがあれば、地方の農村に住む村人がテレビを見たり、携帯電話を充電したりできるのだ。**ウガンダでは、最も近い地上の通信線からでさえ六キロ以上離れている四つの僻村が、太陽電池式のパソコン、無線ネットワーク、携帯電話を活用して世界とつながっている。太陽光発電は先進国でもまだまだ高価な機器ではあるが、世界中で急速に普及しており、いずれ価格は下がるだろう。世界の太陽電池会社の時価総額の合計は、二〇〇四〜〇七年の間に一〇億ドルから七〇〇億ドル以上へと跳ね上がっている。

風力もまた一つの可能性だ。アフリカ風力エネルギー協会は、赤道近くに位置するアフリカは高緯度の地域よりも風力資源に乏しいが、インドにおける風力発電の急速な成長は可能性を示すものだと述べている。モロッコは、二〇一一年までに国内電力の一〇%を風力で作り出す計画の一環として、アトラス山脈にすでに何列もの風車を並べている。**世界最大のウラン埋蔵量を誇るアフリカでは、将来的には原子力発電も重要な電力供給源となるかもしれない。**

他にも、独創的な解決策はある。マリ北部に位置するケレアの市長マガラ・バガヨゴは、グリーンエネルギーのイニシアティブの一環として、自分の村をバイオディーゼルの原料となるジャトロファ油の現地生産所へと変貌させた[4]。ケニアではテクノサーブ社が、コーヒー滓からメタンガスを生成する一方で土壌汚染につながる強酸性の水を浄化する技術を編み出した。

携帯電話のような技術の普及は、時に電力不足対策に役立つこともある。ナイジェリアで電話ネットワークを維持するために、携帯電話会社マルチリンクスはほぼすべての基地局に発電機をつけなければならなかった。地上にファイバーケーブルが敷かれていない場所では、衛星が必要だ。また、携帯電話会社は塔の安全も考えなければならない。ケニアのセルテルは、地方に建てた電気塔から、村人が携帯電話を充電するための電力を拝借することを許した。これは村人にとっては恩恵だが、同時に塔を破壊行為から護るという利害関係を生む。地方に行くと、起業家は車のバッテリーを活用し、代金を取って携帯電話などの電気機器を充電させている。チュニジアのＡＳＳＡＤは成長する自動車産業向けに交換用電池やその他の工業用電池を売って成功した。

他にも、白熱電球をＬＥＤに交換するといった改革により、電力需要を軽減することができる。コカ・コーラは、南アフリカの電線が一切ない地域に灯油式冷蔵庫を提供している。やや所得の高いセグメントには、セパレート型エアコンが人気だ（チュニス市民のうち九〇％がテレビを所有しているが、エアコンを所有しているのはわずか六％だ）。革新的な新技術や新たな電力源に対する需要はきわめて大きい。

二〇〇七年、世界銀行はサハラ以南の電力開発に対する融資を二〇〇二年の二億五〇〇〇万ドルから一〇億ドルへと増加させた。南アフリカは整備に二〇〇億ドル以上の投入を予定しており、中国およびインドはザンビア向けに計画されている改修費用一二億ドルの大半を出資している。[5] コンゴ民主共和国では、コンゴ川に世界最大の水力発電ダムを建設するという提案もある。そのグランド・インガ・ダムにかかる費用は八〇〇億ドル、容量は中国の三峡ダムの二倍となる。現在電力のない五億人のアフリカ人すべてに行きわたるだけの電力を作りだせる規模だ。二〇〇八年、ナイジェリアは最大の輸出資源である豊富な液化天然ガスを国内電力生産に振り向けるため、二〇〇億ドル以上を投資する計画を策定した。この計画は、ナイジェリアの成長を阻害する要因と見られている国内の電力危機対策に、最大二五～三〇％のガスの投入を求めるものだ。

その一方で、小規模な解決策の構築も進められている。二〇〇七年に欧州再生可能エネルギーのカンパニー・オブ・ザ・イヤーを受賞したスイス企業ソーラー3は、発展途上国における電気、水、教育に対するニーズに応える一石三鳥の解決策を開発した。これは風力および太陽熱から電力を、空中の湿気から水を作り出すもので、教育ソフトがインストールされた、簡素だが頑丈なノートパソコンが付属した機器だ。同社は、アフリカを含む世界各地の発展途上地域でこの「小さな風の小屋」の試行運転を行っている。同様の試みとして、デイヴィス・アンド・シャートリフ・グループも太陽電池か風力、またはその両方で電力をまかなう送水ポンプをケニアで開発した。

電力はアフリカ全土で重大な懸案事項となっている。世界銀行によると、安定した電力が不足しているために、最も電力の乏しい国ではすでに年間成長率が二%も引き下げられてしまっているという。**深刻化する電力不足が成長を鈍らせ、汚染を悪化させているのは事実だが、このニーズが潜在市場とは何なのかを明確にしていることもまた事実だ。電力に対する需要は大規模な発電プロジェクトへの新規投資につながるだけでなく、小型発電機、太陽光発電、風力発電といった解決策に対する市場も生み出している。**

送水ポンプ

水を地下から汲み上げて配水するためのインフラにも大きな機会がある。水圧の低いエジプトでは、イタリアの企業カルペダの製品が、中国やインドの競合製品と比べて二、三倍の値段にもかかわらず、一般家庭向けポンプ市場の最大手となっている。**エジプトでは毎年一〇万台以上のポンプが売れており、エジプト国内だけで七〇〇万ドルを超える市場規模だ。**

電力が不足している世界において、水を汲み上げるという課題に対する最も革新的な解決策の一つが、非営利組織ラウンドアバウトが開発した「プレイポンプ」（www.playpumps.org）だ。アフリカの地方農村向けに、子供が遊べる回転遊具と組み合わせたものだ。この製品により、何十万人ものアフリカ人に清潔な水が届けられるようになった。

また、アメリカの非営利組織キックスタートは、低価格の灌漑ポンプなど、手頃な価格の器具を開発している。**キックスタートのポンプは二〇〇七年一一月までに五万を超える新規事業の設立を支え、年間推定五四〇万ドルの利益を生み出した。**[6] **さらに、農民の生産性を高め、小規模企業を作ることで何千人というアフリカ人を貧困から脱出させたのだ。**

大型ポンプにも市場がある。前述のキルロスカは発電機に加え、花卉《かき》農場や鉱業事業者、トウモロコシ製粉所などの企業が使用するポンプ、エンジン、発電機、掘削機などを製造している。キルロスカ・ケニアのムワンギ・マータイ、A・M・ケルカ、R・S・パティルの三人と話していて、私はケニアのトウモロコシ製粉機用小型エンジンの市場が年間八〇万ドルにのぼることを知った。沿岸の製塩工場で使用されるポンプや加工品産業の使う圧縮機の市場は約二〇〇万ドル、灌漑用の遠心ポンプの市場は約一〇〇〇万ドル。すべてケニア国内のみでの金額だ。アフリカ全土に強力な市場が存在することは、疑う余地がない。

衛生、水、空気

簡単な公衆衛生設備以上に基本的なニーズはおそらくないだろう。しかしアフリカではそれさえも欠乏している。**汚水処理システムの開発は進んでおらず、アフリカ3の住む地方や人口過密地域ではそれが特に顕著だ。このため病気が蔓延し、生活の質は低下する。**起業家たちは、移動式トイレを提供することでこの不足を補おうと進出してきた。

アイザック・ドゥロジャイイエがラゴスでディグニファイド・モバイル・トイレッツ社を設立したのは一九九二年。人口一億四〇〇〇万人のナイジェリアで機能している公衆トイレがたったの五〇〇カ所しかないと見積もったためだ。(7) 絶対に巨大なニーズがあると思ったドゥロジャイイエは大都市のバス停やモーターパーク（乗り合いタクシー乗り場）など、人の多く集まる場所にプラスチックの移動式トイレを設置した。一台の移動式トイレを一日一〇〇人が利用すれば、一人が二〇ナイラ（一三円）支払うので、一日の収益は一五ドルとなる。ドゥロジャイイエは地元の人々にトイレの運営を任せ、稼ぎの六〇％は彼らの取り分として認めている。

ディグニファイド・モバイル・トイレッツのトイレのドアには広告も出すことができ、収益の二五％を広告費が占めている。また、排泄物をリサイクルしてバイオガス、電力、肥料を生成する計画にも取り組んでいる。この種の問題に取り組むイニシアティブはアフリカの他の国々に数多く存在し、移動式トイレはその一例に過ぎない。

現在、世界の人口の三分の一が近代的な公衆衛生設備を利用できずにいる。二〇〇一年に設立された世界トイレ協会が二〇〇七年にインドで開催したサミット会議では、一キロワットの電力消費でスプーン一杯の灰しか出さず、水の節約につながる焼却式トイレなど、この問題に取り組む最新の技術革新が紹介された(8)。他にも、排泄物をバイオガスに変換する技術もある。インドのビンデシュワル・パタクが創設した公衆衛生活動のＮＧＯ、スラブ・インターナショナルが開発したこのシステムは、アフリカ南部の一五カ国で採用されている。

飲料水の不足もアフリカでは深刻な問題であり、そこから創造的な解決策が生まれてくる。ＮＧＯプラン・インターナショナルは、薪を燃やして水を煮沸消毒しなくても、水を瓶に詰めて屋根の上に置いておけば良いと考えついた。太陽の力を借りたこの消毒方法は貴重な薪を節約できる上、アフリカ中のどこでも使える解決策だ。沿岸国では海水から飲み水を得るための脱塩工場の建設が進んでいる。ナミビア政府は年間四五〇〇万トンの淡水が抽出可能な総工費一億四〇〇〇万ドルの工場を建設するため、南アフリカの企業キープランと契約した(9)。

清浄な空気も、人口増加や都市化が進む中で大きな問題となりつつある。発展途上国では調理や暖房の基本的設備の不足が、深刻な健康リスクとなっている。囲いのない直火では、屋内に煙が充満する。シェル財団がコロラド州立大学のエンバイロフィット・インターナショナルと協力して考案したかまどは既存の物より熱効率が良く、汚染が少ない。二〇〇八年、このチームは今後五年間でウガンダ、ケニア、インド、ブラジルに一〇〇〇万個のかまどを配布する計画を発表した。この計画で、かまどの需要に応えつつ、煙による健康被害が原因で失われているとされる推定一六〇万人の命を、いくらかは救えるようになる(10)。

公衆衛生や清潔な水や空気の不足は、単なる社会問題ではない。市場機会なのだ。これらの機会に気づき、応える起業家や企業はどこにいるのだろうか。

航空インフラ

大陸のどこでも、航空インフラをつくれば、商業と観光を促進するために人や商品をアフリカ内外へ輸送する経路が生まれる。航空会社の成長はアフリカの国々を世界とつなぎ、中国、インドなど世界各地から商品やサービスを運んでくる上で欠かせない。また、航空会社はアフリカの多くの地域で成長の兆しとなる。

ケニア航空、エチオピア航空、南アフリカ航空、モロッコ航空、エジプト航空、その他数多くの航空会社が大陸内をつなぎ、世界と結びつけるためのインフラをつくって事業を成功させてきた。エミレーツ航空はドバイを拠点とする大規模なハブを構築し、アフリカ北部をアフリカの他の地域やアジアなど世界各地へとつないだ。大手国際航空会社も大陸への関心を高めている。二〇〇六年に立ち上げられたヴァージン・ナイジェリア航空はイギリス、アメリカとナイジェリアとの間、そしてナイジェリア国内と近隣諸国にも航路を持っている。デルタ航空が初めてジョージア州アトランタからナイジェリアのラゴスへとアメリカ便を飛ばしたのは二〇〇七年一二月。その際、アメリカとエジプト、ケニア、セネガル、南アフリカをつなぐ航路計画も発表した。

アフリカ大陸の各国が自国の航空産業を競争にさらし、アフリカ大陸内での新規航路開拓を推進し、格安航空会社の新興を促している。サウスウェスト航空のような実用本位の格安航空会社を模倣した航空会社が次々と設立され、市場の魅力と成熟度を示している。二〇〇一年に南アフリカで設立されたクルラ・ドットコムや、ケニアに本拠地を置くロンロなども事業を拡大してきた。モロッコのジェットフォーユーはカサブランカ―パリ便を破格の三〇ドルで提供。ヨーロッパ大手格安航空会社の、ハパグフライもカイロからドイツのミュンヘン行きの週四便を一五〇〇エジプトポンド（二万五四二四円）と、従来の航空会社の半値近くで発売した。また別の航空会社ジェット・オンリーはカイロ―ブリュッセルの定期便を開始。ザンビア航空は移民労働者を南アフリカへ運ぶため、ヨハネスブルグ行きの格安便を約二〇ドルと、長距離バスよりも安い価格で提供している。

エチオピア航空はインドや中国、中東、ヨーロッパとの貿易を円滑にするため、新たな貨物ターミナルの建設に投資している。アディスの輸送ターミナルや航空ターミナルからは、精肉が湾岸へと運ばれる。エチオピア航空は一九七二年の中国便就航以来、乗客を中国へ運んでは廉価な中国製品を持ち帰ってきた。ヨーロッパへ花を運ぶ事業でも成長を続けており、帰ってくるときには薬や各種部品を積んでくる。二〇〇六年にはオランダの花市場へ毎日七〇トンもの花を運ぶまでになっており、今後はその量を一日一〇〇トンまで増やす計画だ。花の軽さを考えれば、とてつもない量だ。

新たなターミナルには、輸送待ちの間、花の鮮度を保つ冷蔵室が設置される予定だ。これに先立ち、アフリカでも最貧国に分類されるエチオピアには、大陸初の最新型旅客ターミナルの一つが建設され、エチオピア航空は二〇〇六年アフリカン・エアライン・オブ・ザ・イヤーを受賞した（『アフリカ・アビエーション・ジャーナル』誌選出）。同社は、エチオピアへの観光客を二五万人から一〇〇万人へと増やそうという同国の戦略の中核に位置している。

二〇〇六年に取材した際、エチオピア航空ＣＥＯのギルマ・ウェイクは花卉産業と航空会社の好循環について説明してくれた。

「仕事がなかったはずの貧しい農民たちが、仕事を持てるのです。職があれば、子供を学校に行かせることができる。子供たちは将来、よりよい市民となり、母国のために役立つことができるだけの余裕が生まれる。その余裕があれば、飛行機に乗ることもあるでしょう」

エチオピアは内陸国で、七五〇〇万の人口のうち八五％が農村地帯に住んでいる。しかし強力な航空会社と倉庫施設があれば、世界市場につながることができるのだ。

ウェイクは、農業、繊維、コーヒーなどの産業で交通網を活用して成功しているエチオピアの起業家たちを紹介してくれた。国内三カ所に花と野菜の農場を所有するツェガイエ・アベベは、エチオピアをケニアに次ぐアフリカ第二位の花輸出国へと成長させる促進剤となった人物だ。同国は現在、ヨーロッパへ年間一億二〇〇〇万ドル分の花を輸出している。この成功は政府からの支援、航空会社、冷蔵設備、ふんだんに降り注ぐ日光などの複合的要因の上に成り立つものだ。年間二〇〇％という成長率で伸び続けるエチオピアの花卉産業は、五年以内にケニアに追いつけると見込んでいる。この産業では五万人が直接的に、間接的には二四万人が雇用されている。ヨーロッパ市場向けに育てている作物を消費こそしていないが、働いて得た収入で必需品を買うことができる。「イチゴやパッションフルーツ、インゲンマメを輸出し、国民のために薬を買うのです」とアベベは語った。

繊維分野では、エチオピア人起業家ゼウデ・ウォルクが一〇〇万着の衣服をアメリカ中のスポーツチェーンへと輸出するために航空貨物便を使用し、六〇〇人を雇用している。在外組で、かつてカリフォルニアでカイロプラクティック［素手で行うヘルスケアの一種］の療法士をしていたウォルクが母国エチオピアに帰国したのは、政府の政策が次第に進歩的になってきたためだ。そうした帰国組は他にも大勢いる、と彼は言う。繊維製品は、いまだに同国の輸出製品の半分近くを占めるコーヒーなどの伝統的製品に肩を並べつつある。

航空会社は大陸を変貌させる強い力を象徴する観光客や企業の重役、起業家、商品を運ぶ。飛行機は訪問者や投資家をもたらし、アフリカ1および2セグメントにサービスを提供する。新興航空会社は、低価格でさらに市場の奥深くへと侵入しつつある。エチオピアの農業と繊維産業が示すように、航空インフラは、今後の成長の基盤となるのだ。

インターネットの台頭

マサチューセッツ州ボストン出身のグレッグ・ワイラーは、「ルワンダをアフリカ初の完全有線国家にしよう」という志を持ってインターネットサービスプロバイダ、テラコムを設立した[11]。テラコムのインターネットサービス費用は、二〇〇六年では一カ月あたり約六〇ドル、国民の平均年収のおよそ三分の一だった。一〇年以上前、支配勢力のフツ族が八〇万人を超えるツチ族を殺戮したあの大虐殺後に再建されたこの国では、安定した電力供給が得られる地域はほとんどなかった。

二〇〇六年までに三〇〇キロメートル以上のファイバーケーブルを敷くため、テラコムは一五〇〇万ドル以上を投資し、続く二年間でさらに一一〇〇キロ以上の敷設を計画している。ワイラーは、ヘリコプターが飛ぶには空気が薄すぎる険しい山の上に立つ塔まで、徒歩で何トン分もの機材を運ばなければならなかった。フランステレコムやヴィヴェンディSAがルワンダ市場での事業を縮小していた時期に、テラコムは投資をさらに増やした。二〇〇五年一〇月、ワイラーは二〇〇〇万ドルを投じてルワンダの通信分野独占企業ルワンダテルを買収し、携帯ネットワークを手に入れた上、顧客を人口の六〇%以上にまで拡大することができた。また、同社はライバル会社MTNの約三分の一という価格で携帯サービスを提供した。二〇〇六年七月にGVテレコムと合併した後、今度は自社のビジネスモデルをナイジェリア、ケニア、コンゴへも広げていこうと考えている。

数々の障害のため、アフリカにおけるインターネットの普及率はいまだに低く、二〇〇七年一二月時点で五%未満だ（利用者数にして約四四〇〇万人）。これはインドでネットワークに接続している六〇〇〇万人や中国の二億一〇〇〇万人に比べればかなり少ないが、韓国の三四〇〇万よりは多く、シンガポールの二〇倍近い。アフリカのネット利用者数は、世界でも中東に次ぐ速さで増えている。二〇〇〇年から二〇〇七年までの間にアフリカ全体のインターネット利用率は八八〇%も増加し、アジアの三四七%および北米の一二〇%をはるかに上回った。アフリカ内で利用者数が多いのはナイジェリア、モロッコ、エジプト、南アフリカ、スーダン、ケニアなどだ[12]。

アフリカが初めてインターネットに接続したのはポルトガルから西海岸へと敷かれた海底の光ファイバーケーブル経由だが、ヨーロッパとインドの企業は、東アフリカへとつながるさまざまなプロジェクトを立ち上げている。東アフリカ海底ケーブルシステム（EASSy）、ケニアの東アフリカ海底システム（TEAMS）、アメリカのシーコム、インドのリライアンス・コンソーシアム[13]、南大西洋三カ国・西アフリカ海底ケーブル（SAT－3／WASC）などのプロジェクトが、アフリカと世界をつないでいる。二〇〇九年までに、さらに二億五〇〇〇万人のアフリカ人をインターネットに接続させる期待のかかるEASSyプロジェクトに、世界銀行の国際金融公社は最大三二五〇万ドルを投資している[14]。一方、インド政府からの助成金による資金供与を受け、汎アフリカeネットワーク衛星プロジェクトに一〇億ドルを投資する計画に、二〇以上のアフリカ国家が署名した。このプロジェクトはアフリカ全土、特に僻地におけるインターネットおよび音声通信のニーズに応えるものだ[15]。

インターネットカフェや学校は、機材やサービス契約に手の届かない多くの人々にハードウェアやオンラインアクセスを提供する場だ。ルワンダのテラコムは自社のインターネットカフェを開設し、一五分二〇セント（一九円）でユーザーに提供している。カフェ以外では携帯電話が、パソコンを利用できない人々にインターネットへ接続する手段を提供した。

アフリカの一部地域は、世界全体を飛び越えている。シエラレオネの地元企業FGCワイヤレスは、首都フリータウンに無線インターネットを整備した。**シエラレオネの首都はアメリカのフィラデルフィアと台湾の台北に次ぎ、市全域に及ぶ無制限のWiFi、WiMAXネットワークを有する世界第三の都市となった**[16]。ネットワークの構築は困難だったものの、世界最高クラスのインフラやシステムを、アフリカで構築する機会があることを証明してみせたのだ。

二〇〇七年後半、アフリカ最大のインターネット開発センターがガーナのアクラにオープンした。従来十分なサービスを受けられなかった市場に特化したビジーインターネット社が開発した、初のアフリカ拠点だ。六〇席の研修センターに一〇〇台の一般利用向けの平面ディスプレイ付きパソコン、小規模事業や組織がインターネット関連のプログラムを開発できる一〇〇〇平方メートル超の事務所スペースを要する新しいセンターは、起業家の夢が現実になったものだ。

モロッコで、ヒューレット・パッカードの経営幹部が、ブロードバンド・インターネット（デジタル加入者線、DSL）の拡大がパソコン事業の急速な成長をどのように促進しているかについて説明してくれた。利用料が月一〇ドル、パソコン購入に銀行からの融資も受けられるDSLは、パソコン売上の二桁成長をもたらした。パソコンとインターネットの利用しやすさにより、小規模事業の成長もまた促進された。

モロッコのフェズにあるメディナ（旧市街）では市の将来計画を立てるため、交通や公衆衛生のニーズを分析するなど、最新の地理情報技術をいくつか活用している。地理情報システム（GIS）を展開し、ロバか二輪車しか通れないほど細い道でインフラを管理しているのだ。最新の高度技術が、七〜八世紀につくられた街を訪れている。

エジプトの「アレクサンドリア図書館」は、二〇〇〇年以上前の古代図書館を再生させるべく建設された、世界最大級の複合文化施設だ。ここはいまや地球上で最も技術的に進歩した図書館と言える。八〇〇万冊の本が入る空間、三つの博物館、七つの研究施設、複数の展示施設、プラネタリウム、会議場があり、さらに最新のハイテク技術、マルチメディア、デジタルリソースも備わっている。(17) エジプトには、この他に国民的歌手ウンム・クルスームを称える現代博物館もある。クルスームの古典音楽を、世界最高水準の視聴覚博物館に保存しているのだ。

ワイヤレスの浸透

私が同僚アリーナ・シルクと共にＢＲＩＣｓを対象に携帯電話の技術について行った調査では、これらの国々がデータサービス、取引サービス、メディアなどの分野で先進国を飛び越してしまい、いわゆる「デジタル・デバイド（情報格差）」を埋め、あるいは逆転さえしていることがわかった。アフリカや他の世界各地で技術が今後どのようにして進歩していくかという前例を示してくれる国々だ(18)。これらの地域では技術の度合いこそ先進国に並んだばかりかもしれないが、サービスの数では先進国よりもはるかに多くを提供している場合がある。

この跳躍の好例が、カイロ郊外にある「スマート・ヴィレッジ」だ。二〇〇六年秋に訪れたときには、広々とした大通り沿いの美しく刈り込まれた芝生に、ぴかぴかの新築ビルが立ち並んでいた。マイクロソフトやボーダフォン、ヒューレット・パッカードといった大手企業の名があちこちに見える。世界最高の技術がこの国で広がりつつあることは一目瞭然だった。

ボーダフォン本社の会議室で、マーケティング責任者のハリド・ホーリーは、この国の「ピラミッドとラクダの国」というイメージがもたらしている障害について、「国のブランディングが難題です」と語った。それでも、取材を行った二〇〇六年時点では一五〇〇万人だったエジプト国内の携帯電話契約者数は、その後三五〇〇から四〇〇〇万人の潜在市場で年間五〇〇万件ずつ契約件数を伸ばしていた。

ボーダフォンは、顧客が実際にはどのように電話を使用するかに基づいて、電話サービスを再考しなければならなかった。たとえば、顧客の多くが「呼び出し」や「不在着信」機能を利用する。通話料が払えない利用者は友人に電話をかけ、すぐに切る。受信者は着信番号を見てかけ直す。通話が完了していないので、プロバイダにとっては儲けにならない。利用者は合図を送るために不在着信を使う場合もある。カップルが朝の挨拶がわりに不在着信を残すこともあれば、訪問者がロビーに到着したことを不在着信で知らせる場合もある。

こうした不在着信の利用パターンを見て、ボーダフォンはこのサービスの提供方法を改善した。消費者パネルを実施して不在着信を調査し、利用者が相手に折り返し電話を求める無料のテキストメッセージを送れる「ワヤク（あなたと一緒）」という新サービスを打ち出したのだ。ボーダフォンにとって、音声通信が不在着信となるよりも、テキストメッセージを送るほうが安く上がる。ワヤクサービスには、当初市場での定着が遅かったＳＭＳ（ショートメッセージサービス）を受け入れやすくする効果もあった。ボーダフォンは二〇〇四年九月に携帯電話の未使用通話時間の振替サービスを導入し、二年後には一カ月あたり二五〇万件の通信件数を記録した。現在は、着信音の販売も行っている。

低所得顧客の間では電話の共有も一般的だ。モロッコではＭＩＦＡグループの「イリアコム（あなたへ）」が、国内五万店舗の「テレブティック」と呼ばれる公衆電話屋を通じてＧＳＭ（Global System for Mobile）の通信サービスを提供し、驚異的な成長を遂げた。このサービスは衛星を使用するため農村地域にも電波を届けられる。イリアコムはマイクロファイナンスを活用し、政府と協力して国中の小さな店に電話を設置している（利用者はメーターに基づいて店主に料金を支払う）。こうした公衆電話の多くが店頭にあるため、MIFAは他の企業と協力して電話設置を助成したり、広告収入を得たりできることに気づいた。コカ・コーラはボトルの形をした電話ボックスまで作った（これでコカ・コーラの農村地域普及率を上げるという目標も達成した）。

ヨハネスブルグで会ったリーフ・テクノロジーズの営業ディレクター、ブルース・コックバーンは、（遠隔地の無線ATMを含めて）ATMが普及している南アフリカは、世界でも最新鋭の電子金融システムを備えていると語った。リーフが製造している機器は無線信号を使ってPOS（販売時点情報管理）システムのクレジットカード読取機を金融システムにつなぎ、小規模店舗でもクレジットカードを受け付けられるようにした。コックバーンは語る。

「技術に飢えている国ですから。一日六〇ランド（七一四円）程度稼ぐ労働者なら、一人残らず携帯電話を持っています。ワイヤレスは浸透しているのです」

知識のインフラ

電子書籍のような新技術も、アフリカや他の発展途上地域に大きな影響を及ぼす。二〇〇七年、アマゾンは電子ブックリーダー「キンドル」を発売した。無線ネットワーク経由で読者が本をダウンロードできるものだ。価格は約四〇〇ドルと、アフリカ市場に照らせばまだまだ高価な品物だが、こうした技術やグーグルの図書館プロジェクトのようなイニシアティブにより、アフリカの読者は世界中の図書館を利用できるようになる。

ラジ・レディ教授の「ユニバーサル・デジタル・ライブラリー」(www.ulib.org)は、現在二〇カ国語一五〇万冊の書籍をインターネットにアクセス可能なすべての人間に提供している。このプロジェクトに取り組むアメリカのカーネギーメロン大学、中国の浙江《せっこう》大学、インドのインド理科大学院に最近、エジプトのアレクサンドリア図書館が加わった。インターネットに接続したパソコンはアフリカ僻地の農村へも、超一流の大学にも引けを取らない情報資源を届けられるということだ。

　このような革新が特に重要となるのは、アフリカでは従来の本に対する現在の市場が細分化された未発達なものだからだ。**私が会った出版社のほとんどが、中国やインドには積極的に進出しているにもかかわらず、現時点ではアフリカの市場を魅力的とは考えていなかった。**本に対する関心が低いというわけではない。この大陸からはノーベル賞受賞作家も生まれているのだ。**アメリカやヨーロッパにある出版社と違い、現地の小売業者はアフリカにおける書籍販売の機会に目をつけている。**たとえばケニアのナクマットは店舗内に書店コーナーを設け、ビジネス書を含む欧米のベストセラーを数多く陳列している。

　アフリカの書籍販売が弱いことは、アフリカ人作家の本が故郷よりも国外のほうでよく売れるという実態からも見て取れる。たとえば二〇〇七年、『エコノミスト』誌はイギリスで二四万冊以上売れたチママンダ・アディーチェの小説『半分の黄色の太陽』が、母国ナイジェリアでは販売網が弱いためわずか五〇〇〇冊しか売れなかったと書いた。[19] 流通網が不備だと出版社や販売業者が投資を渋るため、必然的に販売量も少なくなってしまうのだ。

農業の改善

バイオ農業も跳躍の機会を提供するものだが、最近ではかなり議論を呼ぶテーマとなっている。携帯電話やインターネットのような派手さはなくとも、**農業ほどアフリカの将来に欠かせない技術はない。アフリカ農業の改善には、経済的必要性と同時に差し迫った社会的ニーズがある。アフリカ人の六〇%が農業に直接携わっているが、人口の三分の一が栄養失調状態なのだ。**[20] ヨーロッパやアメリカの平均的な一般家庭が食事に費やすのは月収の一五〜二〇%だが、ケニアではそれが六五〜八五%にものぼる。

高い人口レベルと土地の荒廃が、多くの地域で農業生産高を損なっている。南アフリカで農業に従事する二五万人の黒人小規模農民を代表する全国アフリカ農民組合のピーター・ラムトラ会長は二〇〇三年、アフリカの作物生産量が世界水準の一ヘクタール(一万平方メートル)あたり四トンに対して一・七トンと、世界最低だと語った。[21] この数十年でアジアの収穫量が三倍、中南米でも二倍と増えてきたなかで、アフリカの収穫量は頭打ちだ。**遺伝子組み換え作物はアフリカでも当初大きな議論を醸したものの、小規模農民の安い食料と生産量増加に対するニーズの高さから、「緑の革命」が叫ばれ始めている。**二〇〇六年六月には、包括的アフリカ農業開発プログラムの一環として、ナイジェリアのアブジャで肥料サミットが開催された。四十数カ国のアフリカ人首脳が集結したこの会議は、二〇一五年にまでに農業収穫量を六%増加させることを目標として行われたが、ここでもバイオ農業が最大の焦点だった。

科学者たちはアフリカで広く使われることを目的に新種の植物を開発してきた。しかし、その植物を必要としている地域へ届けるにあたっては、物流の課題がまだ数多く残っている。シエラレオネの植物育種家モンティ・ジョーンズは、西アフリカでの普及を目的とした高収量米「アフリカのための新米種（ネリカ）」の開発で『タイム』誌の「世界で最も影響力のある一〇〇人」に選ばれた。こうした新種がゲイツやロックフェラー財団、アフリカ開発銀行の支援する緑の革命の目玉となる。それでも、アフリカのインフラ（種や肥料を買う資金の不足、未整備の道路、不十分な作物貯蔵施設）が未開発なため、二〇〇七年後半までにこうした新種作物の普及が進んだ土地は、それを育てられたはずの土地全体の五％程度にしか満たなかった[22]。

デュポンの子会社で、世界中の農民向けに先端的な植物遺伝子の開発と供給を行うパイオニア・ハイブレッド・インターナショナルは、南アフリカ、ジンバブエ、エチオピア、ケニア、エジプトで事業を展開している。主力生産物は主食のメイズ（トウモロコシ）だ。南アフリカではメイズの大部分が大規模農場で作られているが、アフリカの他の地域ではほとんどが小規模農民による生産である。パイオニアは、ケニアのチュラ地域にハイブリッド種子を導入した。また、土壌の養分の分析や耕作の削減、害虫駆除技術の活用、施肥の改善など、管理手法の向上にも取り組んだ。二〇〇四年には一四カ所の実験農場を作り、またそれ以外に九〇人の農民が、アフリカ・ハーベスト・バイオテック国際基金から受けた低費用ローンでハイブリッド種子を購入した。アフリカ・ハーベスト・バイオテック国際基金（ＡＨＢＦＩ）は二〇〇二年一月、フローレンス・ワンブグ博士によって設立された。博士号取得後にアメリカで遺伝子組み換えサツマイモの研究を行った博士はナイロビに戻り、そのサツマイモはサハラ以南のアフリカで導入された初の遺伝子組み換え作物（GMO）となった。

農薬をあまり必要としないモンサントのBT綿は大当たりで、現在南アフリカで栽培されている綿の九五％がBT綿だ。このような進歩の経済的影響は、収穫量を増やし、かつ農薬の使用を大幅に減らすことができるという、特に小規模農民にとっては目を見張るものだった。元来は大規模農家による使用を想定していたものだが、この綿は小規模農民にも広く採用されている。たとえば、南アフリカのマカティニ・フラッツにあるムブソ農民組合の長を務める農民であり、校長であり、五人の子を持つ未亡人でもあるタンディウェ・ムイエニも、BT綿を採用した一人だ。ムイエニは一九九四年には一〇ヘクタール（一〇万平方キロメートル）の土地に従来の種を使って綿の作付けを行っていたが、BTに替えたことで、生産性と収益性が大幅に向上した。それで農地を拡大し、家の改修もできたのだ[23]。

ハイテク技術は農業向けにも開発されている。南アフリカ西部の乾燥地帯で、パイオニアはより正確な作付けの判断を可能にし、収穫量を一ヘクタールあたり四トン増やす中性子水分計技術を導入した。これで農民は作物のリスクをよりよく管理し、農業をより持続可能なものにすることができる。アフリカ・レーザー・センターでは、ケープ・コースト大学出身のガーナ人、ポール・ブア・バッスアとステレンボッシュ大学出身の南アフリカ人、ヒュベルトゥス・フォン・バーグマンが開発したレーザーを使い、作物の状態を調べる機器の設計を行っている[24]。

もちろん、アフリカにおける遺伝子組み換え作物の使用については、まだ議論の余地がある。国連の前事務総長コフィ・アナンが会長を務める「アフリカ緑の革命同盟（AGRA）」は遺伝子組み換え

作物の使用を排除し、科学界の内外で大騒動を巻き起こした。飢餓や栄養不良の問題は深刻ではあるが、そんなアフリカでも、こうした革新技術にはきわめて慎重であることがわかる。

アフリカの農業を向上させる機会は他にも数多くある。たとえばインド・エジプシャン・ファーティライザーは、エジプトで豊富に取れるリン酸を活用してインド向けの肥料を作っている。同社はインド農民肥料協同組合公社（ＩＦＦＣＯ）の一部であるインド国内三万八〇〇〇の農業組合と、エジプトの鉱業会社エル・ナサルとの提携企業だ。インドは、エジプトで取れるリン酸の最大の得意先なのだ。インドでは、ＩＦＦＣＯの移動車両が農場から農場へと走りまわり、土壌を検査してはどの肥料を使うべきか提言する。ＩＦＦＣＯは他にも農民に高品質な倉庫やローンを提供し、作物に最高価格がつけられるよう力添えもしてくれる。アフリカでも、同じような組織が同じようなことをできるのではないだろうか。

この大陸は、農業改善の重要性に気づきつつある。前ナイジェリア大統領オルシェグン・オバサンジョは、「アフリカ開発のための新パートナーシップ（ＮＥＰＡＤ）」による農業計画にこう書いた。「四〇年に及ぶ経済の低迷を経て、（中略）アフリカの指導者たちは飢えと貧困に取り組む持続的な解決策の探求に専念している。農業がアフリカの成長の原動力となることを、ＮＥＰＡＤは信じている[25]」

世界トップクラスの能力を

アフリカではインフラの格差が激しいが、一部地域には世界最大手と言える企業もある。エジプトのアレクサンドリア・カーボンブラックのような企業は、アフリカ企業が高度な専門技術と最先端の工場により、世界市場の最高峰で競争できることを証明してみせた。

テキサスからエジプトのアレクサンドリアへ石油を運ぶ船があるのは、意外なことかもしれない。言うまでもなく、アフリカは世界で最も石油資源が豊富な大陸の一つであり、エジプトは中東の石油中心経済からも目と鼻の先にある。それがなぜアメリカから、よりによって石油の輸入などしているのか？　実は、この石油はアレクサンドリア・カーボンブラックが最高品質のカーボンブラックを生産する格好の材料なのだ。同社のカーボンブラックは世界中のメーカー向けに出荷され、タイヤやインクジェットプリンタのカートリッジといった製品に使われる。インドのアディティア・ビルラ・グループの傘下にあるアレクサンドリア・カーボンブラックは、この必需品の製造では世界最大手企業の一つに数えられている。設立当初はエジプト国内市場を対象としていた同社はすぐに、きわめて品質の高い製品を作れるようになり、今では製品の九五％を、ヨーロッパやアメリカなどの外国へ輸出している。世界的に見ても最高品質の製品を生み出す企業なのだ。

CEOのK・N・アガーワルらとカイロで会った際、私は同社の世界市場におけるリーダーシップに衝撃を受けた。ヨーロッパの競合他社の工場が三カ所も閉鎖するなか、同社は世界最大のカーボンブラック工場を建てた後でもなお、二〇〇六年半ばにはすでに二〇〇七年末までに生産可能な量を売り切ってしまっていた。製品を満杯に積んでエジプトにやってくる貨物船の多くが空で戻っていくことに目をつけた同社は、多いときには一日五〇個ものコンテナをアレクサンドリアの港から送り出している。**アフリカは、世界最高水準の企業と競合できるだけの専門技術やインフラを築く能力がある**

ことを実証したのだ。

同様の例として、ケニアのマガディ・ソーダがある。同社は一九一一年に創業し、ガラスや洗剤などの製品に使われるソーダ灰のメーカーとしてはアフリカ最大の企業となった。二〇〇六年には五〇万トンを超える灰を製造しており、最高品質の高級ソーダ灰を三五万トン以上製造できる工場の建設を終えようとしていた。マガディは今でもすでに製品の八七%をインド、タイ、フィリピン、その他十数カ国の世界市場に輸出しており、国内市場向けは生産量のわずか一三%だ。**アレクサンドリア・カーボンブラックと同様、この企業もインド企業（タタ・グループ）が所有している。**

南アフリカは、石炭を石油に変える技術では先駆者だ。工場で石炭を華氏二〇〇〇度（摂氏一〇九三度）まで熱し、蒸気と酸素を加え、化学反応を用いて一日一六万バレルの石油に変換する。石炭から石油への変換工場は、世界のほとんどの地域ではコストが高すぎると見られていたが、反アパルトヘイトの経済制裁で石油の輸入が制限されたため、南アフリカは国内の豊富な埋蔵炭を活用する技術を追求せざるをえなかったのだ。南アフリカの交通燃料需要の三〇%は石炭から作られた石油でまかなわれており、同国の五〇ランド紙幣には、工場の姿が堂々と描かれている。原油価格の上昇と技術の進歩に伴い、南アフリカは世界市場でもますます競争力を身につけてきた。アメリカ、中国など世界各国の政府や企業が、この技術では世界トップレベルにのぼりつめた南アフリカのサソールのもとへと押し寄せている。

アフリカはダイヤモンド鉱山など、古くからの資源産業でもインフラを構築している。ボツワナには一五社以上の国際企業がダイヤモンド加工工場を置いており、何千人もの従業員がダイヤモンドの研磨と加工に従事している。世界最大のダイヤモンド産出国であるボツワナは、かつては研磨した石を輸出するだけだった。しかし、企業が従業員の訓練プログラムを策定し、こうしたインフラを構築したことで、ボツワナはただ原材料を出荷するだけの国から国内で付加価値製品を作り出せる国へと変わり、国内での技術開発や地元雇用にも貢献するようになった。**資源の採掘から専門技術の蓄積への転換は、アフリカの隆盛にとって重要な要素だ。**

アレクサンドリア・カーボンブラックやマガディ・ソーダなどの企業は、アフリカ企業が世界のトップクラスの品質と優れた技術を持てることを体現した。アフリカで最も貴重な天然資源は地下にあるのではなく、企業や経営者の革新的なアイディアや起業家精神にあるのだ。

格差が示す機会

ナイロビにあるムサイガ・ゴルフクラブは、ケニアが独立するまでは白人エリートの社交場だった。キャロライン・エルキンスの周到な調査による衝撃的な著書『帝国の罰』では、ケニア最大の部族キクユ族を何十万人も投獄・虐待したイギリス人指導者らの社交の中心地となっていたと書かれている。独立を訴えたキクユの指導者たちは独立を与えられるどころか、収容所へと変えられた村に事実上監禁されたのだった。

二〇〇六年七月にユニリーバのデビッド・ムレイシの手配でムサイガ・ゴルフクラブを訪れると、その様子はすっかり変わっていた。かつては植民地支配と抑圧の中核だったゴルフクラブ（すぐ近くのカントリークラブから分離独立した）は、今ではまるで国際連合のようだ。この日の午後、クラブハウスの中にあるガラステーブルの周りやごみ一つない日のあたる芝生には、インド人、ケニア人、白人が入り混じっていた。テラスに並んだ銀のトレイで湯気を立てる昼食のメニューも国際的で、インド料理、中国風の炒め物、魚、ジャガイモ、ニンジンのスライスなどの横に、タロイモや、トウモロコシの粉を練った「ウガリ」など、伝統的なケニア料理も並んでいた。

「昔は、ゴルフなど金持ちの遊びだと思っていました」と語るのは支配人のローレンス・ムイエだ。現在一二〇〇人いるクラブ会員のうち約七五％が黒人で、中には白人エリート階級の転覆に貢献した、マウマウ革命のキクユ人指導者らの子孫もいると言う。「今は、入会費さえ払えれば中流階級の人々でも入会可能です」。その入会費は約三〇〇〇ドルで、それよりもやや少ない年会費がかかる。クラブのショップにはダンロップやナイキ、タイトリストといったブランドの最新グッズが揃っている。

幾層にも重なったアフリカの歴史は、幾層ものインフラを遺産として残した。植民地時代には道路や線路が造られたが、同時に多くの欠陥も残したのだ。ほとんどのインフラが老朽化しているか、時代遅れだ。南アフリカではアパルトヘイトに終止符が打たれたにもかかわらず、社会インフラの大半が、富裕層が暮らして貧困層が働きに来る都市のみを中心に整備されている。インフラが社会に追いつくまでには、長い時間がかかることもあるということだ。

インフラは過去の激動の歴史を具現化している。経済的、社会的発展の格差を如実に反映するのだ。しかし、この格差は埋められる。電力供給が不安定な国で、ママ・ハビバの炭酸飲料を冷やすために氷を提供するのがその一例だ。**インフラの格差は新規事業の機会を示し、携帯電話の急成長や他の**

技術の普及からもわかるように、新たな産業を始める機会さえも示している。食料、公衆衛生、飲料水、医療などの欠乏は、発明家や起業家に対して課題を突きつけているのだ。革新的な解決策が生み出されつつある。新たな市場機会を創出しているのだ。世界レベルの企業がアフリカで生まれている。ムサイガ・ゴルフクラブのように、昔のインフラの改変も行われている。あちこちで、将来への新たな希望が生まれている。

- インフラの格差を埋めて市場を構築するチャンスには、どのようなものがあるだろうか。
- インフラの弱点を克服するために商品をどのようにカスタマイズすればいいだろうか。
- 既存の技術を超えて、より先端の技術へと飛び越えられる領域がないだろうか。
- 既存のインフラを未来のためにどのように変えていけるだろうか。

第6章

チーター世代と共に——成長を続ける若年層市場

アフリカは世界で最も若々しい大陸の一つで、しかも日々若返っている。アフリカの市場機会をとらえるということは、アフリカの若者を理解し、音楽からミルク、そして学校の制服にいたるまで、彼らにとって魅力のある製品を作るということだ。

ジンバブエの首都ハラレの中心地に、アフリカの親が子に抱く希望であふれんばかりの二階建ての小売店「エンベー・ストア」がある。店の壁に沿って整然と並ぶ収納ブースには、地区の学校の、色とりどりの制服が揃っている。夏になると保護者たちはこの店や、全国二五カ所に点在する他のエンベー・ストアを訪れ、大抵の場合、わが子の一張羅となる制服を買い求める。これは、日ごとに若年化する大陸における若年層市場なのだ。

エンベーの創業者ナトゥ・パテルの父親が最初の小売店をハラレに開いたのは、一九四七年のことだった。当初は鍋釜類、毛布、石鹸などの日用品を輸入していたが、一九五八年に二代目パテルが学生服ビジネスを始めたらどうかとひらめいた。ハラレ市内を車で走っていて、下校する子供たちを見かけたのがきっかけだ。制服には巨大な市場があるに違いないと気づいたパテルは、学校長らと何度か会合を持ったのち、生徒向け制服の製造を開始した。二〇年以上が経つうちに事業は拡大し、市内の一号店を含め数多くの学校向けに作られた色とりどりの糊の効いたシャツや半ズボン、スカート、ネクタイが揃った二階建て店舗が二十数カ所に広がった。新入生用の制服は一揃い五〇〇ドルするものもあり、一年おきに新調しなければならない。一人の子供が高校を卒業するまでには何着もの制服に加え、体操着や水着も買うことになる。

高いインフレ率のために経済は短期的に冷え込んだが、非常に厳しい経済環境にあっても、親は子供の教育費を削ることには消極的だった。制服は、プライドの問題なのだ。いい仕事に就いている従業員は雇用主から学費や諸費用の補助が受けられる場合も多く、下級マネジャーであれば授業料の一〇％程度、さらに上級の幹部社員ともなれば全額を会社が負担する。ＮＧＯからの援助もある。出生率が高く、親が子供の教育を重要視するこの国では、エンベーの市場が成長していくことは間違いない。

世界で最も若い市場

人口調査局の『世界人口統計資料集　二〇〇七年』によると、**アフリカは全人口の四一％が一五歳未満で、世界で最も若い地域の一つだという。これはインドの三三％、ブラジルの二八％、中国の**

二〇%と比べても高い割合だ。

アフリカは、若さでは他のどの国よりも勝っている。一方、先進諸国では、急速に老化が進んでいる。ヨーロッパの一五歳未満の人口はわずか一六%、北米が二〇%、日本にいたってはたったの一四%だ。アフリカが若返り続け、今世紀半ばには人口がさらに九億人増えると予測されているその同じ期間に、ヨーロッパの人口は六〇〇〇万人減少すると見られている。先進国の多くが少子化に悩む中、アフリカは人口の爆発的増加による影響を懸念しているのだ。

二〇五〇年までにはコンゴ民主共和国、エジプト、ウガンダがナイジェリアとエチオピアに続いて世界で人口が多い国の上位一五カ国に名を連ね、ロシアと日本、ドイツを欄外に押し出すだろう。

人口の多い国上位15カ国

	2007年	2050年
1	中国	インド
2	インド	中国
3	アメリカ	アメリカ
4	インドネシア	インドネシア
5	ブラジル	パキスタン
6	パキスタン	**ナイジェリア**
7	バングラデシュ	ブラジル
8	**ナイジェリア**	バングラデシュ
9	ロシア	**コンゴ民主共和国**
10	日本	フィリピン
11	メキシコ	**エチオピア**
12	フィリピン	メキシコ
13	ベトナム	**エジプト**
14	ドイツ	**ウガンダ**
15	**エチオピア**	ベトナム

出典：人口調査局

年代分布のもう一方の端でも、対比は著しい。六五歳以上の人口は二〇五〇年までに北米で二一%、ヨーロッパでも二八%増加すると予測されているが、アフリカではこの年代の人口はわずか七%に過ぎない[1]（二〇〇七年の三%よりは増加している）。アフリカの高齢者人口が少ない原因は、高い出生率と低い平均寿命の組み合わせにある。ヨーロッパ全体の平均寿命は七五歳だが、アフリカ大陸全体の平均寿命は五三歳、サハラ以南に限定すると四九歳まで下がる[2]（ＨＩＶ／エイズの蔓延が最も深刻なアフリカ南部では、一九九〇～一九九五年には六二歳だった平均寿命が、二〇〇五～二〇一〇年の予測値では四九歳まで落ちている。二〇四五年頃までは、一九九〇年代前半の水準まで回復することはないだろうと見られている）。

サハラ以南のアフリカとアメリカとの年齢分布を比較すると、アフリカの若年層市場とアメリカの高齢化市場の対比が鮮明に見てとれる。アメリカのベビーブームは大蛇の体内を通過する豚にも例えられたが、取材に応えたあるモロッコ人教育者は、アフリカの若者化の波を「ツナミ」にたとえた。真の世界的ベビーブームはアフリカにあり、まだピークを迎えてすらいないのだ。

チーター世代とカバ世代

若きアフリカ人たちは彼らの親世代とは異なり、欧米の同世代ともまた異なる。ガーナ人経済学者ジョージ・アイッテイはこうした若者たちを「チーター世代」と名づけた。理由は、権力こそまだ握っているものの過去にとらわれてしまっている「カバ世代」と呼ばれるグループよりも、若者世代のほうが速く動けるからだ[3]。**カバたちはいまだに植民地主義や帝国主義を批判しているが、足の速いチーターたちは民主主義と透明性、汚職の根絶などを求めている。**アイッテイは、アフリカの将来は「チーターたちが担っている」と言う。**チーター世代は政治変革と経済促進の原動力であるのみならず、アフリカにおける消費者市場の未来を再定義する世代でもあるのだ。**

若い世代は素早く、そして互いにつながっている。シーメンスのテレビＣＭでは、携帯電話のネッ

サハラ以南のアフリカとアメリカの人口構成の比較

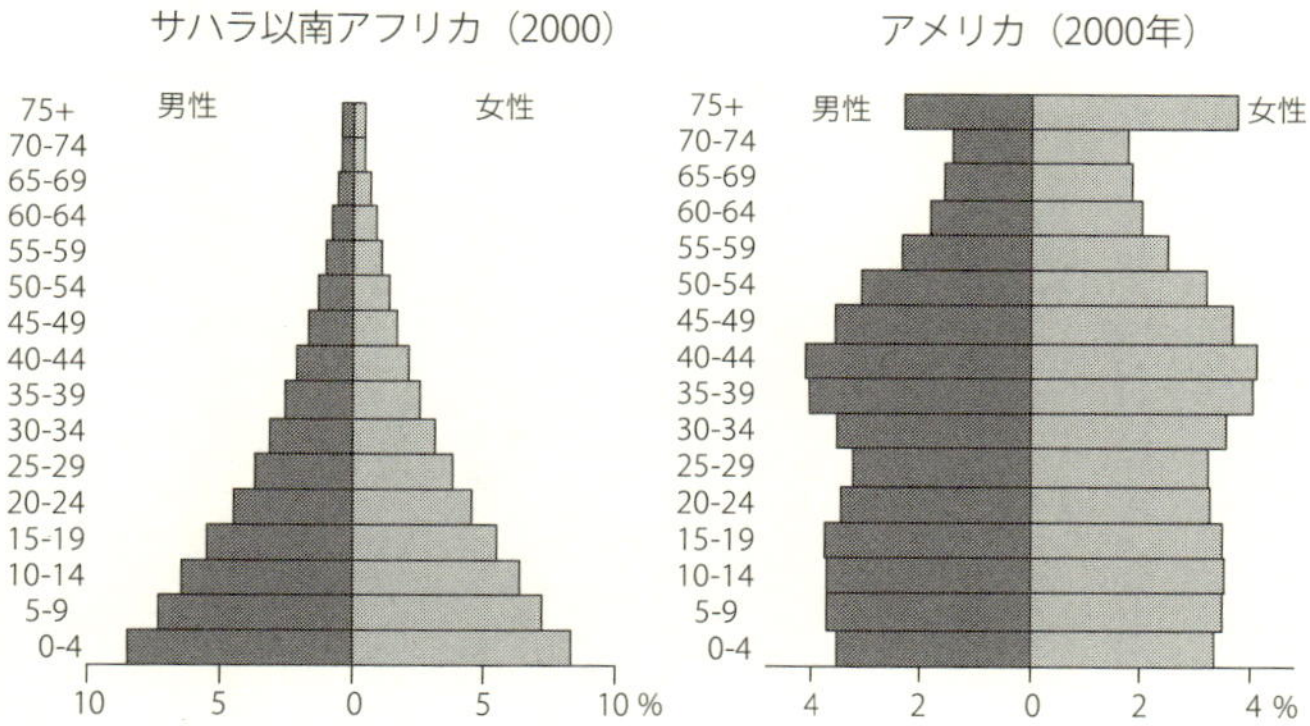

出典：人口調査局

トワークが若者に及ぼしてきた影響をよく表している。タンザニアの地方出身の若者が、ヒョウ柄の奇抜な髪型で外国から帰ってくるというCMだ。若者は空港から携帯電話で家族に連絡し、ぼくを見たらびっくりするよと告げる。ところが町で彼を見かけた人々が携帯電話のカメラで彼を撮影し、その画像が国中に広まって、ついには若者の村にまで届いてしまう。若者が移動している間にも、全国の美容院でヒョウ柄の髪型が流行し始める。そして若者がバスで故郷に帰りつく頃には、村中の人々が同じ頭になっているのだ。びっくりすると言っていたのは何なんだい、と尋ねる家族に、若者は肩をすくめる、という筋だ。

ネットワークとスピードにより、若い世代は異なる世界観を持つようになった。携帯電話でネットワークにつながった一匹のチーターが（この場合はヒョウと言うべきか）、社会全体を変えることもできる。髪型のように表面的なものだけでなく、さらに根本的なところまでも変えられるのだ。

若者言葉「シェン」

世界中どこの国でも、若者は仲間内でしか通じない言葉を持っている。**ケニアの若者を取り込むため、企業は「シェン」という、スワヒリ語と英語にさまざまなケニアの言語が混ざってできた若者言葉を使い始めている**（インド英語の「ヒングリッシュ」と同じようなものだ）。たとえば、サファリコムは広告に「サンバザ（開く）」という言葉を用いた。シェン語は格好良くて若い言語なのだ、とナイロビのSBOリサーチのCEO、キャサリン・ンガフは言った。シェン語を使うような若年層は市場として大きいだけでなく、新商品をまっさきに取り入れるグループでもあるのだとンガフは指摘する。シェン語は階層の違いを超えている。裕福なティーンエージャーの言語でもなければ、貧しい者の言葉でもない。若者の言語なのだ。

ナイロビ出身のビニャバンガ・ワイナイナが『ナショナル・ジオグラフィック』誌で、ナイロビの若者が持つ「二重人格性」について書いている。彼らは日常会話にはスワヒリ語を使うが、仕事や哲学の話になると英語に切り替えるのだそうだ。そして、ナイロビ市内を走り回るマタトゥ（乗り合いのミニバス）に設置されたプラズマ画面に映し出されるミュージックビデオで、ラップ歌手が使う主流言語はシェン語だ。ワイナイナの記事にはこうある。

「この葛藤こそ、ナイロビを最も正確に定義している。われわれの伝統的国家の世界観の範囲内で生きようとする（そしてしばしば失敗する）こと。一貫性のある、欧米教育を受けた人々になろうとする（そしてしばしば失敗する）こと。ケニア人であろうとする（そしてしばしば失敗する）こと――これはまだ新しく、突拍子もない発想である」(4)

アフリカの若者は世界の流行と現地の伝統の双方に結びついた、複雑に構成された背景に育っている。古いものと新しいものは英語とスワヒリ語のように隣り合って存在し、やがて融合するのだろう。

音楽――世界共通の言語

音楽は、シェン語よりもさらに基本的な若者の「言葉」だ。アフリカで最も一般的な公用語はフランス語、英語、アラビア語、ポルトガル語だが、非公式言語となると、その数は一〇〇〇を超える。ナイジェリアだけでも、二五〇の異なる言語に、推定四〇〇〜五〇〇の方言があると言われている。ナイジェリアで三五〜四〇分車を走らせただけで、ナイジェリア人でさえも会話を理解できなくなることがあるほどだ。

このような言語の多様性があるということは、汎アフリカブランドや広告は、言葉を超えて感情や音楽、映像などの非言語メッセージを活用していかなければならないということだ。この難題に取り組むためには、世界中の若者が必ず使う言語があることを思い出してほしい。そう、音楽という言語だ。

アフリカの若者は音楽に引きつけられる。そこに若年層市場との結びつきを築く機会が生まれるのだ。コカ・コーラは音楽専門チャンネルＭＴＶと東アフリカで販売提携を結び、ケニア、タンザニア、ウガンダで「MTVコカ・コーラVJ（ビデオジョッキー）」大会を開催した。三人の勝者に与えられた賞品は、新番組『MTVコカ・コーラ・エクスプレス』の司会の座だった。東アフリカの若い音楽愛好者、若者、ヤングアダルト世代をターゲットにしたテレビ番組だ(5)。レバノン人の人気歌手ナンシー・アジュラムが北アフリカでコカ・コーラの看板を務め、同じくレバノン人のハイファ・ワハビがペプシのCMに出演している。

ガーナでは二〇〇四年から毎年、ネスレがアメリカのテレビ公開オーディション番組『アメリカン・アイドル』に似たコンテストを主催している。「ネスカフェ・アフリカン・レベレーション（NAR）」と銘打たれたこのコンテストは、アフリカ西部・中央から音楽の才能があるアフリカ人の若者を発掘し、育成しようというものだ。ここで発掘した若きミュージシャンたちの認知度を上げることで、ネスレは自社のブランドを築いてきた。優勝者にはレコーディング契約に加え、テレビやラジオ、印刷物、広告、ライブイベントなど、大々的なプロモーションが約束される。

エジプトでは、二五〇ある衛星放送チャンネルのうち約三〇％が音楽番組で、こうしたチャンネルは収益のほとんどを、曲のリクエストのために視聴者が送る携帯メールの料金から得ている。この双方向テレビシステムは携帯電話の幅広い普及と若者の音楽への関心、そして衛星テレビを非常にうまく組み合わせたものだ。衛星テレビから信号を盗用している視聴者でさえ、音楽リクエストには代金を支払っているようだ。

広告は音楽に依存するところが大きい。ナイジェリアで使われた炭酸飲料「ファンタ」のCMは、オープンルーフの四輪駆動車に乗った若者たちが、ラゴスでは日常茶飯事の交通渋滞に引っかかったシーンから始まる。別の車には、少女と両親が乗っている。彼らはみな、ステレオのボリュームを上げてファンタの栓を抜く。交通渋滞にはまっていても気にしない。どんな運命が降りかかろうともかまわない。音楽やユーモアを見つけるチャンスは必ずあるからだ。

アフリカの音楽は驚くほど幅広く、アメリカのカントリーミュージックからヒップホップやラップ、そして北アフリカで人気の中東音楽までさまざまだ。セネガルのような小国からも、ユッスー・ンドゥールのような大物歌手が生まれている。

音楽は、健康問題や社会問題への取り組みに若い人々を巻き込むためにも使われる。国際人口協会（ＰＳＩ）の「ユース・エイズ」プロジェクトは、メディア、ポップカルチャー、音楽、芝居、スポーツを通じてＨＩＶ／エイズの蔓延を食い止めようという啓蒙・予防イニシアティブだ。宣伝担当幹部のケイト・ロバーツが二〇〇一年に立ち上げたこのプロジェクトは、世界中の六億人の若者に声を届けることを目標としている。ＰＳＩは他にもマラリア治療の取り組みとして、ソーシャル・マーケティングの観点から、一般の商店で手軽に購入できる治療セットを作成している。

スポーツという言語

音楽に加え、スポーツもまた若者の言語だ。サッカーの二〇〇六年ワールドカップの期間中、ナイジェリアでコカ・コーラが出した広告にはこんなコピーが書かれていた。「**ぼくたちはみんな、サッカー語を話す**」。スポーツは、言語や文化の違いを超えてアフリカの若者を引きつける。ボーダフォンは自社製品のエジプト国内でのPRに、サッカーのエジプト代表チームを丸ごと利用した。バークレイズも、断食中《ラマダン》にカイロとアレクサンドリアのスポーツチームのスポンサーとなった。

ナイジェリア、南アフリカ、エジプトなどのアフリカ各地で、ノキアはストリートサッカーを通じ、若者たちが夢や希望に向かって進むように勇気づけようという「ディフェンド・ユア・ストリート（君たちの道を守れ）」キャンペーンを展開した。[6] ナイジェリアでは、一六歳から二五歳までの選手たちが各一五分の試合を勝ち上がり、最終的には全国決勝でブラジルのストリートサッカーチーム「ボーイズ・フロム・ブラジル」と戦った。このプロジェクトは、ノキアの将来の成功には欠かせない若年層市場で、サッカー人気が高まりつつあることに目をつけたものだ。

スポーツは、世界の舞台で戦いたいというアフリカ人の願望を叶えるものでもある。スタンダード・チャータード銀行の広告は、盲目のケニア人ランナー、ヘンリー・ワンヨイケが、二〇〇〇年のシドニーパラリンピックで五〇〇〇メートルではアフリカ初となる金メダルを獲得した様子を伝えている。ワンヨイケは二〇代のうちに五〇〇〇メートルと一万メートルの記録保持者となり、前回のアテネ大会ではいずれの競技でも金メダルを獲得した。そして、賞金を身体障害者のための編み機の購入に充てたのだ。スタンダードチャータード銀行は、今後三年間で一〇〇万人の視覚喪失者の視力回復を目指して世界中で展開している「シーイング・イズ・ビリービング（見ることは信じることだ）」キャンペーンの親善大使にワンヨイケを任命した。[7] スポーツを通じて障害を乗り越え、社会に貢献する話には普遍的な魅力がある。

二〇一〇年に行われるサッカーのワールドカップの開催地が南アフリカに決定したことで、現地には途方もない興奮が沸き起こった。南アフリカだけで五〇万人を超える観光客が訪れると見込まれている。こうした動きはアフリカの発展の兆しとして、そしてインフラや観光、アフリカ諸国間の協力の促進剤として見られているのだ。

乳幼児と親の願望

ユース・コネクティビティ社やトレンド調査会社インスタント・グラス社のようなアフリカの若者向けマーケティング企業は、南アフリカの若者たちの間で何が流行しているかを発見するためのネットワークを築いている。「草《グラス》」と呼ばれる、都会の流行を先取りする若者たちのネットワークから、地方のストリートカルチャーや服装に影響を与えているトレンドが報告される。なかでも一風変わったトレンドは、「オタク」ファッション（アメリカのテレビ番組『ファミリー・マターズ』に登場するスティーブ・アーケルというキャラクターがモデル）や、古着加工のジーンズにTシャツという「ラグド・ソウル（粗野な魂という意味）」ファッションだ。

企業はこのようにして得た展望をもとにして若年層市場向けの商品を開発している。コカ・コーラはモロッコで若者向けの高エネルギー飲料「バーン」を発売したし、エジプトのミスル銀行は、国内初の若者向けカードとなるデビットカード「BMカード」を開発した。

また、**出生率の高いこの大陸では、乳幼児やその親向けの商品が急速に成長を遂げている。**「パンパースは成長市場です」と語るのはエジプトのP&Gのイーハブ・バリグだ。二〇秒に一人、新たな消費者が生まれているエジプトで、P&Gのパンパースは国内の紙おむつ市場の七六%を占めている。私がバリグと会った二〇〇六年半ばには、エジプトにおける紙おむつの普及率は一四%程度とまだ比較的小さな市場で、そのほとんどがアフリカ1の消費者セグメントだった。つまり、P&Gが市場をつくりあげているのだ。**P&Gは政府との協働による病院研修プログラムも展開している。予防接種や母乳育児、栄養、おむつ交換などについて、母親に育児教育を提供するものだ。**

エジプトで、薬品会社サンドは「ジュニア・プロダクツ」と呼ぶ小児向け商品を開発した。また、シラミ対策薬品「ユラックス」で市場をリードする同社はシラミ対策をテーマにした児童絵画コンテストも開催した。**毎年三五〇万人もの新生児が誕生するナイジェリアでは、ユニリーバが産婦人科や病院で、ベビーローション「ペアーズ」のような商品の無料サンプル一〇〇万個を母親に配布している。同社は看護師や助産師会と協力し、母親に保育指導も行っている。**

「ペアーズ」はオリーブオイルから作られており、偶然にもナイジェリア市場に非常に適した商品だ。ナイジェリアには、生まれた赤ん坊をオリーブオイルにひたすと良いという言い伝えがある(もう一〇〇年以上、この土地でオリーブは育てられていないのだが)。オリーブオイルにひたしたナイジェリア人の子は肌が美しくなると信じられているのだ。一方、ベビーオイルを与えられないと、一生体臭に悩むことになると言う。商品のマーケティング戦略の主体ではないものの、広く信じられているこの習慣が、「ペアーズ」のようなオリーブオイルベースの商品の売上を促進していることは確かだ。

乳児や小さな子供が多い大陸には、ベビー用品だけでなく、ミルクやチーズ、その他若者向け食品市場にも機会がある。そして、親の願望を活用する機会ももたらすのだ。

泥は良いもの

世界中どこの親でもそうだが、アフリカの親たちも、わが子にはよりよい人生を送ってほしいと願っている。こうした願望を活用することが、若年層市場の機会をつかむ大きな鍵だ。ユニリーバの洗剤「オモ」のテレビＣＭでは、南アフリカで白いユニフォーム姿の少年たちが泥んこのサッカーグラウンドに飛び出すシーンが描かれる。激しい試合に、ユニフォームは泥まみれになってしまう。しかし、そこで流れる「泥は良いもの（Dirt is Good）」というキャッチコピーが、わが子が大きくなったら一流サッカー選手になるかもしれない、という親の願望に訴えかけるのだ。このＣＭは、他にも体操選手や科学者バージョンが放送されている。目標を達成するまでに多少の汚れはついてしまうかもしれないが、この洗剤を使えばすっかりきれいに洗い流せますよ、というわけだ。

過去のキャンペーンは、この商品がどれだけ汚れを落とせるかを強調したものだった。しかし、このＣＭの含意は、この商品が子供の潜在能力を引き出すことができる、というものだ。これが、親の願望に結びつく。あなたのお子さんがより良い人生を送って成功できるのは、「オモ」が汚れを落とすお手伝いをするからです、というメッセージが込められているのだ。

あなたの未来、わが社のミルク

育ち盛りの小さな子供にはミルクが必要だ。カウベル・ミルクのような企業がそのニーズに応えている。「あなたの未来、わが社のミルク」というスローガンのもと、カウベルはアフリカの一〇カ国で市場を獲得した。ナイジェリアでは、一二グラムの小袋に入った粉ミルクが二〇ナイラ（一三円）で売られており、清潔な水を手に入れるという難題を回避するため、子供たちは粉末を水に溶かずに直接舌にのせて飲み込む。

カウベルブランドを所有するプロマシドールの創業は一九七九年。一九五七年に祖国イギリスを離れ、「アフリカン・ドリームを追い求めて」ジンバブエへやって来たロバート・ローズがコンゴ民主共和国（当時のザイール）で始めた事業だ。ローズは二〇年以上にわたり、飲料メーカーのアライドライオンズ・アフリカの会長として大陸中を飛びまわった。ミルクが不足していることに気づいたローズは、牛乳に含まれる動物性脂肪を植物性脂肪に置き換え、長期保存が可能な粉ミルクを開発した。カウベルの若年層に対する関心はミルクだけに留まらない。同社はナイジェリアで高校数学大会を主催したり、アメリカで開催される「青年リーダー会議」にアフリカ人の学生を送ったりもしている。

しかし、アフリカのミルクは、より品質が高いと思われがちな世界的ブランドとの競争という課題に直面している。ラゴスのパームズ・ショッピングモールに入っている店で棚に商品を並べていた女性にどのブランドが一番いいかと尋ねると、即座にヨーロッパのブランドが最高だという答が返ってきた。理由は、「牛が大事に扱われているからよ」。国産ブランドは、国産乳牛と同様、このような一般大衆の認識には成す術がない。オランダのフリースランド・フーズが所有する「ピーク・ミルク」（五一頁）は、五〇年以上にわたってナイジェリアの市場を牛耳っている。主要卸売業者を通じて、ナイジェリア国内五〇万カ所の小売販売店ネットワークへと卸されているのだ。

ビスケットとチーズ

他に若い世代にとって魅力ある商品と言えばビスケット、ヨーグルト、チーズだ。フランスのダノン・グループはアルジェリアで始めたビスケット事業で成功を収めた（同社の国外ビスケット事業は二〇〇七年一一月にクラフト・フーズに買収された）。ダノンは若年層市場向けにヨーグルトなどの乳製品も生産している。

アルジェリア、チュニジア、モロッコ、エジプトで展開するベル・グループは、かつて高価な輸入商品か品質の低い国産ブランドしか提供してこなかった市場で、選択の幅を広げた。二〇〇五年にアルジェリアへフランス産チーズの輸入を開始したベルは、二年後には早くも市場最大手となっていた。ベルはフランスの高級ブランド「キリ」を輸入し、現地ではブランド「ラ・ヴァッシュ・キ・リ（笑う牛）」を製造して国産ブランドを開発した。「笑う牛」は子供をターゲットに、ビタミンDやカルシウムが摂取できる商品として位置づけられ、安全性を証明するため超高温試験も行った。

この位置づけに合わせ、ベルは母親向けに健康診断の無料券を配布した。医療の無料券はアフリカ1にとってはあまり魅力的ではないかもしれないが、同社はサーカスや病気の子供向けプログラムのスポンサーとなり、より恵まれない者に対する思いやりを訴えることでアフリカ1セグメントも取り込んだ。フランス産ブランドを輸入するだけに留まらず、ベルは低価格の国内競合商品に対抗し、独自の国産ブランド「ピコン」を開発した。また、飲食店や家庭での消費向けに「シェフ」ブランドも展開。ベル・アルジェリアは堅実な二桁成長を遂げ、アルジェリアの市場で圧倒的なシェアを獲得した。このアルジェリアでの成功は、移住先のフランスから帰国したアルジェリア人、シャフィク・ハマディの豊富な経験によるところが大きい。

玩具

成長する若年層市場は玩具産業にも機会を与えるが、アメリカや他の先進国とは様子がやや異なる。たとえば、シリアのメーカーが作っているイスラムの「フッラ」人形は、エジプトなどの北アフリカ地域で人気のある商品だ。「イスラム世界のバービー」とも呼ばれ、中東で最も売れている人形なのだ。一体一〇ドルという価格はこの市場ではまだ非常に高価なため、製造元のニュー・ボーイ・トイズは「フッラ・スタイル」という廉価版も発売した。同時に、シリーズ商品として他の人形を発売し、フッラの絵がついた弁当箱や傘など、さまざまなキャラクターグッズも展開している。(8)

アラブに三社あるうちの一社で、ヨルダンでは初となるコミック出版社アラニム・メディアファクトリーのような企業も、アラブの若年層向けに商品を開発している。創業者スレイマン・バヒトはアラブ人のスーパーヒーローがいないということに気づき、自らスーパーヒーローを創造したのだ。アフリカの若年層向けにも同じようなことができないだろうか。

二〇〇六年、世界の玩具市場でアフリカが占めていたのはわずか二%（金額ベース）に過ぎなかったが、前年からの伸び率は二〇%以上だった。(9)世界で最も成長が早い地域なのだ。マーケティングリサーチのＮＰＤグループによると、二〇〇六年のアフリカにおける玩具市場は約一五億ドル規模、子供の数は三億七四〇〇万人だった。二〇〇八年前半までに、トイザらスは南アフリカに五店舗以上の

ベル・グループがアルジェリアで展開しているチーズ商品。ベルは親へのアピールもあって、国内および国外商品の品揃えを確立した。

玩具店を展開していた[10]。アフリカ全土で増え続ける子供の数と可処分所得の増加を考えると、この市場はまだ発展し始めたばかりと言える。

教育における機会

若年層市場において増え続ける人口と膨らむ願望は、教育に対する驚異的なほどの需要を生み出した。これはジンバブエでエンベーが示したような小学校・高校の制服に対する需要だけではなく、大学に対する需要にも見られる。

教育のための新技術は、官民協力の功績もあって大陸中に普及しつつある。「アフリカ開発のための新パートナーシップ（ＮＥＰＡＤ）」は一〇年間でアフリカの一六以上の国に六〇万校のｅスクールを設立するプロジェクトを立ち上げ、手始めに二〇〇七年半ばまでに一二〇校を開校した。このプロジェクトは学校にパソコン、テレビ、ラジオ、電話などの情報通信技術（ＩＣＴ）機器を設置するのが目的で、ヒューレット・パッカードやマイクロソフト、衛星通信会社インマルサット、オラクル、シスコシステムズといった企業パートナーの支援を受けている[11]。学校はスキャナーやコピー機、衛星通信回線でインターネットに接続した通信端末を利用できるようになる。どこに住むアフリカの若者でも、世界経済に参加できるだけの知識と技術を身につけられるようにすることが目標だ。

ＭＩＴ創設者ニコラス・ネグロポンテの主導する「ワン・ラップトップ・パー・チャイルド（子供一人にパソコンを一台）」（laptop.org）は、世界の資源（この場合は低価格パソコン）をアフリカの生徒たちが使えるようにすることをめざしている。こうした非営利活動の他に、インテルの廉価パソコン「クラスメイト」のような営利目的のベンチャーもあり、こちらはナイジェリア、南アフリカ、ケニアの学校に設置されている。あるパイロットプロジェクトでは、パソコンの導入から三カ月で生徒の成績が二五％改善されたという結果も出ている。[12] 新技術は、限られたコンピュータ資源の強化にも活用できる。たとえば一〇〇万人以上の生徒がいる南アフリカのウェスタン・ケープ州では、一人一台のパソコンを導入した場合と比較してコストが一〇分の一に抑えられる、一台のパソコンを最大七人の生徒が同時に使えるというＮコンピューティング（www.ncomputing.com）の技術を試用した。この取り組みでは修理するパソコンの数が少ない分、管理費も低く抑えられる効果もある。[13]

巨大な若年層市場があれば、就学前教育にも機会がある。インドではすでに、キッズィーという企業が幼稚園や保育園に通う幼児のための児童センターチェーンを立ち上げて成功している。キッズィーはインド国内や世界中でも急速に拡大しつつある。アフリカは、このようなイニシアティブをまさに必要としている市場なのだ。

幼稚園、小学校、中学校での教育に加え、大学に対する需要も増え続けている。カイロの名門、アメリカン大学には七万人の科目履修生と一万二〇〇〇人の学部生が学んでいるが、近くにあるカイロ大学の生徒数は三五万人と、ちょっとした都市のようだ[14]。初級クラスのなかには七〇〇〇人もの生徒を抱えるものもあり、同姓同名の学生が複数いることも珍しくない。授業というよりは集会だ。それでも、需要に対して学校の数は不足している。

大学やビジネススクールがアフリカ中で増えつつあるとは言え、その量と質のいずれでも、アフリカは世界の他の地域に後れをとっている。二〇〇七年に上海交通大学が発表した世界大学ランキング五〇〇校に入っているアフリカの大学はわずか五校だ[15]（エジプトのカイロ大学、南アフリカのケープタウン大学、ウィットウォーターズランド大学、クワズル・ナタール大学、プレトリア大学）。

アフリカにあるビジネススクールの数は八〇校に届かず、二〇〇八年の『フィナンシャル・タイムズ』紙による世界MBAランキングの上位一〇〇位以内に入っているのは南アフリカのケープタウン大学（七一位）のみだ[16]。二〇〇五年一〇月、アフリカ一〇カ国のビジネススクールから二二名の学長や理事長がラゴスに集結し、国際金融公社による「グローバル・ビジネススクール・ネットワーク（GBSN）」の支援を受けて「アフリカ・ビジネススクール協会（AABS）」を設立した。GBSNディレクターのガイ・フェファーマンは新聞発表で、「より強力なビジネススクールは、アフリカ諸国の経済的成長に貢献する重要なツールとなりえます。この新しい組織は三つの側面におけるプロフェッショナル・ネットワーキングの機会を創出します。すなわち南北、南南、そして最も重要である、アフリカの学校間のネットワークです」と述べた[17]。

欧米のビジネススクールは、数年前に中国やインドに示したような関心を、アフリカに対しても持ちつつある。[18]アメリカの一流ビジネススクールがキャンパスにアフリカの教員らを招き、交換留学や学位プログラムを企画したり、アフリカで卒業生プログラムを開催したりしているのだ。

ニーズに応えるべく、新たなビジネススクールや大学も設立されている。二〇〇六年九月にカイロを訪れた際、アメリカン大学ではアメリカの一流校との連携により、インド商科大学院のようなビジネススクールを設立する第一段階にあった。一九九〇年代にはセネガルにアフリカ経営学院および国際経営学院が設立され、一九九一年にはナイジェリアにラゴス・ビジネススクールが、二〇〇三年にはケニアのナイロビに東アフリカ・カトリック大学が設立された。これらの学校は、その地域にふさわしいケーススタディの教本を作成すると同時に、世界の他大学からも学んでいる[19]。

チュニジアにある南地中海大学の一部である地中海ビジネススクールは、同国初の、民間かつ英語によるエグゼクティブＭＢＡを立ち上げた。オハイオ州立大学で博士号を取得した先見性のある教育者マハムード・トリキ教授は学校の設立にあたり、チュニジアの民間セクターからの投資と国外移住者の活用による相乗効果に気づいた。何千人ものチュニジア人がアメリカで工学などの学位を取得しているが、そのうち四〇%近くが帰国し、教育のための専門知識と支援をもたらす。トリキは、教員の過半数を欧米の大手ビジネススクールから招致するつもりだ。モロッコのイフランにあるアル・アハワイン大学は設立当時、モロッコ唯一のアメリカ式大学だった。その後独自のエグゼクティブＭＢＡコースを開設し、カサブランカにエグゼクティブ教育センターを開いた。これらはいずれも、大学とビジネス教育の不足を補う数多くのイニシアティブの一例に過ぎない。

新たに大学やビジネススクールが設立されていてもなお、高校を卒業して大学に入れるはずの若者の多くが、公立大学の募集枠が足りないため、大学に通えずにいる。アフリカ各地で問題となっている違法な大学の存在は、大学に対する需要がどれほど満たされずにいるか、その規模の大きさを示すものだ。ケニア教育省は二年間（二〇〇四〜二〇〇六年）で五校の違法大学を閉鎖した。こうした学校は酒場や宿屋、商業施設の傍に出現するのだ。[20]

ヨハネスブルグのCIDAシティ・キャンパスのような革新的な大学は、最貧困層の学生でもビジネススクールで学べるような新たなモデルを構築している。[21] CIDA（コミュニティおよび個人開発協会）は初の「ほぼ無料の」大学を自称しており、寄付された衣類のなかから学生が就職面接の際にスーツなどを借りられる「衣装ライブラリー」まで備えている。校舎、本、家具、コンピュータ機器もすべて寄贈品だ。CIDAは最近、南アフリカ南岸のナイズナに新たな学校を設立する計画を発表し、アフリカ中に同様のキャンパスを運営するための計画立案と人材教育を行う「複製《レプリケーション》センター」の設立のため、イーベイ初代社長のジェフ・スコールが創設した財団から一〇〇万ドルの助成金を受けた。同校は二〇〇五年に、起業家リチャード・ブランソンの支援を受けてブランソン起業スクールも設立している。アフリカには、若い人口の教育ニーズに応えるため、このような独創的なモデルがもっと必要だ。

P&G——社会的課題に取り組みつつ市場を創る

P&Gはフェミニンケア商品で市場を開拓しつつ、アフリカの若い女性たちが抱える重大な社会的問題や健康問題にも取り組んでいる。

学校の公衆衛生設備が不十分なため、あるいは生理のため、女子生徒はしばしば授業を欠席する。ケニアで実施された調査によると、一カ月に平均四日間は学校を休んでいるという。P&Gの生理用ナプキン「オールウェイズ」は、ザンビアやケニア、エジプトの少女たちを学校へ通わせる一助となっている。同社が展開する「オールウェイズ・キーピング・ガールズ・イン・スクール（女の子をいつも学校に）」キャンペーンは、その名のとおりの目的で立案されたものだ。二〇〇六年、P&Gは二年間で三二〇万個以上の生理用ナプキンをケニアの貧しい少女たちに寄付する計画を発表した。二〇〇七年には「プロテクティング・フューチャーズ（未来を守る）」プログラムを始動し、まずナミビアにある二つの学校でトイレの建設、教師の教育、無料のナプキン配布を行った。[22] また、地元NGOと手を結び、研究や奨学金の支援も行った。ほとんどの若い女性が生理用品をわずかな自分の金で買わざるをえないため、価格はできる限り低くなければならない。価格設定やパッケージが成功の鍵を握るのだ。P&Gは少女たちに教育を受ける機会を提供しながら、エジプトの生理用ナプキン市場の七〇％を獲得した。

フェミニンケア用品のマーケティングはどの市場でも気配りが必要だが、エジプトではそれがいっそう難しい。P&Gは女子生徒を対象とした教育プログラムを開発し、教材やサンプルを配布した。教育と「オールウェイズ」の宣伝を兼ねてP&Gが始めた「カラム・バナト（女の子のおしゃべり）」キャンペーンは、友達同士の会話を促進することを目的としている。教材にはサラ、ジャスミン、ファティマという、性格の異なる三人の少女が登場し、表紙に「わたしたちのひみつ」と書かれた小冊子と商品サンプルがセットになっている。冊子では、少女たちが健康や衛生について話し合う。三人のうち一人はベールをかぶっており、エジプトのさまざまなグループに属する女性が共感できるように描かれている。冊子を読んで疑問に思ったことを三人の少女の誰かに手紙で質問すると、返事が郵便で返ってくる。P&Gは、多くの少女たちの学ぶ機会を阻害している深刻な社会的課題に取り組みつつ、生理用品と自社製品の市場をつくっているのだ。

潜在能力をどう活かすか

アメリカで所得階層の上位三割に入っている親であれば、一人の子供が一七歳になるまでに二七万九〇〇〇ドルから一〇〇万ドル以上も費やす。[23] アフリカの大多数の親が使える金額はそれよりはるかに少ないが、子を思う気持ちは同じだ。つまり、所得が増え、経済が発展するにつれ、若年層にかけられる金額も増えるということだ。そして彼らアフリカの若者が成長して、消費者市場の未来を決定づけるのだ。こうした若者はどういったものを求めるのだろう。そして企業はどのようにして彼らを取り込めるだろう。

アメリカの有名司会者オプラ・ウィンフリーは、アメリカのスラム街の学校に寄付をせず、かわりに南アフリカの女子校設立のために四〇〇〇万ドルを寄付したとして批判を浴びた。それに対し、彼女は教育に対する南アフリカの生徒たちの姿勢がアメリカとは違うと反論した。「（アメリカの）子供たちに何がほしいか、何が必要か聞いてみなさい。ｉＰｏｄだのスニーカーだのがほしいって答えるわ」。ウィンフリーは『ニューズウィーク』誌の取材でこう語っている。「南アフリカでは、お金やおもちゃがほしいなんて言わない。学校に行きたいから制服がほしいって言うのよ[24]」

このような姿勢の違いは、アフリカの次世代の発展を促進する上で大きな役割を果たすかもしれない。慈善団体キャムフェッド・インターナショナルは（『フィナンシャル・タイムズ』紙、ソフロニー財団、スコール財団と協力のもと）、「アフリカの長期的な経済、健康、社会問題に」取り組む方法として、アフリカの少女の教育に投資するという活動を続けている[25]。

若年層市場は有望かもしれないが、それほどまでに人口が若いということには危険も伴う。アメリカの民間公益法人ポピュレーション・アクション・インターナショナルが行った研究によると、一九七〇～一九九〇年代に勃発した内紛の八〇％が、人口の六〇％以上が三〇歳未満だった国で起こっているという。こうした「若い」国家の一〇カ国中九カ国までが、独裁者に統治されているか、民主主義が確立していない[26]。ドイツ人の人類学者グナル・ハインゾーンは、一五～二九歳の人口が三〇％に到達した国は内戦などの紛争に陥りやすいと述べている。もっとも、先進国も同じような若者人口の急増を経て出生率の低下とさらなる繁栄への道を辿ってきた。

若者の潜在能力を生産的な市場へと変換させるには、それに適した状況と機会が必要だ。また、若者に影響を与える深刻な問題は多く、病気や女性器割礼、そして単純に十分な公衆衛生設備がないというだけでも、若者、特に若い女性の命が脅かされている。失業率の高さは、若者の多くが故郷を離

地域によって異なる世界観

モロッコ	性差がきわめて大きい。影響という観点からは若干ヨーロッパ寄り。宗教が家族の価値観の基盤となっている。
エジプト	かなり保守的。親の果たす役割はどの国よりも大きい。成功とはすなわち知的ステータスである。
ナイジェリア	西洋、特にアメリカの影響が強い。宗教はきわめて重要。成功とは物質的な幸福感と「親孝行」の両方を組み合わせたもの。
ケニア	愛国心が強く、アメリカ同調路線よりも「アフリカン・ルネサンス」に共鳴している。時事・社会問題（女性への暴力等）への関心が高い。
南アフリカ	文化的には細分化されているが、調和の取れた社会。物質主義的傾向。強い欧米の影響が、その後「現地化」する。将来に対して前向き。

れて世間で身を立てられずにいるという実情を表しているのだ。

こうした困難は多々あるが、若者は重要な市場だ。携帯電話会社ＭＴＮのウガンダ地域責任者を務めるチャールズ・ムビレは、二〇〇八年二月の『フィナンシャル・タイムズ』紙による取材でこう語っている。「私はビジネスマンです。私は幸せです。私の市場が成長しているからです」。同社は一九九九年のスタート時から登録者数を二五〇万人まで増やしており、利用者の平均年齢は二四歳から一七歳まで低下している[27]。

アフリカの若者は世界でもかなり楽天的な部類に入るだろう。親とは異なる方向に関心を持ちながらも、コカ・コーラが調査によれば、一九歳の典型的なアフリカ人は世界の他の地域に住む同世代に比べて、宗教的信仰に関しては保守的だという。親は、若者の人生でかつてないほど大きな役割を果たしてきた。その若者にとってのヒーローとなり、アフリカの若者が模範としているのは知的、芸術的、政治的リーダーだ。

モロッコの若者は、新国王を。ケニアの若者は、詩人や芸術家を。南アフリカの若者は、ネルソン・マンデラを。彼らのヒーローは、それぞれの国に特有の価値観によって決まる。楽観主義はアフリカの若者に共通しているかもしれないが、アフリカの異なる地域に暮らす若者は、それぞれ異なる世界観を持っている。前頁の図は、いくつかの主要市場における価値観や視点の違いを表したものだ。

未来の市場、殊に若年層市場がどこにあるかを見つけるのは、そう難しくはないはずだ。アフリカの若年層市場にはそれなりの困難や危険が伴うが、その成長と楽観主義は幸先が良いものだ。「ああいった楽観主義があれば、あと一〇年でどのような経済が創り出せるか、考えてみてください」。ヨハネスブルグで調査の概説中に、コカ・コーラ・アフリカのラーニャ・スタネクはこう言った。「彼らは、人生は一回限りだから、それを有効に使わなければいけないという感覚を持っているのです。彼らが自分を信じる心は本当に強いものです」。若者は、自分たちの助けがあれば、この大陸が親の暮らしてきた時代とは大きく変わっていくのだということに気づいている。彼らチーター世代は成功する市場を創出し、参加している。そしてこの市場こそが、アフリカの未来なのだ。

- どうすればアフリカの若者市場におけるチャンスを見つけられるだろうか。
- 言葉、音楽、スポーツを通じて、どのように若者たちと通じ合えるだろうか。
- アフリカの乳児や子供、そしてその親に自社はどのようなサービスを提供できるだろうか。
- 病気や貧困など、若者が直面する真の困難に、どのように取り組んでいけばよいだろうか。

第7章 こんにちはノリウッド——メディアと娯楽の市場

アフリカのテレビが国営放送を二チャンネルしか受信できなかったのは、もう遠い昔の話だ。いまや衛星、ラジオ、インターネットなどの各種メディアが、爆発的に増えつつある携帯電話と共に拡大を続けている。「ノリウッド」と呼ばれるナイジェリア映画だけでなく、アフリカ各地で映画の拠点が成長し、世界に認められるようになってきている。建物の壁を飾る広告から地方のイベントまで、大陸の最奥地へもメッセージを伝える独創的な方法は、いくらでもあるのだ。

二〇〇六年七月のある晩にカイロで会ったＡＳＡＰフィルム・プロダクションのアミン・マスリは、そのときも病院の急患に対応するべく部屋を出るところだった。彼は医者ではない。数々のヒット映画を撮影した監督で、現在はアメリカ人プロデューサー、ジョセフ・ジトー（『血染めのマンハッタンＮＹ殺人案内』や『一三日の金曜日・完結編』の監督・制作者）と組み、アラビア語版『ＥＲ　緊急救命室』

とも言うべき新作病院ドラマを手がけているのだ。マスリと彼のパートナーたちは、この新シリーズをエジプトおよび中東で放映することに関心を寄せている衛星テレビ局二社と交渉中だった。

彼のオフィスにあるテレビの脇には、アメリカの本家『ER』のビデオテープが並んでいた。テレビの上には映画『スカーフェイス』の古いポスターが貼ってあった。テーブルに置かれた銃を見つめるアル・パチーノの姿は、エジプトと南アフリカで撮影されたマスリの初期のヒット作『マフィア』を彷彿とさせる。この映画はずば抜けた制作品質と興行成績で、ライト・コメディが優位を占めていたエジプト市場でもアクション映画が成功できることを証明してみせた。商業的にも大成功し、制作費の倍近い三〇〇〇万ドルの利益を上げたのだ。

エジプト映画産業は六〇〇〇万～七〇〇〇万ドル規模で、アフリカではナイジェリアのノリウッドに次ぐ規模だ。グッド・ニュースやアルアラビヤ、エルマサ・オスカーなどの制作会社からの投資がエジプト映画の予算を吊り上げていった。また、ヨーロッパで制作を行った結果、品質が向上し、世界市場への進出も果たせるまでになった。平均的なエジプト映画の制作費は一〇〇〇万～一五〇〇万ドルだが、制作価値の高い新作映画にはその二倍近い予算がかけられる。それでもまだ、四〇〇〇万～五〇〇〇万ドルもかかるアメリカ映画に比べれば安いものだ。予算の水準が引き上げられたのは、エジプト人作家アラア・アスワニーの人気小説を映画化した二〇〇六年公開の『ヤコービアン・ビルディング』や、人気エジプト人歌手アブデル・ハリム・ハフェズの人生を描いたマスリの監督作品『ハリム』のような映画のためだった。

コメディアンのマハムード・サアドが主演した『アル・リンビー』のように、エジプトで人気を集める映画の多くはいまだに低予算のどたばたコメディ中心ではあるが、トライベッカやカンヌなど、世界の映画祭で批評家の称賛を浴びるような芸術性の高い映画も作られている。マスリはいつかエジプト映画が、それも場合によっては自分の作品が、アカデミー賞最優秀外国語映画賞を受賞する日を心待ちにしている。

アフリカは「メディア未開大陸」ではない。エジプト、ナイジェリア、モロッコ、南アフリカ、セネガル、チュニジアなどアフリカ各地の国産映画産業から、衛星テレビ、ラジオ、新聞の普及、携帯電話や高速インターネットの台頭、いたるところに掲げられた広告板まで、メッセージを発信する手段はいくらでもある。同時に、安定した電力や技術が得られない僻地では、企業は移動車両やディスクジョッキー、公開イベントを活用して市場にメッセージを届けている。こうしたメディア手段の中に機会がある。そして、アフリカで宣伝やブランド化を行う上で予想外の機会も生まれるのだ。

ノリウッド

アフリカでの本格的な映画制作は、もう半世紀近く前から活発に行われている。作家で映画制作者でもあったセネガルの故ウスマン・センベーヌは、一九六〇年代にアフリカを題材にアフリカで映画を制作したことから、「アフリカ映画の父」と呼ばれている。センベーヌの映画は普通の人々の生活に焦点を当て、外国郵便為替の影響、近代化と伝統的生活との対立、一夫多妻制、植民地主義、人種差別、女性器割礼の慣習など、明らかにアフリカ的なテーマを取り上げていた。センベーヌが映画に携わったのは、本人いわく、それが身近で、「アフリカのどんなへんぴな村にでも持っていけるから」だった(1)。

この本格的な映画制作の伝統は現在も続いており、南アフリカの『ツォツィ』などは、南アフリカにおける映画制作の新時代到来とまで言われた。原作は南アフリカ人作家アソル・フガードの小説で、同じく南アフリカ出身のギャヴィン・フッド監督がメガホンを取った。南アフリカの黒人居住区に住む若いチンピラが自動車強盗を働いた際にうっかり誘拐してしまった赤ん坊を引き取ることになるという物語だ。南アフリカとイギリスの共同制作によるこの映画は、二〇〇六年のアカデミー賞最優秀外国語映画賞を含め、数々の賞に輝いた。そして南アフリカ国内で公開が始まると、興行成績の記録を塗りかえた。

アフリカは優れた芸術に多く貢献している（オマー・シャリフやシャーリーズ・セロンのような名優もその一例だ）。そして今、アフリカ映画最大の商業効果を上げているのはおそらくノリウッドだろう。ノリウッドは偶然の産物だった。一九九二年、ナイジェリア人貿易業者ケネス・ヌネブエは、台湾で仕入れた空のビデオテープを大量に売りさばこうとしていた。そして、空のままよりは何か映っていたほうが付加価値をつけられるかもしれないと思いつき、『隷属に生きる』というタイトルの映画を撮影した。ある男が富と権力を手に入れるためにカルト宗教の儀式で妻を殺害し、妻の亡霊に祟られるようになるという筋書きのこの映画は予想外にも、ヌネブエのビデオテープと共に七五万本も売れ、追随者を生んだ。ここに、ノリウッドが誕生したのだ(2)。

この幸運な偶然の結果、**ナイジェリアの映画産業はいまや収益ベースで推定二億～三億ドルの規模**

にまで成長している。年間二〇〇〇本を超える制作数はハリウッドよりもボリウッド［インド・ムンバイ（旧ボンベイ）の映画産業のこと］よりも多い。

もっとも、ノリウッドがハリウッドに張り合えるのは制作本数までだ。ノリウッド映画は低予算である上にプロットは底が浅い。派手な特殊効果もなければ音質が良いわけでもなく、看板俳優など数えるほどしか出てこない。それでも、何百万人ものファンが新作を待ちきれずにいる。映画館が少ないこの国では、映画は直接ビデオ化される。大抵の映画がデジタルカメラを使って数日間で撮影され、三分の二が英語で制作されている。

映画の題材に取り上げられる呪術や黒魔術は、時としてナイジェリアの恥と見なされる。人肉食について描いた一九九八年の映画『憎き故郷』では、主演のエメカ・アニが人肉とおぼしき肉をかじる姿がパッケージに印刷されている。また、別の映画では、嫉妬心の強い女性が恋人を縮めて瓶に閉じ込めてしまう。制作側は、こうした映画も、魔術を使った者が最後には罰を受けたり、キリスト教により救済されたりするなど、道徳的メッセージを持つものが多いと主張する。伝統的信仰と近代的信仰が折り重なり、メロドラマをたっぷりと盛り込んだ映画は、市場に対する深い理解を反映しているのだ。

ノリウッド映画の芸術的価値については批評家の間で議論が分かれるかもしれないが、その経済的成功について反論できる者はいないだろう。映画の制作費は一万五〇〇〇～一〇万ドル程度で、銀行や政府からの投資などはほとんどないため、映画産業は自立している。大規模なスタジオや映画学校などないままに興った産業なのだ。ナイジェリア国内では約一〇〇万人が制作・配給に携わっており、

雇用人数では農業に次ぐ大規模産業だ。撮影の大半が行われるラゴスのスルレレ地区では、役者の卵たちが酒場でたむろし、オーディションの掲示板の周りで思案している姿がよく見られる。

ノリウッドの活況は、先進国市場の企業には思いもつかなかっただろう。多額の予算を投じた大ヒット映画をシネマコンプレックスで上映して、教養のある映画評論家に見せることに慣れている典型的なアメリカの映画制作者にとって、ナイジェリア市場は荒地にしか見えない。ハリウッドは、知的財産侵害の可能性に大きな懸念を抱いている。ノリウッドの場合、収益の約半分が海賊版のために失われていると言われる。だが、これはいわば事業を行う上での必要経費なのだ。

ハリウッドから見たノリウッドは、普通の銀行家から見たマイクロファイナンスほどに理解に苦しむものだ。収益性の高い市場であるはずがない。ところが現実には収益を上げている。ビジネスモデルが違うからだ。そしてこのモデルはナイジェリアではうまくいく。しかも、非常にうまくいくのだ。インドの映画制作者はこの状況を理解しており、ボリウッド映画もアフリカでは人気を呼んでいる。中にはモーリシャスや南アフリカなど、アフリカで撮影されたボリウッド映画もあり、ボリウッド映画の授賞式がアフリカで開催されたこともある。

映画館らしからぬ映画館

二〇〇五年にナイジェリアで行われた調査によると、一〇人中九人が映画館に行ったことすらないと答えている。しかし、注意深く見てみれば、ナイジェリアにはもう数多くの映画館がある。ただ、映画会社が見慣れた映画館とは似ても似つかないというだけだ。**ナイジェリアやアフリカの他の地域では、映画館といえばレストランや一般家庭に設置されたDVDプレーヤーか、ビデオプレーヤーつきのテレビのことだ。**映画は一本二ドル一五セント程度で販売され（一作品が平均五万本売れる）、このような非公式な映画館で安い入場料を取って上映される。従来型の映画館が少ないからと言ってノリウッド映画産業が停滞するようなことはないが、そうした映画館もできつつある。二〇〇七年にはナイジェリア国内に五〇軒の新型映画館を建設する計画が持ち上がっていた。エジプトなどのより裕福な国では、すでに一〇代の六六％が「よく映画館に行く」と答えている。

民家映画館の他に、アフリカ映画はテレビでも放映され、ノリウッドをナイジェリアからさらに広い範囲へと届けている。たとえば南アフリカの衛星テレビ会社マルチチョイスは、ナイジェリア映画だけを放送する専門チャンネルを提供している。イギリスのゼニス・フィルムスは二〇〇八年初頭に、メディア王ルパート・マードックが所有する有料テレビ放送、ブリティッシュ・スカイ・ブロードキャスティング（BスカイB）で「ノリウッド・ムービーズ」チャンネルの放送を開始した。アメリカでは、ノリウッド映画は在外アフリカ人やファンが飛びつく数百万ドル規模の産業となっているが、その大半が海賊版だ。私はテキサス州オースティンで、ナイジェリア人家族が経営するアフリカ系雑貨店でノリウッド映画をレンタルすることができた。

カメラはアフリカ中で回っている。南アフリカのウェスタン・ケープ州（ケープタウンを含む）の映画産業が二〇〇六年の南アフリカ経済に少なくとも三五億ランド（四一七億円）貢献したという、ケープ映画委員会による調査結果もある。[3] 二〇〇七年七月にはボツワナでも、全編が国内で撮影される作品としては初となる大型映画の撮影を開始した。ジンバブエ生まれの作家アレグザンダー・マコール・スミスのベストセラー小説『ナンバーワン・レディーズ探偵社』の映画化で、舞台はボツワナだ。監督はアンソニー・ミンゲラ、資金はボツワナの支援を受けてワインスタイン・カンパニーが出している。(4) ボツワナの映画産業はまだ動き出したばかりだが、地元観光業者の中には従来の野生動物を見るサファリに加えて、文学ツアーの企画を始めた者もいる。(5) 在外組もアフリカの映画制作に貢献している。アルジェリアから一家でフランスへ移住したラシッド・ブシャールは、第二次世界大戦で戦うべくフランスに渡ったアルジェリア人兵士を描いた映画『先住民族』を撮影した。チュニジアにも、小規模ながらも活気に満ちた映画産業がある。

モロッコで会ったシグマ・テクノロジーズのアリ・ケッタニは、モロッコでは政府自らが軍隊や機材、その他諸々の支援をしてくれるため、映画制作の人気スポットになっていると話していた。映画制作者たちがこの国を訪れては『グラディエーター』、『ブラックホーク・ダウン』、『サハラに舞う羽根』や古典『アラビアのロレンス』などの世界的ヒット映画を撮影してきた。また、低予算ながら国内にも制作会社がある。シグマ社はベルベル語で制作された国内向け教育番組『ヤズ』など、数々の番組制作に携わっている企業だ。モロッコのベルベル人の多くは、フランス語を解さない。外国映画でさえ、非公式にベルベル語版が作られているものがある。その一つがドリームワークスのヒット映画『シュレック』だ。「シュレックがベルベル語を喋るなんて信じられますか?」ケッタニは私にそう聞いた。シグマは公衆電話やその他のメディア向けの広告開発も手がけている。

二〇〇七年六月、イギリスのシェフィールドで開催されたボリウッド版アカデミー賞、国際インド映画アカデミー賞の授賞式には、一万二五〇〇人の観客と一一〇カ国五億人の視聴者が釘付けになった。アフリカの映画市場もこのようになるのはいつのことだろう。それほど先の話ではあるまい。二〇〇七年三月にはブルキナファソの首都ワガドゥグで、アフリカのアカデミー賞とも呼ばれるワガドゥグ全アフリカ映画祭（FESPACO）が開催された。アフリカ版のオスカー像にあたる、ガーナの伝説に登場する跳ね馬を模した金の彫像「イエネンガ・スタリオン」を獲得しようと、アフリカ中の映画制作者が集結した。ボリウッドはインドの映画祭をインド人移民が住む世界各地で開催している。アフリカの映画制作者たちも同じようにするべきだろうか。インドのリライアンス・エンターテインメント社は、アメリカに住むインド人をターゲットにボリウッド映画を上映するべく、アメリカの二八の都市に点在する二〇〇軒以上の映画館を買収した。アフリカの企業も、ノリウッド映画で同じことができるだろうか。

ハリウッドはボリウッドの将来性を見出し、ソニー・ピクチャーズ・エンタテインメントなどの映画会社はオリジナルのボリウッド・ミュージカルを制作しているし、ディズニーも劇場興行収入の約九五％を占める巨大な国内市場への配給を目的に、インド国内でアニメ映画を制作している。ボリウッドの映画会社は株式を公開し、さらにロンドンの新興企業向け市場AIMでも資金を集めている。ナイジェリアやエジプトにおける映画の大きな国内需要を考えると、同様の機会がアフリカの映画制作者たちにもあるのではないだろうか。[6]

ノリウッドが近い将来に大規模な国際映画祭で賞を取るような映画を生み出す可能性は低いが、ナイジェリア移民たちが設立したロサンゼルスのノリウッド基金のようなイニシアティブが、長期的には状況を変えていくかもしれない。ナイジェリアでは大規模なスタジオが続々と建設されている。アフリカからはナイジェリアでユニリーバの石鹸「ラックス」の広告に登用されているジュヌヴィエーヴ・ナジや、エジプトで「ラックス」の広告塔を務めるエジプト人映画スター、モナ・ザキのように傑出したスターも輩出されている。ナジの主演映画『三〇日』(*30 Days*)はアメリカのネイティブ・リンガ・フィルムとナイジェリアのテンプル・プロダクションが共同制作した作品であり、こうしたスターや映画が先進国市場で魅力を増しつつあることがわかる。

テレビとラジオ

一〇年か二〇年前、ほとんどのアフリカの国では、国営放送が一チャンネルか二チャンネルあればいいほうだった。**現在、アフリカの視聴者の中には何百というチャンネルにアクセス可能な者もいる。携帯電話と同様、衛星テレビやラジオは国内で新たな配線を行う必要がなく、ほぼ大陸全土で受信することができる。**

一九八六年、南アフリカで新しい衛星テレビサービス「Mネット」(現「マルチチョイス・アフリカ」)が始まった。同社によれば、アメリカを除く世界で初めて有料テレビ放送を行った二社のうち一社なのだそうだ[7]。マルチチョイスのDStvサービスは南アフリカからスーダン、セネガルまでの広範囲にわたり、それぞれの地方向けにカスタマイズされたサービスを提供している。南アフリカだけでもDStvの加入者は一四〇万人にのぼり(二〇〇七年三月時点)、七〇以上の動画チャンネル、四〇以上のCD音質の音楽チャンネル、二八のラジオチャンネル、そして六以上の双方向チャンネルを二四時間放送している。

私がジンバブエでボリウッド音楽を聴く際にチャンネルを合わせていたワールドスペース衛星ラジオ放送は、アフリカのほぼどこでも受信できる。アメリカでXM衛星ラジオ放送網の設立に助力したエチオピア生まれのノア・A・サマラが一九九〇年に立ち上げたワールドスペースは、アフリカ全土およびアジアの多くの新興市場におけるデジタル衛星ラジオの先駆者だ。番組は幅広く、スポーツ、教育、宗教系番組も提供している。ニュースはCNN、BBC、NPRなど、音楽番組はロックからカントリー、R&B、ヒップホップ、クラシック、ワールドミュージックとさまざまだ[8]。CNBCは二〇〇七年六月にアフリカの一四カ国を対象とした初の二四時間放送ビジネスチャンネル「CNBCアフリカ」をヨハネスブルグで開始し、DStvの衛星番組に載せていた同社のヨーロッパ向け放送に替わるチャンネルとなった[9]。

ブルキナファソでは、フランス語の国産ホームコメディ『アブーの新たな王国』の時間になると、国中がほぼ休業状態になる。ここは一人あたりのGNPがわずか四〇〇ドルという国だ。番組は二人の妻と大勢の子、そしてアフリカ人の愛人を持つイスラム教徒アブーを主人公にした、複雑な筋書きのメロドラマだ。アブーが出張先のスイスで作った愛人までが、彼に会うためにブルキナファソへやって来てしまう。この連続ドラマは一話あたりの制作費が約八〇〇万CFAフラン（約一六四万円）で、スポンサーはカナル・フランス・インターナショナルと国内の携帯電話会社テルモブ、また国営テレビ局の支援を受けている[10]（ちなみに、二〇〇六年のアメリカの連続ドラマは、初年度の制作費が一話あたり推定二八〇万ドルだった）。制作側はこのドラマをベナンなどの近隣フランス語圏に輸出し、さらには中国での放送にまで期待を寄せている。[11] アメリカの人気ドラマ『フレンズ』にはほど遠いが、使用言語、宗教から題材まで、ブルキナファソ市場の視聴者に訴えるものがあったことは間違いない。

ナイジェリアでは、国内で制作された『スーパー・ストーリー』のような人気メロドラマが多くの視聴者を引き寄せ、同時にユニリーバなどのスポンサーも引きつけている。私が教えている学生の一人がナイジェリア出身で、『スーパー・ストーリー』で宣伝されていた特定の日用品が品薄だったことを母親が覚えている、と話してくれた。**いまやナイジェリアには一四〇を超えるテレビ局がある。九〇のラジオ局と九〇以上の新聞、四〇以上の雑誌がある。さらに一一二社の屋外広告会社が二万枚以上の広告看板を出している。アフリカにはテレビやＤＶＤ、ビデオの巨大な市場があり、それはアフリカ１、アフリカ２のみならず、アフリカ３セグメントにも及ぶのだ。**

ケニアでは、ユニリーバが人気ラジオＤＪや活性化イベントを活用して製品のプロモーションを行っている。たとえばニエリ地区では、地元の料理人たちがユニリーバの固形コンソメ「ロイコ」を使った料理に挑戦するイベントが開催された。ラジオＤＪが参加者への取材を行い、生中継されるイベントを見るために大勢の人々が詰めかけた。二〇〇六年三月にイベントが開催されてから三カ月以内で、ニエリ地区でのロイコの売上は二五％も増加した。ＦＭラジオ局が四四もあるケニアでは、ラジオが最も地方に強いメディアだ。それに、テレビとは違い、ラジオなら停電のときにも電池や手動クランクで聴き続ける事ができるという利点もある。

小さな画面

携帯電話の数は多いが映画館の数が少ないこの大陸では、必然的に、いきなり小画面へと飛躍することになるようだ。

衛星テレビサービスを基盤として、DStvモバイルは二〇一〇年に南アフリカで開催されるサッカーのワールドカップに間に合わせるべく、モバイルテレビ放送を携帯電話に配信する技術のテストを行っている。ラゴスに拠点を置くアフリカの携帯コンテンツプロバイダ、Mテック・コミュニケーションズは（MTN、グロー、セルテル、サファリコムといった大手携帯電話会社との連携により）、アフリカ中の何百万という携帯電話加入者とつながっている。Mテックは、ナイジェリア人シェリ・ウィリアムスとチカ・ンウォビが、アメリカとイギリスでコンピュータ科学の学位を取得した後に帰国して二〇〇一年に設立した会社だ。二〇〇五～二〇〇六年期、同社はイングランドのサッカーリーグ、プレミアリーグに的を絞ったSMS（ショートメッセージサービス）を展開して五〇〇万人の加入者を獲得した。利用者はワールドカップの勝利チームを予測して懸賞に応募したり、アフリカのどこにいてもプレミアリーグの速報を動画や写真つきで受信したりできる。ナイジェリアおよびガーナのMテック加入者は、自分の携帯電話からイギリスの人気視聴者参加ゲーム番組『ザ・ミント』に参加することもできる。

二〇〇七年八月、ナイジェリアは利用者が携帯電話で直接CNNやスーパースポーツなどのDStvチャンネルを受信できる、初の商業モバイルテレビ放送を開始した。携帯端末向けデジタル放送

（DVB－H）規格を採用しているため、ナイジェリアの利用者は世界最先端の携帯技術を手に入れることになる。この小さな画面への映画監督たちの注目の表れとして、南アフリカのケープタウンでは二〇〇七年八月に第一回モバフェスタが開催され、最も優れた携帯電話向けのドキュメンタリー映画に賞が贈られた。

ルワンダでは、携帯電話は医療に活用されている。アメリカの企業ボクシーバが構築したシステムを使い、僻村の医療従事者は現場から携帯電話を使って診断書を直接送信できる。このシステムにより、HIV／エイズの患者の経過観察を行い、国内三四〇カ所の診療所のうち七五％をつないで合計三万二〇〇〇人の患者を診ることが可能になっている。[12]ショートメール、音声メッセージ、インターネットからの入力にも対応可能だ。診療所はシステム経由で検査結果や薬品のリコール警告などを受信することもできる。

携帯電話は農業の形も変えつつある。二〇〇七年にセルテル・ザンビアとザンビア全国農民組合（ZNFU）は、小規模の商業農家向けに商品相場の通知サービスを開始した。これは携帯電話で商品価格などの情報が得られるサービスだ。農家はたとえば「メイズ」と書いたメールを指定の番号宛てに送信し、ZNFUから現在の価格を返信メールで受け取る。それをもとに価格交渉を進められるようになるのだ。[13]

携帯電話は広告の新たな手段も提供する。たとえばギネスが二〇〇六年にラゴスで「ギネス・エクストラ・スムース」を発売した際、同社は携帯電話でトレンドリーダー層の人々に連絡し、市内各地の酒場へと招待した。招待客は携帯電話に届いた招待状を見せれば会場に入れるという仕組みだ。こうしたプロモーションにより、ギネスは初年度でこの新製品を一〇〇万ケース売ることに成功した。煩雑な郵便発送作業に苦労する必要はない。携帯電話の急速な普及により生まれた顧客へ直接届けられる広告には、まだまだ数多くの機会がある。

携帯電話は、ナイロビのカメラピックスが制作を進めている、初の全アフリカ二四時間ニュース専門チャンネルの基盤にもなっている。これは一時間ごとにニュースを放送するテレビチャンネル、「A24メディア」の成功をもとにしている。携帯端末はアフリカ中にニュースを伝えるだけでなく、取材力も向上させているのだ。アフリカニュースは記者のネットワーク拡大に携帯電話を活用している。携帯電話レポーターは、自分の地域で起こっている最新の出来事について、携帯電話を使って映像を制作し、記事を書き、写真を撮影する。携帯電話を持ったレポーターは、ワンマン取材チームとなりうるのだ。

活字とオンラインメディア

活字メディアとオンラインメディアもアフリカ中で急速に拡大を続けているが、その読者層は、多くの地域でいまだにアフリカ1および2の消費者セグメントがほとんどだ。セネガルで二〇〇七年に会ったとき、ポリ・クローム出版の社長を務めるカリム・アティエはフランス語圏アフリカ向けに新しい雑誌を刷っているところだった。雑誌のタイトルは現地のウォロフ語のスラングで「格好良い」を意味する『チョフ』という。父親の代にレバノンからセネガルに移り住んだアティエの手元にはパリから届いた雑誌が山積みになっているが、それらはすべてフランスでの生活に特化したもので、北アフリカには関係のない内容ばかりだ。『チョフ』は隔週で発行され、一冊二ドルで二万五〇〇〇部ほど売れている。

同国の世帯数は約二〇〇万だが、そのうち四万世帯程度が最高所得者層に属するとされ、『チョフ』は早くもアフリカ1を経てアフリカ2へと浸透しつつある。読者数は販売部数の五倍から一〇倍いると推定されるため、二万五〇〇〇部の雑誌が二五万世帯にに読まれている可能性があるということだ。広告の価格は読者数に基づいて決まるので、回し読みされればされるほど良い。こうした類の雑誌は四年前には存在しなかったかもしれない。アティエは二〇一〇年までに発行部数を五万部まで増やせると見込んでいる。

『アフリカン・ビジネス』のような雑誌やビズコミュニティ・ドットコムのようなウェブサイトの成長に伴い、活字およびオンラインメディアも拡大を続けている。アフリカにおけるブロードバンド・インフラの強化は、通信機能改善の基盤を築いている。先見の明がある企業は、この基盤の上に事業を築いているのだ。

アフリカ全土にマーケティングコミュニティを作り上げる

ビズコミュニティは、六年ほど前に南アフリカでマーケティングニュースレターの発行を始めた。この活動への関心がアフリカ中で高まり、アフリカのブロードバンド・インフラが強化され始めたため、創業者たちはアフリカ全域を対象にした『ビズコミュニティ』ニュースレターの発行とウェブサイトを二〇〇七年に開始した。そして、広告、マーケティング、メディア産業では南アフリカ最大のオンラインコミュニティへと成長したのだ。

開始から三カ月後、無料のニュースレターの購読者数は一万四〇〇〇人となり、二〇〇七年後半にはオンラインユーザー数が二八万人を超え、毎月一〇〇〇人ずつ増える勢いを見せた。ニュースレターにはアンゴラ、アルジェリア、ボツワナ、コートジボワール、エジプト、ガーナ、ケニア、モーリシャス、モロッコ、モザンビーク、ナミビア、ナイジェリア、セーシェル、タンザニア、ウガンダ、ザンビア、ジンバブエなど、アフリカ中の関心が集まった。さらに、私自身も含め、アフリカ大陸外の読者も続々と引き寄せた。

「テルコムSAによるアフリカ・オンラインの買収は、ブロードバンド性能の向上を敏感に示すものです」ビズコミュニティのCEOロビン・パーカーは、二〇〇七年六月に行った取材でこう語った。

「この買収と携帯電話利用の爆発的増加により（二〇一〇年までにアフリカ人の半数が携帯電話を所有する）、従来のように南アフリカを単独でとらえるよりも、まずは大陸全体を眺めてみる時期が来たと考えたのです。今後はアフリカの包括的マーケティングネットワークを構築し、大陸各地で会議を開催しようと計画しています」

こうした事業によって、パーカーはアフリカ全域における事業の成長と大陸が持つ利点に対する、独特な視点を持つようになった。「何か新しいことを始めるにあたってこの大陸が持つ利点の一つが、跳躍力です。アフリカは世界中のどこかで生まれた最優良事例を活用し、さらにその上の段階へと進むことができる。二番手に甘んずることはないのです」

新しいメディアが続々と生まれるなか、成長を続けるアフリカ2の消費者セグメントに的を絞ったものは特に多い。南アフリカでは、二〇〇二年に創刊されたヨハネスブルグのタブロイド紙『デイリー・サン』がアフリカ2に注力し、二〇〇七年には発行部数を五〇万部にまで増やした。創業者である発行人のデオン・デュ・プレシスは『ウォールストリート・ジャーナル』紙の取材に応え、「これは一九五〇年代（のアメリカ）に見られたような始動の時期なのです。（中略）莫大な財産を築く機会があります」と語っている。(14)

壁に口あり

衛星、ラジオ、携帯電話、出版物、その他多くの媒体が、アフリカで収益性の高い事業を生み出し、大陸中にメッセージを発信する機会を提供してくれる。いまや通信技術の及ばない地域は大陸の中でもほとんどないが、有線に関して言えば、特に農村部では、まだ普及が進んでいない。それでも、メッセージを伝える手段はある。

ラゴス郊外の農村では、家屋の外に面した壁はすべてコカ・コーラもしくはペプシのロゴに覆われている。**メディアの少ない田舎では、建物自体がメッセージとなるのだ。**「壁広告」は広告看板のスペースを買うよりも安く上がる。ケニアでは、広告看板は年間一二〇万ケニアシリング（一四六万円）かかる場合もあるが、壁広告であれば三〇センチ四方がたった二五シリング（三〇円）分のペンキ代だけですむ。通常、広告主は壁の所有者に代金を支払う必要はない。所有者のほうは壁にペンキを塗ってもらえる上に無料で補修までしてもらえて、満足しているのだ。

創造力と起業家精神は、アフリカにおけるインフラの弱点をほぼすべて克服できる。リベリアの首都モンロビアでは、市内の大通りに置かれたぼろぼろの黒板を使って、アルフレッド・サーリーフが毎日人々にニュースを伝えている。この一四年間、公共電力が途絶えたままの町で、サーリーフの黒板はニューヨークの電光掲示板と同じ役割を果たしているのだ。彼は黒板に書いた論説のために投獄されたこともある。それでも、書くことをやめようとはしない(15)。起業家精神に満ちたイニシアティブがあれば、アフリカで手の届かない場所などないのだ。

他人の眼

商品のパッケージも、重要な広告媒体の一つだ。南アフリカの黒人居住区の家庭では、ユニリーバのクレンザー「ハンディ・アンディ」（他の地域では「ジフ」として売られている）が、訪れる客に見えるように流し台に置かれていることが多いという。ぴかぴかの調理器具も陳列するように並べられている。自宅でも商品を宣伝したくなるほど、南アフリカ人にとって清潔感とはステータスを誇示するための重要な要素なのだ。こうして、パッケージは商品の広告となる。

「他人の眼」という意識は、商品の購入と使用において非常に重要だ。南アフリカのディアジオ、ハイネケン、ナミビア・ブルワリーズによる合弁事業、ブランドハウスの調査グループは、消費者が「ジョニー・ウォーカー」などの高級飲料を購入して自宅で消費することなど、考えることすらめったにないという事実を発見した。同社のシャロン・キースはこう語る。

「消費者は、誰の目にも触れないところで〝ジョニー・ウォーカーを飲む〟というステータスを浪費することを好みません。必ず酒場に行って、大勢の人が見聞きできる場所で飲むのです」

コカ・コーラの「リムカ」や「スプライト」といった商品、そしてペプシの「マウンテンデュー」や「ミランダオレンジ」はナイジェリアでパッケージを変更して成功した。ギネスも、「ハープ」ビールを新デザインのボトルで再発売して成功している。メディアの乏しい農村部では、パッケージは目立つものだ。小売店は商品を売るだけの場所ではなく、ブランドを紹介する場でもある。

ラゴス郊外の診療所で、子供を医者に連れて行くためだけに着飾って村からやってきた女性を見かけた。エジプトの農村部では、住民は崖から衣服を吊るして見せびらかす。P&Gはこの「他人の目」意識を利用し、洗剤「アリエール」の広告キャンペーンには妻が衣服をすみずみまで清潔にしてくれることに感謝する夫の姿を描いた。「アリエール」は二〇〇六年にはエジプトの市場シェアの四〇％以上を獲得し、業界トップの商品となった。

食われたドル——意外な高度技術

アフリカの市場は欧米人が評価するよりもずっと技術的に進歩している。その好ましからざる実例が恥ずべき「ナイジェリアからの手紙」、別名「四一九事件」で、疑いを持たないアメリカ人被害者から推定七億五〇〇〇万ドル（ことによると数十億ドル）も巻き上げたインターネット詐欺事件だ。メールの内容はおおむね、ナイジェリア（もしくはザイールやブルキナファソ）の某大富豪が大金を海外に送金しなければならないので、貴殿の口座を貸してほしい、というようなものだ。アメリカ人投資家は送金額の二〇％から四〇％、大抵の場合は数百万ドルにものぼる金額を謝礼として約束される。ところが投資家は事務手続きを行わなければならず、現地の役人に賄賂として渡す金を要求されたり、手付として特定の銀行へ入金を要求されたりする。

ナイジェリアからの送金が届くことはなく、詐欺師は被害者が前払いした金を懐に入れてしまう。ンケム・オウォが歌うナイジェリアの流行歌「あんたのドルを食ってやる（I Go Chop Your Dollar）」は、先進国から金を盗む「ロビン・フッド」たちを称賛する内容だ。このような詐欺事件は被害者にとっては悲劇だし、ナイジェリア刑法第四一九条（別名の由来）に従って明らかに違法だが、ナイジェリアにおけるコンピュータ能力と技術の高さを示すものでもある。実際、このような詐欺がここまで成功した理由の一つは、人間の欲深さを別にすれば、被害者がみな、アフリカの詐欺師たちの持つ技術の高さを過小評価していたからだ。

アフリカでどれほどインターネットが普及しているかを示す、もう少し実際的でよい例を挙げよう。

私はアフリカ各国への出張手配を、ほぼすべてインターネットと電話だけで済ませることができた。航空会社でフライトを予約し、ホテルを手配し、運転手と車を確保した。ATMは主要都市ならどこにでもあった。たしかにインフラは完全とは言い難く、英語を話す運転手を探すのが大変な国もあったが、すべてがオンラインもしくは電話（通常は携帯電話）で（もちろん、現地で案内役を務めてくれた人々の手厚い支援もあって）完了できたのは、私にとっては意外なことだった。**アフリカは、世界が思うよりもはるかにネットワーク化が進んでいるのだ。**

インターネットは、かつては不可能だった先進国とアフリカとの建設的な結びつきも可能にしている。たとえば、「ビード・フォー・ライフ」（www.beadforlife.org）は、再生紙からビーズを作るウガンダの女性たちと、ビーズ細工を販売するホームパーティやイベントを主催するアメリカ人とをつないでいる。デヴィン・ヒバードとジニー・ジョーダンが設立したこのプロジェクトは、起業家向けの強力なオンラインツールの一つであるプロストア（イーベイの一部）のオンライン店舗を利用しており、二〇〇六年の利益は一五〇万ドルにものぼった。

二〇〇七年には、アメリカの高校生ニック・アンダーソンとアナ・スラヴィンがソーシャル・ネットワーキング・サイトの「フェイスブック」と「マイスペース」を活用し、ダルフールの難民支援のために三〇万ドル以上の寄付金を集めた。ミネソタ州のジル・ユースが設立した国際母乳プロジェクト（www.breastmilkproject.org）では、アメリカに住む四〇〇人以上の母親が、南アフリカのＨＩＶ／エイズ孤児に母乳を提供している。技術やさまざまな結びつきが、アフリカと先進国との間の距離を縮めているのだ。

しかし、アフリカと世界との結びつきは、衝突にも発展しかねない。「中東のオプラ・ウィンフリー」と呼ばれるエジプトの衛星テレビ番組司会者ハラ・サルハンは、アラブ社会ではタブーとされる性的倒錯や女性器割礼、売春といった題材を取り上げて物議を醸した。サウジの衛星チャンネル「ロタナ」には、司会者を降板させて番組を打ち切るよう求める批判者からの電話が相次いだ。[16] テレビ放送にもタブーがあり、特にイスラム教国ではそれが多い。たとえば、母と息子を演じる役者は現実には血縁ではないので、画面上で抱擁してはならないなどと定められている。**アフリカでネットワークが普及すればするほど、古いものと新しいものとがぶつかり合う。アフリカ社会はこうした衝突に備えなければならないのだ。**

ジョーバーグの海賊

知的財産の保護も、課題の一つだ。二〇〇六年六月にヨハネスブルグ（通称「ジョーバーグ」）市街を車で走っていたとき、アメリカで劇場公開されて一週間と経っていない『ミッション・インポッシブル3』のビデオを道端で二、三ドルで売りつけられそうになった。もちろん、正式にビデオ化されるよりずっと前だ。**知的財産の侵害による損失は避けようのない現実だ。映画も衛星信号も盗用されてしまう。**

地元での成功が、知的財産に対する見方を変えるかもしれない。ヒット映画の例に漏れず、南アフリカの映画『ツォツィ』の海賊版が路上に出回ると、それが国民の怒りを買った。そのようなことは初めてではなかっただろうか。海賊版の値段は五〇ランド（五九五円）で、粗雑な編集作業により、オリジナルとは異なるエンディングになっていた。現地の映画が盗まれたことで、知的財産に対する懸念が身近なものになったのだ。

二〇一〇年のＦＩＦＡワールドカップ・サッカー大会の開催地が南アフリカに決まったことで、スポンサーの知的財産保護にも新たな関心が寄せられている。この大会は推定一五万の新規雇用を生み、訪れる三五万人の観光客が一五〇億ランド（約一七八六億円）をもたらすと言われているため、リスクは大きい。規制当局はブランドの保護にきわめて真剣に取り組んでいる。『ライオン・キング』の挿入曲「ライオンは寝ている」の著作権を巡り、ズールー族の作曲家ソロモン・リンダの遺族がディズニーを相手に裁判を起こして勝訴したが、これは知的財産保護の価値に対する評価の高まりを示すものだ。一九三九年にリンダが書き、イブニング・バーズというグループがレコーディングしたこの曲の使用について、遺族はディズニーと和解した（金額は明らかにされていない）。こうした出来事は、知的財産保護に対する考え方が変わっているという兆しだ。

マイケル・パワーからメディア・パワーへ

ほんの一〇年ほど前、良質なテレビ番組が不足していたこともあり、第一章でも紹介した黒人アクションヒーローのマイケル・パワーは、宣伝目的で作られたヒーローだったにもかかわらず、大成功を収めた。ナイジェリアにおいはジェームズ・ボンドに匹敵するマイケル・パワーは、一九九九年に「ギネス・エクストラ・スタウト」を宣伝するために広告代理店サーチ・アンド・サーチが生み出したキャラクターだ。あまりの人気ぶりに、パワーは広告やテレビコマーシャルを飛び出し、本物のスターになってしまった。彼を主人公にした長編映画まで制作されたのだ。普通、映画スターは劇場で有名になってから商品を宣伝するようになる。逆に、マイケル・パワーは商品の広告塔を経て映画スターになった。悪と戦う傍ら、彼はアフリカにおける「ギネス」の売上を計画より二年も早い二〇〇三年までに倍増させ、ギネスブランドの認知度を九五%まで向上させた。

パワーの伝説的な成功は、一九九〇年代後半にはまだテレビ放送が少なく、番組制作の品質も比較的低かったためにキャンペーンが際立って見えたことも要因の一部だろう。パワーは停電や腐敗政治家など、きわめてアフリカらしい難題にも果敢に挑戦した。彼のキャッチコピー「ギネスはあなたのパワーを引き出す」は、高まる楽観主義と権利拡大の動きを具体化したものだった。あるテレビコマーシャルでは、停電のためにパーティが中断すると、パワーがタクシーを駐車場に集めてヘッドライトを照らさせ、ラジオ局にちゃんと曲のリクエストを入れてからカーラジオを最大音量に上げさせる。別のコマーシャルでは、狭い道で交通渋滞に引っかかるというアフリカの都市ではありがちな光景に遭遇し、パワーは自分のライトバンを分解し、渋滞を抜けてから組み立てなおしてみせる。

しかし、アフリカのメディアが爆発した今、マイケル・パワーの日々はもう色褪せているのかもしれない。現代のアフリカ人視聴者は良質な娯楽にアクセス可能で、自ら娯楽を作り出してもいる。制作品質は向上し、アフリカ中に映画制作の拠点が作られつつある。マイケル・パワーの知力と腕力をもってしても、この発展にはかなわないかもしれない(多くの広告のなかでも彼は特に長生きしたほうだが)。

アフリカにおけるマイケル・パワーの時代が過ぎ去ったのではないかと考える理由は、もう一つある（もっとも、パワーは今でもディアジオの「ウォーター・フォー・ライフ」プログラムのような社会活動のプロモーションに携わっている）。**マイケル・パワーは、アフリカ社会が外から来たスーパーヒーローによって救われる、という視点にもとづいていた。これは、政府や外国が問題を解決してくれるという見方を反映していたかもしれない。しかし今、アフリカの力はその内側から、大陸の物語から、アフリカの起業家たちから、そして自らの市場に対する自らの知識から生まれているのだ。**

「物事は、自分たちで改善しなければならないという考えが広まっています」。ディアジオ・アフリカのマーケティング・ディレクター、マシュー・バーウェルはそう語っていた。ディアジオが打ち出したギネスの新しいキャンペーン「グレートネス」にもその変化は反映されている。キャッチコピーはこうだ。「誰にでもひとしずくの偉大さ《グレートネス》はあるものだ」。広告の一つでは、航空会社の立派なパイロットが、飛行機で村々に救援物資を届ける物語が描かれている。

今日、先進国がアフリカに対して抱く「紛争と腐敗の大陸」というイメージは、映画館で人々が目にする映像によって強められている。最近では武器取引を描いた『ロード・オブ・ウォー』、革命の火種となる宝石を題材にした『ブラッド・ダイヤモンド』、ウガンダの悪名高き独裁者イディ・アミンを描いた『ラストキング・オブ・スコットランド』（アミンを演じたフォレスト・ウィテカーはアカデミー賞主演男優賞を受賞した）が挙げられる。もう少しさかのぼると、『ホテル・ルワンダ』や『ブラックホーク・ダウン』なども、混沌の淵にある大陸を描いている。いずれもすばらしい映画で、評価も高くはあるが、こうした映画が果てしない悲しみと絶え間ない戦争、残忍な指導者、飢餓、病気、成功の見込みがない地といったアフリカ大陸のイメージを強めていることは否めない。

アフリカが自らの物語を語り始めた今、このイメージは変わっていくだろう。物語の中には、ノリウッドの奇妙きてれつな映画やエジプトのどたばたコメディも含まれる。他の物語も世界に広まりつつある。ダレル・ジェームズ・ルートが監督を務めた映画『イエスタデイ』(二〇〇四年公開)は、世界公開された初のズールー語映画となった。エイズに侵された母親が息子を育てようと努力する、感動的な物語だ。

『ツォツィ』で二〇〇六年のアカデミー賞最優秀外国語映画賞を受賞した際、ギャヴィン・フッド監督は、希望と救済の物語は万国共通だと語った。

「私たちの物語は、あなたがたの物語でもあるのです[17]」

アフリカのメディアの変容は、準備ができている企業には機会をもたらしている。そうした企業はすでにアフリカをネットワークに接続した大陸へと変えており、メッセージは国境を越え、勢いよく飛び交っている。アフリカに住む九億人超の消費者は、ますますネットワーク化しているのだ。

● アフリカのメディアの成長によってどのような機会が生まれているだろうか。
● 映画制作、衛星テレビ、インターネットの普及からどんな機会が生まれているだろうか。
● 携帯電話の急速な普及はどのような機会を生み出すだろうか。
● 広告や新商品の発売に対してメディアの発展が持つ意味とは何だろうか。
● アフリカの僻村などネットワークが不十分な地域へメッセージを発信するには、広告看板や壁広告、イベントをどのように使えばよいだろうか。

第8章 故郷へ——在外アフリカ人が生み出す市場機会

世界中に一億人いるとも言われる在外アフリカ人は、大陸に毎年何十億ドルもの金をつぎ込んでいる。また、世界最高水準の知識を携えて故郷へ戻り、ビジネスリーダーとなったり、新たなビジネスを生み出したりする帰国者も多い。彼らはアフリカの隆盛を推進し、アフリカの可能性が大陸そのものよりもはるかに大きいことを証明しているのだ。

ティティロラ・バンジョコ博士は在外アフリカ人の一人で、そのなかでも特に活発なほうだ。彼女はイギリスで生まれたために国籍こそイギリスだが、両親が生まれたナイジェリアと緊密な関係を維持してきた。「誰も私を在外アフリカ人口の一部だとは見なさないでしょうね」。取材の際、博士はこう言った。博士の目算では在外アフリカ人はざっと一億人にのぼり、アフリカの発展に多大な影響を及ぼしているという。在外アフリカ人は慈善活動と投資の実行者であり、故郷の親族に直接届けられる仕送りなどの資金源でもある。また、知識と才能の源でもある。彼らは故郷へ戻ってきつつある。

優秀なアフリカ人学生が欧米へ留学してそのまま現地に住み着いてしまう「頭脳流出」については、評論家たちが警鐘を鳴らしてきた（二〇〇五年の『エコノミスト』紙には、エチオピアよりもシカゴのほうがエチオピア人医師の数が多い、とある[1]）。**しかし、裕福で教育水準が高い彼ら在外アフリカ人の大陸への帰郷に伴い、今度は「頭脳流入」が起こりつつある。**

バンジョコは、この動きの中核的存在だ。彼女は一九九九年に、イギリスに住んでいたナイジェリア人の友人がアフリカに戻って働きたいと言い出したことがきっかけで就職支援サービスを始めた。友人の経験を通じ、在外者がアフリカへ戻るのがどれほど大変かということに気づいたのだ。時代はインターネット・バブルの真っ只中だったが、インターネットでもアフリカでの仕事を調べることなどできなかった。アフリカで働きたい在外者は、職を探して面接を受けるために、居住国とアフリカ大陸との間を何度も往復しなければならなかった。とても時間のかかる、もどかしいプロセスだった。

バンジョコは英連邦ビジネス評議会と協力して「アフリカで仕事を見つけよう（Find a Job in Africa）」というウェブサイトを立ち上げ、次に「アフリカ開発のための新パートナーシップ（NEPAD）」との連携により、在外アフリカ人のためにアフリカ・リクルート社を設立した。欧米およびアジアに住むケニア人を対象に二〇〇六年一二月に実施された調査によると、回答者の七八％が現在もしくは将来、ケニアに戻りたいと考えているとのことだった。適切な機会さえあれば、在外アフリカ人と大陸とをつなぐ道が相互的なものになるのは明白だ。

バンジョコは、アフリカ人を国外へと向かわせる原因が、政治や生活環境だけではないことに気づいた。アフリカ企業における雇用機会が、世界のベストプラクティスに後れを取っていたのだ。企業の多くは、専任の人事担当幹部すら置いていなかった。同じ頃、通信技術が爆発的な発展を始め、アフリカでも、世界に散らばった在外者のなかから優秀な管理職を求める動きが生まれた。「在外アフリカ人が続々と帰国し始め、帰国を検討していた人々にとっても弾みとなったのです」。二〇〇七年八月に行った取材で、バンジョコは言った。彼女と六人のスタッフは毎年五〇〇人程度のアフリカ人が大陸で就職する手助けをしており、さらに多くがオンラインで情報を集めたり、企業が採用候補者と連絡を取ったりする。アフリカ大陸内でもバンジョコのウェブサイトへの関心は強く、またアフリカの求人を埋めるべく、民間の人材斡旋会社も次々と誕生している。

国外からの帰国組は、新規事業を立ち上げる新鮮なアイディアと資本を携えて戻ってくる。たとえばMITで工学を学んだアイシ・マカティアニは故郷のケニアに戻ってアフリカ・オンラインを設立し、乏しいインフラと政治腐敗に耐え抜き（一度はダイヤルアップ接続サービスの電話線を実際に切られたこともあった）、後に一〇カ国以上に拡大する事業を築きあげた。次に、彼は技術関連の企業に投資するガリウム・キャピタルを設立し、一九九七年の世界経済フォーラムでは「ヤング・グローバル・リーダー」の一人に選ばれた。現在、マカティアニは、ヨハネルブルグに拠点を置く経営コンサルティング会社AMSCOのトップを務めている。

在外アフリカ人とのさまざまな結びつきが、切望される技術と投資をアフリカにもたらしている。在外者はアフリカに秘められた可能性の重要な一部を構成しており、それはつまり、各国の一人あたり国民総所得が示すよりも多くの財源がアフリカにはあることを意味する。在外アフリカ人たちはアフリカで事業を興し、実家に仕送りをし、アフリカ企業や不動産に投資し、開発イニシアティブを

生み出し、アフリカの企業や学校、その他の組織を率いるべく帰郷している。中国やインドでも、国の発展には帰国する在外者の「頭脳流入」が同様の役割を果たしたのだ。

増える在外アフリカ人

アフリカの西海岸に位置する島国カーボベルデでは、現在、国内人口（四六万人）よりも多くの国民（五〇万人）が欧米などの世界各地に住んでいるようだ。[2] この五〇万人から故郷への送金が、カーボベルデのGDPの約一二％を占める。二〇〇四年の国勢調査によると、モロッコでは三〇〇〇万の総人口の一〇％にあたる約三〇〇万人が国外に住んでおり、その多くはヨーロッパと中東にいる。[3] 彼らは毎年約四〇億ドルを故郷の家族へ直接送るか、出身の村への支援として送金している。モロッコのタルーダントという町では、その地域出身の出稼ぎ者たちが町を支援する団体を設立し、地元の開発プロジェクト支援などの投資活動を行っている。南アフリカ出身者にいたっては、イギリスだけで推定一四〇万人が住んでいると言われる。

アメリカの非営利シンクタンクである移民政策研究所は、二〇〇六年にはアメリカ在住のアフリカ人移民が一〇〇万人を超えていたと推定している。[4] これは、中国およびインドからの移民人口に迫る勢いだ。アフリカ系アメリカ人の数は約三四〇〇万人にものぼる（ただし、アフリカ系アメリカ人の多くは自らを在外アフリカ人とは同一視していない）。

ロンドンでは、一九九七年には三万人だったガーナ出身の市民の数が、二〇〇六年には七万人にまで増えていた。このことからもわかるように、アフリカ系移民の数は急速に増えつつある。一九九〇年から二〇〇〇年の一〇年間で、アメリカへ移住したアフリカ人の数は一七〇%増えており、特に多いのはナイジェリア、エチオピア、ガーナからの移民だ。ミネアポリス・セントポールでは、同じ一〇年間でアフリカ人移民人口は実に六二九%増加した。

在外人口の増加を最も強く印象づけるのが、北アフリカからスペインへ舟で押し寄せるアフリカ難民の姿だ。二〇〇六年三月には、モーリタニアからやってくるアフリカ難民の数が過去最高を記録したことを受け、スペインの副首相がカナリア諸島を緊急訪問した。一〇〇〇人を超える人々が北アフリカから八〇〇キロ以上に及ぶ一〇日間の危険な航海に挑み、多くが死に至った。モーリタニアの出発地点には、スペインへ辿り着く希望を抱き、推定一万人が集まった[5]。二〇〇八年にスペインで行われた総選挙では、数多くの課題のなかでも、この移民問題が議論の大きな的となったのだ。

アメリカ国内の移民人口(出身国別。2006年)

メキシコ	1,090万
インド	145万
中国	139万
アフリカ	111万

移民の流入は為政者にとっては難問だが、移民が定着するヨーロッパなど世界各地の企業にとっては機会となる。移民たちは故郷に国際電話をかけ、送金をする。ボーダフォンのスペイン子会社は、国内に住む移民(多くがアフリカ出身)の四〇%が同社の携帯電話に加入していると言う。アフリカや中南米、東欧からスペインへやってくる年間六〇万人超の移民をターゲットに同社が展開した「ミ・パイス(わが国)」キャンペーンは、単月(二〇〇六年一一月)で五〇万人

の新規加入者を獲得した。このキャンペーンでは世界五〇カ国への通話料が一分〇・二ドル相当、祝祭日にはさらに割引される通話サービスを提供した。スペインに暮らす移民の多くは貧しいが、それでもスペインの経済成長に貢献している。約九〇％が携帯電話を持ち、スペイン人よりも多く国際電話をかける。銀行口座やクレジットカードを持たない者が多いため、ボーダフォンはキオスクなどの小売店でプリペイドの「ミ・パイス」用コーリングカードも販売している(6)。

アメリカのアフリカ人移民は教育水準が高く、九八％が最低でも高卒だという。大学生年齢に達している国内のアメリカ黒人のうち、アフリカ、西インド諸島、中南米からの移民の割合はわずか一三％だが、アメリカの名門八大学《アイビーリーグ》に入学した黒人生徒の四分の一以上を彼ら移民が占めている。この割合が、アメリカ生まれのアフリカ系アメリカ人の合格率が低いという事実を見えにくくしてしまっているのではないか、という議論も巻き起こした。

ナイジェリアより愛をこめて

国連の推定では、サハラ以南のアフリカへの送金額が二〇〇六年に合計二〇〇億ドルを超えたということだが、これは公式な送金のみを対象としているため、実際の金額はもっと高い可能性がある。在外アフリカ人に広くかかわってきたバンジョコは、アフリカへの送金は大陸全体で四四〇億ドル近くなるのではないかと見積もっている。世界銀行によれば、二〇〇六年のナイジェリアへの送金は一二三億ドルに達し、スーダンへは一四億ドル、ケニアへも五億ドル近くが送金されている。アフリカ各地でこの数字は増え続け、多くの地域では成長率が二桁、三桁という勢いだ。二〇〇〇年から二〇〇六年の間に、ギニアへの送金は四〇〇〇％という驚異的な増加率を示し、ギニアビサウでも一〇〇〇％を超えた(7)。

ウェスタンユニオンやマネーグラムといった送金会社が急速に拡大し、いたるところで見られるようになったことからも、アフリカへの仕送りが増えていることは明らかだ。ラゴスの道路脇に掲げられたマネーグラムの広告板は、外国へ出稼ぎに行く労働者に「ナイジェリアより、愛をこめて」というキャッチコピーでアピールしていた。ラゴスでは石を投げれば当たるのではというほど支店の多いウェスタンユニオンも、同様のアプローチを行っている。男性と女性、それに子供を配したある広告のキャッチコピーは「彼から送る愛」だ(8)（世界中に広がる移民の動きに合わせ、ウェスタンユニオンはいまやマクドナルド、スターバックス、バーガーキング、ウォルマートの全店舗を合わせたよりも多くの支店を世界中に置いている）。

チュニスのハビブ・ブルギバ通りにあるＢＩＡＴ銀行の隣の小さなウェスタンユニオンで窓口担当者に聞いたところでは、取引件数は一日七件程度で、一取引が平均三〇〇ディナール（二万一四二九円）とのことだった。「ラマダン・ムバラク（ラマダンの挨拶）」プロモーションを展開する断食《ラマダン》の時季には、取引件数が急増する。二〇〇七年に『アフリカン・ビジネス』誌に掲載されていた広告では、パイロットが妻と娘と一緒にいる構図に書かれた「娘を新たな高みへ」というキャッチコピーが、次世代の成功に備える上での送金の役割を強調していた。マネーグラムはアフリカで年間四〇％という勢いで成長しており、大陸全土に三二〇〇の代理店を持つ。一七〇〇万人の人口のうち二〇〇万人が国外へ出稼ぎに行っていると推定されるセネガルでも、ウェスタンユニオンやセネガル企業マネー・エクスプレスらの成長を見れば送金の多さは明らかだ。送金が、公式な金融システムの代役を務めることも多いのだ[9]。

外国への出稼ぎ者は、母国に大きな影響を及ぼす。在外ガーナ人が二〇〇五年に母国へ送った金額は八億ドルにのぼり、国がカカオや金の輸出で得た収入よりも多かった[10]。ソマリアでも二〇〇五年のGDPの四分の一が、レソトでは二〇〇六年のGDPの二〇％以上が、国外からの送金によるものだった。二〇〇五年のナイジェリアへの送金額は、原油価格が上がる前の段階では、原油による収益の約三分の一と言われていた。在外者は、アフリカの最も貴重な天然資源であり、豊かさへの推進力なのかもしれない[11]。

送金はアフリカ外から届くものだけではなく、国内の都市から地方へ、そしてアフリカ内の国から国へ、出稼ぎ者が家族へ仕送りするたびに行われている。たとえば南アフリカでは、約六〇〇万人が推定年間一二〇億ランド（約一四二九億円）の現金を主に地方へ送金していると言う。これはアフリカの急激な都市化を反映するものだ。アフリカでは人口の動きと資産の移動が大きく、国連の推定によると、二〇〇五年の大陸内における国外移住者の数は一七一〇万人だった。こうしたアフリカ大陸内での動きは、一部には機会と収入を求める移民によるものもあるが、多くは飢餓や紛争から逃れて移動せざるをえなかった難民たちで、二〇〇五年には、アフリカ全土の難民は推定三〇〇万人にものぼっていた。

在外アフリカ人からの資金の流れを増やすべく、為政者や民間企業は送金をより効率よく行うため

の手段を次々と生み出している。経路別に送金にかかる費用を比較する「センド・マネー・ホーム」（www.sendmoneyhome.org）のようなウェブサイトが透明性を高め、価格低下を促進している。

ケニアのサファリコムは、利用者が携帯電話経由で送金できる無料の口座、「ム・ペサ」サービスを二〇〇七年に開始した。開始から二週間後には一万人以上が登録し、一〇万ドル以上を送金していた。経済に対する送金の重要性に気づき、外国への出稼ぎ者に母国への送金を義務づけている国もある。モザンビークの鉱山労働者は、半年間は収入の六〇％を本国へ送金しなければならず、レソトの鉱山労働者は三カ月間は収入の三分の一を、残りの九カ月間は一五％を送金しなければならない。

非公式の金融

国外出稼ぎ者からの送金に使われる公式手段は飛躍的に成長しているが、レーダーに映らないような低空飛行で行われる非公式な送金もある。世界銀行による世帯調査では、ウガンダへの送金の八〇％が非公式手段によるものだった。公式手段で追跡可能なものは二〇％にしか満たなかったのだ。ヨハネスブルグの調査会社ジェネシス・アナリティクスは、南アフリカへの送金のうち、公式な金融サービス企業が取り扱う件数は半数以下だという調査結果を発表している。

実家に仕送りする方法はいくらでもある。ハラレのとある管理職の人物は、ロンドンに住む伯母から手紙に外貨を同封してもらっていた。また、テキサス州ヒューストンで話を聞いたモロッコ人のタクシー運転手は、マラケシュに住む母親へ仕送りするために自分なりの方法を編み出していた。

自分がアメリカに開設しているアメリカ系銀行口座から現金を引き出せるキャッシュカードを、母親に渡したのだ。海外旅行者なら誰でも知っているだろうが、そういったキャッシュカードと暗証番号は、モロッコのほとんどのＡＴＭで使うことができる。手数料は一回一ドル。息子がアメリカで預け入れた現金を、母親がモロッコで引き出せるのだ。唯一不便なところといえば、銀行が不正の疑いありと見て、いつも確認の電話をかけてくることだ。同じ仕組みを利用して、家族が身内にクレジットカードを持たせることもある。また、「ハワラ」（世界中の仲介業者を使って公式記録を残さずに取引を行う）など、さまざまな非公式手段がある。

小額の送金が多く、利用者が記録に残らないように送金をしたがるという仕送りの性質上、送金の追跡は困難だ。実際の数字は公式数値の二倍にものぼる可能性がある。[12] 隠れた送金も含めると、セネガルが二〇〇六年に受け取った金額はおそらく一七億ドル、国家予算の三分の一ということになる。[13]

送金は、現金に換えられることすらない場合もある。日用品が送れるなら、現金など送る必要はないというわけだ。「サザドットコム」（www.sadza.com）を利用すると、アメリカを含む世界各地から、ジンバブエに住む親族に食料品を送ることができる。為替レートの変動が激しいジンバブエでは現金を送ると届くまでに価値が下がっている可能性があるが、このウェブサイトでは日用品や薬品をオンラインで購入し、ジンバブエ国内へ現物を配達できる。アメリカにあるサイトからジンバブエの窓口へ電子メールで注文が送られ、そこから食料や薬品が通常翌日までに届けられるのだ。価格は取引終了までは変動しないと保証されており、三万人もの人々がこのサイトや他の類似サイトを利用してジンバブエに食料を送っている。物資不足による大きな打撃を受けている国での、非公式な救援活動だ。

在外アフリカ人の持つ力に目をつけたケニアの小売業者ナクマットは、同社の小売店で買い物に使える商品券がオンラインで購入できるシステム「マママイク」を提供している。アメリカ、ヨーロッパ、オーストラリア、アジア、南アフリカに住む移民やその親戚は、ケニアやウガンダのナクマットなどの小売店で使える商品券を五〇〇ケニアシリング（六〇八円）単位でオンライン購入し、支払いはクレジットカード（ビザまたはマスターカード）か郵便為替で行う。小売業者は受取人にショートメールを送って商品券の購入があったことを知らせ、主要都市であれば配達もしてくれる。商品券は小売店で日用品や家電、家具などの購入に使える。送り主は毎月自動的に発送される定期商品券や、受取人の電話に直接届けられる携帯電話の通話時間まで購入できるのだ。

携帯電話の普及率が上がり続けるこの地域では、送金するのに銀行はもとより、ウェスタンユニオンの支店にさえ出向く必要はない。チュニジア・テレコムは、年間一〇億ドルを故郷に送金していると見られるフランス在住のチュニジア人を対象に、無線アクセスを提供している。

二〇〇七年二月には国際業界団体GSM協会がマスターカードと共同で、外国への出稼ぎ労働者が携帯電話ネットワークを利用して故郷へ送金できるようにするパイロットプロジェクトを開始した。GSMにはアフリカを含む一〇〇カ国以上に六億人超の加入者を持つ、一九社の携帯電話事業者が加盟している。GSMとマスターカードはこの新プロジェクトにより、世界における送金額は二〇一二年までに一兆ドルを超えると見積もっている。このシステムは出稼ぎ者が携帯電話を使って現地の銀行での振替を指示し、故郷の家族の携帯電話に送金通知が送られるという仕組みだ。[14]

こうしたサービスの開発が進めば、在外者や故郷の家族は、ポケットにウェスタンユニオンの支店を入れているにも等しい状態になる。

投資と寄付

故郷への送金に加え、在外者はアフリカへの投資や慈善活動への寄付も行っている。アフリカ・リクルートによる在外ケニア人の調査では、八二％が生活のための仕送りを行う一方、五〇％は投資・事業目的でも故郷に資金を持ち帰り、ケニア経済だけでも推定年間二六〇万ドルをもたらしているとのことだ（世界銀行の推定金額の約五倍）。アフリカに注目するプライベート・エクイティ・ファンドが増えていることに加え、アフリカやロンドンなどで開かれているカンファレンスでは投資家にアフリカでの投資機会を検討するよう推奨もしている。

こうした投資を円滑に行えるよう、新たな投資手段や経路が開発されつつある。ナイジェリアのアフリカ・ユナイテッド銀行は、在外ナイジェリア人を対象とした金融サービスを提供している。国外に住むナイジェリア人が開設できる口座、ナイジェリアで不動産を購入する際の住宅ローン、国際口座間送金サービス、ナイジェリア株式市場で株式の売買を行う際の支援、それに投資商品などが、すべて外国にいながらにして利用できるのだ。

在外者の熱意は、市場を構築する上での数々の障害を打ち砕くこともできる。二〇〇七年の秋に会ったカマル・ドリスは、ニューヨーク大学でＭＢＡを取得して一九九一年に故郷アルジェリアに戻った。アメリカのシティグループで働いていたドリスは、アルジェリアに同社を連れて帰ってきたのだ。誰もアルジェリアに投資をしていないと知ると、彼は自らの手で『アルジェリア投資ガイド』を発行した。アルジェに住む彼のもとを訪れた際にその一部を見せてもらったが、一九八九年から一九九六年にかけてGDPが減少していることが明らかに示されていた。だからこそ当時は誰一人としてアルジェリアに投資していなかったのだが、それでもドリスは市場で強気を維持した。シティグループ本社の上級管理者デビッド・ギブソンをアルジェリアに呼び寄せ、この国が良い投資先なのだと説得までした。ドリスは、ビルの屋根に掲げられたシティバンクのネオン看板を誇らしげに指し示す。反米感情の矛先となると懸念する者もいたが、最終的にはこの看板が追随者への道標となったのだ。国営アルジェリア石油会社へのドリスの投資は多額の利益を生み、経済が回復しつつある今、機会はさらに増している。シティコープおよびシティバンクは現在アルジェリアに七〇億ドル以上を投資している。先駆者として、シティはアルジェリアで最も尊敬を集める外資系商業銀行であり、これを弾みに、小売銀行の開発も始めようとしているのだ。

アフリカ事業への投資の他にも、在外者たちは地元の発展を支える事業を設立している。ガーナ生まれのトランス・アディは、二〇〇一年にアメリカのジョンソン・エンド・ジョンソンの上級幹部職を辞した後、ウォーターヘルス・インターナショナルを立ち上げた。西アフリカやインド、メキシコ、フィリピン、その他数多くの発展途上国に低価格の浄水を届ける事業だ。現在、世界五〇〇カ所以上に暮らす五〇万人以上の人々が、ウォーターヘルスのろ過装置による清潔な水を利用している。ガーナでは人口の約五〇%にあたる推定九〇〇万人が水を十分に得られず、ガーナの全疾病の七〇%が水の汚染物質に関連していると言う[15]。ウォーターヘルスは、ガーナでの事業を西アフリカへの玄関口と見ている。アディはガーナとアメリカの二重国籍を取得しており、先進国の専門知識やビジネス・モデルを、発展途上国のニーズと結びつけている。

在外者は慈善目的の直接投資も行っている。たとえばアメリカのバスケットボールチーム、ヒューストン・ロケッツのセンターを努めるディケンベ・ムトンボは、一五〇〇万ドルを寄付し、母国のコンゴ民主共和国に、亡き母を称えて病院を設立するという長年の夢を実現した。彼の母親は一九九七年、暴動で道路が封鎖されていたために病院へ行くことができず、六四歳で亡くなった。三〇〇床のビアンバ・マリー・ムトンボ病院および研究センターは、市民に医療を提供するべく、ムトンボが生まれた首都キンシャサで二〇〇六年九月に開院した。**五人に一人の赤ん坊が五歳の誕生日を迎えられず、平均寿命が男性でわずか四二歳、女性が四七歳というこの国で、病院は切実に必要とされている。**ムトンボの目標は自身のウェブサイトで一〇万人から毎月一人一〇ドルを募り、病院の運営と研究を支援するプロジェクトに要する二九〇〇万ドルを集めることだ。これは、在外者からアフリカにもたらされる数多い博愛の贈り物の一つだ。スーダン難民の少年たちを描いたノンフィクション『神に見捨てられた僕たち』の著者ジョン・ダウは、スーダンから逃れてアメリカにやってきて最初にしたことが、故郷への送金だったと語った。現在、ダウは南スーダンにダク・ロスト・ボーイズ・クリニックという診療所を建設中だ。

インディアナ大学－パデュー大学インディアナポリス校（ＩＵＰＵＩ）のバスケットボール部コーチ、ロン・ハンターは、三万足以上の靴を集めてアフリカに送っている。彼は靴を持たないアフリカの多くの子供たちに注目を集めるために裸足で活動し、ファンにも裸足になるよう呼びかけた。アフリカ系アメリカ人のハンターは「サマリタン・フィート（サマリア人の足）」というノースカロライナ州の慈善団体を通じて活動している。この団体はナイジェリア出身のエマニュエル・〝マニー〟・オホンメが設立した団体だ。九歳の年に生まれて初めての靴をアメリカ人宣教師からもらい、その後ノースダコタ州のレイクリージョン州立大学に進学してバスケットボールチームの選手にもなったオホンメは、一〇年以内に一〇〇〇万足の靴を寄付するという目標を立てている。

観光業とその周辺

国外に住む移民たちは定期的に里帰りし、アフリカの観光業の急速な成長を後押ししている。

二〇〇六年、アフリカの観光業は八％成長し、二年連続で世界一の成長率を記録した。[16] 二〇〇〇年から二〇〇五年の五年間で、アフリカを訪れる外国人旅行者の数は二八〇〇万人から四〇〇〇万人へと激増。二〇〇六年にインドを訪れた観光客数四四〇〇万人をはるかに凌ぐが、中国を訪れた五〇〇〇万人弱には及ばない。[17] アフリカの国際観光による収益は二〇〇〇年から二〇〇五年で一〇〇億ドルから倍増し、二一〇億ドルとなった。エジプトでは二〇〇五年の観光収益が国家の外貨収入の四分の一にあたる七〇億ドル近くを記録し、スエズ運河が生み出す収益を上回った。二〇〇七年にエジプトを訪れた観光客は一〇〇〇万人以上にのぼる。経済に恩恵をもたらすのは観光業からの直接収入だけではない。観光業は航空会社やホテルなど、サービス産業も育てるのだ。

モロッコ政府は観光業と外国からの送金が同国最大の収入源であると気づき、二〇〇二年に在外モロッコ人に対応する省を設置し、観光産業への投資を増加させた。二〇〇六年には三五〇万人を超える外国人がモロッコを訪れ、一〇〇万人を超えるモロッコ人が里帰りして、合計約五〇億ドルをもたらした。国王モハメッド六世はモロッコの観光業における「ビジョン二〇一〇」で、二〇一〇年までに一〇〇〇万人の観光客に対応できるインフラの構築を呼びかけた。その年までには、モロッコのホテルには二五万床ものベッドが用意されることになる。

この観光客流入が、観光シーズンになると商業を促進させる。モロッコのマネーグラムでは、在外モロッコ人が里帰りをする夏に売上が二〇％伸びる。首都ラバトのハイ・リヤド・ショッピングモールに入っている家具・インテリア販売店キテアの売上は、移民が里帰りして故郷の実家用に家具などを購入する夏に四五％も上昇する。キテアはモロッコで毎年一〇万軒建てられている新築家屋の内装も手掛けている（施主の多くは国外に住む移民だ）。一九九二年の創業以来二〇店舗以上を展開し、二〇〇八年にはカサブランカにスーパーストアの開店も予定している。私がモロッコで雇った運転手には、アメリカのフィラデルフィアで店を経営している兄弟がいた。フィラデルフィアで金を貯めた兄弟が最初にしたことの一つが、故郷に大きなアパートを購入することだったのだそうだ。カイロで雇った運転手も、イタリアに住む兄弟がエジプトでアパートを所有していると話していた。よくある話なのだろう。

在外者や観光客に対応するべく、アフリカ中でホテル産業が急速に成長している。アコー（アフリカの二一カ国に一二四軒）やプロテアホテル（アフリカに二五軒以上）のようなホテルチェーンが急速に拡大を続けており、サービス業の水準を引き上げている。世界的チェーンもアフリカへ進出しており、シェラトンやインターコンチネンタルといった企業が新たにホテルを建設している。すでにケニア、ウガンダ、モザンビークにホテルを置き、ルワンダに初の四つ星ホテルを建てたアガ・カーン経済開発基金（AKFED）の運営するセレナホテルに続くことになる。サウジアラビアに拠点を置くキングダム・ホールディングは、利益率二〇％を目標に、アフリカおよび中東のホテルに投資している。国際金融公社も、アフリカの一四カ国にわたるホテル分野に一億ドル以上を投じた[18]。

観光業は、他の産業にも恩恵をもたらす。ボルボとルノーはモロッコ向けに観光バスを作っているし、タタ・モーターズも南アフリカ市場向けにトラックやバス、乗用車を製造している。タタ・モーターズは一九九四年に南アフリカ市場に参入し、二〇〇〇年に子会社を設立した。性能、信頼性、サービスへの傾注に加え、地元経済が好況だったこともあって、同社の商用車事業は四年間で六倍の規模に成長した。タタはモロッコでバスの製造を目的にスペインの企業と提携しており、この事業を基盤としてアルジェリアやリビアへ事業を拡大し、将来的にはチュニジアへの参入も視野に入れている。また、セネガルでは公共交通機関の車両を入れ替えるという大規模な公共事業の契約を獲得し、同国にバス工場を建設した。三五〇台ものタタ製新車バスの購入には、一八〇〇万ドル近いインド政府からの貸付金が充てられている。この方法で、インド政府はアフリカへの開発支援を行いつつ、インド製品の成長を促進することもできる。セネガルの独立記念祭では毎年タタ製バスの大規模なパレードが行われ、アフリカにおけるインド製品の名声を高めている。

しかし、モロッコの観光業は、アフリカにおける観光業の複雑さも示唆している。フランス語圏イスラム国家であるモロッコを訪れる観光客の四〇％がフランスから来ており（パリからカサブランカまではほんの数時間だ)、一九%が里帰りするモロッコ人だ。モロッコはフランス人観光客には欧米風のビーチを提供しているが、アラブ系観光客にはより保守的なリゾートを提供している。さまざまなグループのニーズに応えるため、政府は国内に六カ所の観光ゾーンを設定し、それぞれが異なる開発業者によって運営されている。モロッコ航空も、これらの異なる地域をそれぞれ到着地としたヨーロッパからの直行便を出している。

インドのアポロやタイのバムルンラード・インターナショナルのように洗練された病院の開発により、インドとタイは医療旅行の人気地となった。欧米で経験を積んだ医師が母国に戻るようになったのだ。航空運賃を差し引いても、インドでの医療はイギリスやアメリカなどの先進国よりも費用が安い。アフリカの航空産業とサービス産業の成長を受けて、アフリカにも医療観光向けの施設を建設する動きは生まれるだろうか。いつか、東アフリカや南アフリカを訪れる観光客が、サファリのついでに整形手術を受けるような時代が来るだろうか。

在外者へのサービス

イギリスのテレビで放送されているユニリーバ製の固形コンソメ「ロイコ」のコマーシャルには、ロンドンに住むナイジェリア出身の兄妹が登場する。二人の服装は見るからに西洋風だ。ホームシックになっている二人に母親からの小包が届き、ロイコの固形コンソメが転がり落ちる。兄妹はイギリス英語から、故郷で使われるピジン英語に切り替えて話しだす。イギリスにいても、故郷に戻った気分になったのだ。

在外アフリカ人が生み出す機会は、アフリカ大陸内にとどまらない。企業は欧米など世界各地に暮らすアフリカ人移民やその子孫をターゲットにして、ヘアケアやコーヒーなどの商品、娯楽などを開発している。スカイチャンネル一四八「ベンTV」はイギリス初のアフリカ・カリブ系チャンネルで、一〇〇万人以上の視聴者を持つ。視聴者のアフリカとのつながりに訴えるこのチャンネルは、広告でもこう謳っている。「忘れないでください。今年、二〇〇七年は奴隷制度廃止二〇〇周年の年です。あなたはどんな役割を果たしていますか?」

チュニジアとフランスとの間の結びつきは非常に強く、チュニジアのマーケティングリサーチ会社シグマは、ヨーロッパに住むチュニジアなどのマグレブ諸国からの移民の行動を研究するべく、パリに支店を設置しているほどだ。調査結果を活用し、顧客が在外者に人気のある数々のアフリカ商品の販売を促進する際、サポートを提供するのだ。

アフリカのヘアケア市場には多くの企業が参加しており、アフリカンヘアドットコム、アフロヘアドットコム、ブラック・ライク・ミー、アフリカン・ブレイズなどが挙げられる。アフリカン・ブレイズはアフリカで二五年暮らした後にアメリカに移住し、現在はミネソタに住んでいるナイジェリア人移民が始めた会社だ。髪に編み込むブレイズ(編み込みの付け毛)や育毛剤など、在外アフリカ人向けに開発された商品を販売している。

アフリカのファッションと娯楽をテーマにした『ティロ』誌を創刊したのはアメリカ在住のナイジェリア移民、ヘレン・エフェラコーロだ。雑誌のタイトルはナイジェリアのウルホボという部族語で、

「品格に満ちた女性」を意味する。同誌のウェブサイトには、「現在市場に出ているファッションや娯楽系雑誌のほとんどが主に欧米諸国の流行ファッションを扱ったもので、アフリカ布の豊かな個性や、それが欧米諸国に及ぼしている影響をないがしろにしています」とある。これも、在外アフリカ人にアピールするべく開発された数多くの雑誌の一つだ。

移民向けのアフリカ系店舗も多く存在する。たとえば、テキサス州オースティンに住むヨミ・アリミは、パンパ・ドライブでスーパーマーケット「オースティン・インターナショナル」を経営している。ナイジェリア、ガーナ、リベリア、シエラレオネ、赤道ギニア、南アフリカ、コートジボワール、ブルキナファソ、セネガル、マラウイ、ケニア、モロッコ、エチオピア、ジンバブエ、ザンビア、アンゴラ、ウガンダなどのアフリカ諸国に加え、ドミニカ共和国やプエルトリコ、バハマなどの国々から毎年やってくる何千人もの移民たちが、アリミの店のドアをくぐる。

彼らが買うのはアフリカの新聞や雑誌、それにナイジェリアの香辛料、チューブ入りのヤム芋ペースト、干し魚、ヤギの生肉といった食料品だ。アリミはナイジェリアとガーナから取り寄せたDVDも豊富に揃えており、三日間五・五ドルでレンタルしている。テレホンカードを買ったり、実家に仕送りしたりする客もいる。アリミは昔、ウェスタンユニオンの窓口を担当していたこともあるのだ。看護師の妻は二階で美容室を経営している。

ニューヨークのハーレム地区では、小規模小売店の多くがセネガル人移民によって経営されている。彼らは、毎四半期に推定一億ドルをニューヨークからセネガルへ送っているという。ニューヨークで営業許可証を入手するのが非常に困難であるにもかかわらず、こうした移民の起業家たちが小売業者の大半を占めるのは、無許可営業が多いためだ。毎年一三〇〇人ほど逮捕される違法業者の推定九〇％がセネガル人移民であることからも、その多さがわかる。

移民が始める事業のすべてがいつまでも小規模だというわけではない。インド食品会社パタクがイギリスで最も成功したブランドの一つになりえたのは、本格的なインド料理を移民向けに提供してきたことが大きな要因だ。創業者L・G・パタクがほぼ無一文でケニアからイギリスへやってきたのは一九五六年だったが、いまやパタク社の製品は世界四〇カ国以上に流通している。[19] アメリカでは二〇〇二年、ナイジェリア出身の起業家カセ・ラワルが設立したテキサス州ヒューストンのエネルギー会社CAMACインターナショナルが、一〇億ドルを超える収益を上げたアメリカ黒人の企業としては二番目の会社となった（二〇〇六年に一五億ドル近い収益を上げた同社は、同年の『フォーブス』誌による「世界の非上場企業ランキング」で二七二位に入った）。

在外アフリカ人は、アフリカ製品やアフリカ人向けに開発された製品の巨大な世界的市場となっている。彼らは比較的裕福で教育水準が高いセグメントであり、アフリカとの結びつきを求めている者が多い。それが映画や雑誌、食料品などの商品だけでなく、送金など、アフリカと世界をつなぐサービスの市場をさらに生み出すのだ。

帰還の扉——複雑な在外人口

在外アフリカ人口は驚くほど幅広く、底が深い。二〇〇七年三月にニューヨークで発生したアパート火災でマリ人の一族が大勢死亡した事件は、ニューヨークに住むマリ人移民が緊密に結びついたコミュニティの拡大ぶりに注目を集めることとなった。二〇〇七年夏に起こった橋の崩壊事故は、ミネソタにはアメリカで最も多くのソマリア人が暮らしているという事実を浮き彫りにした[20]（彼らは一九九〇年代に難民として渡米し、その一〇年後には一万一〇〇〇人を超えるソマリア系移民がミネソタ州内に住み、崩壊現場の近くに巨大なコミュニティを築いていた）。アメリカのバラク・オバマは、大統領選への出馬を宣言する直前、父親が生まれたケニアを訪れている。

在外アフリカ人にはインド系アフリカ人も含まれている。一九七二年に独裁者イディ・アミンによってウガンダから追放された、七万五〇〇〇人を超えるインド系移民もその一部だ。映画監督ミーラ・ナーイルの名作『ミシシッピー・マサラ』は、ウガンダ生まれのインド系ヒロインが、若かりし頃のデンゼル・ワシントン演じるアフリカ系アメリカ人のカーペット掃除業者と恋に落ちる物語で、在外アフリカ人の持つ複雑さの一部を描き出している。ウガンダはナーイルにとっても、同じくウガンダ生まれでコロンビア大学教授の夫にとっても、いまだに第二の故郷と呼べる場所だ。ナーイルはウガンダの首都カンパラに映画製作者のための年一回のワークショップ「マイシャ」（スワヒリ語で「生命」や「人生」を意味する）を立ち上げ、東アフリカの脚本家や映画監督を育成している。ナーイルの目標は、このプロジェクトを恒久的な芸術文化センターにまで拡大することだ[21]。イギリスで億万長者となったインド系移民にも、ケニアやウガンダから渡英してきたアフリカ出身者が多い[22]。

アフリカの歴史における最も暗い時代でさえ、結びつきを生む基盤となる。ガーナのような国々は、奴隷貿易によって母国から連れ去られた親族とのつながりを築き、子孫たちにはガーナを訪れ、投資し、引退後に移り住むようにも勧めている。さらには、ガーナで奴隷船に乗せられた数多くのアフリカ人が最後に目にするアフリカの光景だったケープ・コースト城の負の遺産、「帰らざる扉」を「帰還の扉」に改名した。元ガーナ人の子孫には永住ビザを発給し、市民権の取得条件も緩和している。イギリスによる大西洋奴隷貿易の終焉から二〇〇年目にあたる二〇〇七年に開催された記念祝典で、ガーナ政府は公民権運動指導者W・E・B・デュボイスやマーティン・ルーサー・キング・ジュニア牧師、その他の著名なアフリカ系アメリカ人を称えた。

かつて西アフリカの奴隷貿易の中心地であったセネガルの首都ダカール沖合に浮かぶゴレ島には、世界中から観光客が訪れる。私はこの場所を訪れて深い感銘を受けた。私の雇ったガイドは島で生まれて洞窟住居で育ち、観光客の相手をするうちに数カ国語を習得した青年だった。彼の妻が国際プログラムの一環で渡米して医学を学んでいるという話を聞いた時には感動もひとしおだった。二世紀を経て、アフリカで生まれた娘が、まったく異なる状況でアメリカに渡ったのだ。

ウィリアム・セントクレアは著書『巨大奴隷市場』で、一五世紀半ばから一九世紀後半にかけて一一〇〇万人のアフリカ人が海を越えて運ばれ、史上最大の強制移民となった、と記している[23]（奴隷の推定人数は文献により一一〇〇万〜二五〇〇万人と幅広い）。奴隷のなかでも特に有名なのは西アフリカの王子アブドゥル・ラーマン・イブラヒマ・イブン・ソリだろう。テリー・アルフォードの著書『奴隷のなかの王子』で紹介され、二〇〇八年には同じタイトルでアメリカの公共放送PBSがドキュメンタリー番組を制作している。

アフリカ大陸は在米アフリカ系アメリカ人コミュニティとの新たな結びつきを構築し始めており、自身の映画会社ルーヴェルチュールを含むアフリカの映画産業に投資している俳優ダニー・グローヴァーや、南アフリカで少女のための学校を創設したトーク番組の司会者オプラ・ウィンフリーらもその一例だ。女優ウーピー・ゴールドバーグがＤＮＡ検査を受け、ギニアビサウの人口の大半を占めるパペル族の子孫であることが判明すると、人口わずか一〇〇万人強の貧しい小国から熱烈な招待を受けたそうだ。また、同国では二つのテレビチャンネルで彼女の映画を流すようになった。[24] **アフリカ諸国は、在外者との結びつきを強めることの重要性に気づき始めたのだ。**

在米アフリカ系移民は、さまざまな団体を設立している。ネブラスカ州オマハにある「全アフリカ人民協会」、マイアミ州の「ナイジェリア系アメリカ人商工会」、オハイオ、インディアナ、ケンタッキーの三州にまたがる「トライステート・カメルーン・ファミリー（ＴＲＩＳＣＡＦ）」、オハイオ州シンシナティの「ナイジェリアン・ウィメン・イーグルス・クラブ」、ウィスコンシン州の「アフリカン・ヘリテージ」。

サンフランシスコには二〇〇五年一二月にアフリカ系移民博物館が新たに開館した。入口の壁には、「自分がアフリカ人だと気づいたのはいつですか」という問いかけと共に、二〇〇〇枚を超える世界中の人々の写真から成るモザイクが貼られている。パリにも同様のアフリカ系移民博物館がオープンしたし、ケ・ブランリ美術館にも、収蔵されているアフリカの芸術品を鑑賞するためにアルジェリアやセネガル、チュニジア、コンゴ、ガボンなどの国々からの移民が絶え間なく訪れる。[25]

在外アフリカ人たちは世界的事業でもますます重要な役割を果たすようになってきており、フォーチュン五〇〇社ランキングに入るような企業のＣＥＯには、アルトリア・グループのエジプト出身ＣＥＯルイ・カミレリ、アルコアのモロッコ出身ＣＥＯアラン・ベルダ、イーライリリーのモロッコ出身ＣＥＯシドニー・トーレルらが名を連ねている。

結びつきを強める

クウェシ・ヌドゥオムとイヴォンヌ・ヌドゥオム夫妻がアメリカへ進学し、就職した後に母国ガーナに戻ったのは三〇代後半になった一九九一年だった。デロイト社のコンサルタントだったクウェシは当初、西アフリカで同社の事業構築を行っていた。在外者の多くと同様、彼もアメリカの見識をアフリカに持ち帰り、会社のためにアフリカ市場を開拓することができたのだ。

だが、これはまだほんの序の口だった。起業家精神に満ちた夫妻はまだ幼かった子供たちを連れてガーナに帰国すると、数々の事業を立ち上げた。証券取引企業を含め、新興企業へ投資を行えるだけの経験と資産を手に入れていたのだ。二人はアメリカのバージニア州に持っていた自宅を担保にしてガーナのエルミナにある海岸沿いの土地を購入し、ココナッツグローブ・ビーチリゾートを開発した。当時、ガーナではリゾート開発がほとんど行われていなかったため、海岸沿いの土地は内陸の土地よりも安く購入できたのだ。

夫妻はこの資産を活用した四軒から成るホテルチェーンを設立したが、それでもなお、金融システムの壁は高かった。不動産を新たに購入するには対象物件の地価の四倍にあたる担保を差し入れなければならず、利息は四〇％以上も取られた。夫妻の開発したリゾートには俳優ウィル・スミスや国連の前事務総長コフィ・アナンも訪れている。ヌドゥオム夫妻は彼ら自身のために価値を生み出しただけでなく、いまや五〇〇人の社員を抱えているのだ、と誇らしげに語る。二人の公共心は自社の中だけにとどまらない。クウェシは政治にも積極的に参画し（国務大臣を務めたこともある）、二〇〇八年一二月のガーナ大統領選では三人の候補者の一人として出馬準備を進めていた。

「在外者たちは故郷に変化をもたらします」。二〇〇八年二月、ワシントンＤＣで夫と共に選挙運動の資金集めに奔走していたイヴォンヌ・ヌドゥオムは、取材に応えてこう語った。

「私にとって、第三世界とは最後の未開拓地です。可能性に満ちあふれていますが、ある程度の忍耐力が必要です。耐え抜けば、成功できます。私たちがアメリカで身につけてきたのは、教育だけではありません。アメリカ人の〝やればできる〟精神も持ち帰ってきました。神様がレモンをくださったなら、それでレモネードを作ればいい、ということわざもあります（「逆境のなかで最善を尽くせ」という意味）。**私たちのような在外者がみな、身につけた経験を携えて帰国すれば、アフリカはたちまち変身することができるでしょう**(26)」

二〇〇七年七月に行われたアフリカ連合の首脳会議で在外アフリカ人フォーラムが設立されるなど、アフリカでは在外者に焦点をあてた活動が広がりつつある。大陸だけでなく、ルワンダなどの特定の国を対象とした投資フォーラムも開催されている。在外者に対応する省庁を設置したり、二重国籍を与えたりする国もある。ファースト・ナショナル銀行が支援する非営利組織ホームカミング・レボリューションは、外国に住む南アフリカ人の帰郷を促進、支援し、助言や金融支援などのサービスを提供している。

このように結びつきを強める機会は数多くあり、メキシコでも、特に在米メキシコ人との結びつきを支援する活動が行われている。メキシコは、コンビニエンスストアのセブンイレブンとの戦略的提携により、セブンイレブン店舗から送金ができるシステムを構築し、事実上、街角のあらゆる場所に送金窓口を設立した。領事館も全米に置いている。同国の前大統領ビセンテ・フォックスによると、アメリカに住むメキシコ移民から母国への送金額は二〇〇〇年から二〇〇四年で合計一四〇億ドルにのぼり、メキシコの貧困家庭を一六％減少させる大きな要因となったとのことだ。メキシコはアフリカの模範となりうるだろうか。インドでも毎年、在外インド人の総会「プラバシ・バラティヤ・ディバス」のようなイベントや、在外インド人を称えて賞を贈るイベントが開催されている。これもまた、アフリカにとっての手本となるだろうか。

在外アフリカ人たちは大陸の発展において必要不可欠な役割をすでに担っており、この役割は今後さらに幅広く、奥深くなっていくものと期待される。世界には何百万人ものアフリカ人が散らばっており、その多くが故郷の親族よりも高い収入と教育水準を有する。これは、大陸の将来的成長にとって、膨大な資源と強力な推進力となるのだ。

- 在外アフリカ人からアフリカへの送金や投資に関して、どのような機会があるだろうか。
- 在外アフリカ人には、どのような製品やサービスを提供できるだろうか。
- 故郷の親族のために在外者が自社商品を買えるような直接販売の仕組みが作れないだろうか。
- 在外者がアフリカ市場に参画・投資するうえでの障害は何だろうか。それらに対してどのような取り組みができるだろうか。

第9章

人間性が経済を支える

——ウブントゥ市場

数十年前、インドが現在のような経済的跳躍を果たせると信じる人はごくわずかだった。鍵を握っていたのは起業家精神と政治的勇気だ。現在のアフリカも同じような位置に立っている。アフリカでいちばん望みが持てるのは、起業家精神と市場の発展だ。成功する企業を生み出すことが政治的・経済的安定性を高める。アフリカの消費者に品質の良い製品やサービスを提供する。しかし、そのような企業を生み出す前に、まずはアフリカを「施しの対象」としてではなく、「世界で最も重要な新興市場の一つ」としてとらえる必要がある。

二〇〇二年にコロンビア・ビジネススクールを卒業した後、ケニア出身のワンジャ・ミチュキがまず考えたのは、コーヒーを輸入する会社を立ち上げることだった。しかしスターバックスでケニア産のコーヒーが売られているのを目にして、彼女は紅茶に切り替えることにした。結局のところ、ワンジャが大学院を卒業できたのも紅茶のおかげだったからだ。ハイランド・ティーカンパニーは、彼女の母親であるワティリが一九九一年にケニアで始めた会社だ。ケニア山のふもとにある三〇エーカーの茶園「カルルモ」（キクユ語で「小さな宝」を意味する）が、ワンジャと五人の兄弟たちを支え、勉強させてくれた。「母自身、とても進取の気性に富んだ女性で、私にとってはすばらしい模範となる人です」。二〇〇七年の取材中、娘は母についてこう語った。[1]

年間三〇万トン超を出荷する世界最大の紅茶輸出国ケニアで売られる紅茶のほとんどが、モンバサの競り市で一次産品として売られ、最終的にはトワイニングやテトリーといった有名ブランド名のついた商品となる。ミチュキはハイランドの名を冠したケニアのブランド構築に機会を見出したのだ。同社はケニアに紅茶の加工工場を建設し、パッケージにはケニアンアートを採用し、アメリカでブランドや流通の構築を行った。現在はニュージャージー州モントクレアを拠点に、ホールフーズやキングスといったスーパーや高級専門店でハイランド印の紅茶を販売している。

ミチュキが今つくろうとしているのは、存続可能な事業を展開しつつケニアの小規模農家を支える「社会事業」だ。自社の影響力を高めるべく、彼女は共通のビジョンのもとに非営利組織フリープレイ財団と連携し、教育と情報提供を目的に、ケニアの農民に太陽電池式や手回し式のラジオを配布した。両者の関係は、モンバサ港の税関で引っかかった積み荷のラジオの通関を彼女が助けたことがきっかけで始まった。現在、ハイランドは先進国の篤志家に対し、ティーパーティを開催してケニアの紅茶を試飲し、農民にラジオを届けるための寄付金を募るよう呼びかけている。地方農民が集まるケニアの紅茶収集センターは当然、人の耳が集まる場所でもあるので、ここにラジオを設置すれば四〇人ほどが利用できることになり、影響も拡大する。これも、前章で述べたような、在外アフリカ

ハイランド・ティーを輸出して、ラジオを輸入する。ケニアの紅茶をブランド化することにより、ハイランドは地元農家のために商品価値を高め、フリープレイ財団が提供するラジオの資金を集めて開発にも貢献する。ラジオは紅茶生産者に情報と教育を提供する道具だ。（出典：ハイランド・ティーカンパニー、フリープレイ財団）

人が故郷のコミュニティに恩恵をもたらすべく手を差し伸べる一つの事例だ。

　ミチュキの関心は、ハイランドの事業だけではなくケニアの紅茶生産者への支援にもあるため、彼女は競合他社にまで手を差し伸べている。たとえば、現地の紅茶産業について理解を深めてもらえるよう、スターバックスが所有するタゾ・ティーのＣＥＯをケニアに招待した。なぜライバルがケニアで事業を起こす手伝いなどするのだろう。そうすれば同胞の紅茶農家を支援し、ケニア産紅茶の認知度を上げられるからだ。

「私たちの任務は彼ら紅茶農家のために価値を高めることなので、他社に紅茶を売ることでそれが実現できるなら、それでいいのです」とミチュキは言う。「私たちはこの競り市に活動場所を限定された農家を代表しているのですから。第一、競争はいいことです。ケニアの紅茶がスターバックスで売られれば、より多くの消費者がケニアの紅茶を知ることになり、それは私たちにも役に立ちます」

　ハイランドは公正取引の原則に則った形で、紅茶の売上がケニアの農家社会を確実に支援できるようにしている。「これは好循環の取り組みなのです。高い代金を払えばそれが基金に回され、農家が何よりも重要だと考えている教育などのニーズに応えるプログラムを支援します。私たちは、ケニアにおける持続可能な貧困撲滅に対する最善の取り組みは、ケニアが比較優位を持つ分野で価値を高めていくことだと信じています(2)」

アフリカの隆盛を促進しているのは、このように事業を起こし、地域社会を改善する大小さまざまのイニシアティブだ。地域開発に貢献をしながら事業展開するこうした持続可能な市場開発プロジェクト、あるいは意欲あふれる社会起業家や企業のＣＳＲ活動により、地域経済、地域社会が大陸全土にわたって姿を変えつつある。これらのイニシアティブは、アフリカにおける起業家精神と、故郷を代表してアフリカ内外で働く新たな「チーター世代」の知識と連携とを活用している。

ハイランドなどの企業は、アフリカに対する世界の見方を変えつつある。そして、企業を育てると同時に社会も育てているのだ。こうした企業は大陸にさらなる外国投資を呼び込み、経済の発展は政治改革を早急に進める必要性を高めている。

ウブントゥの力

南アフリカ出身のノーベル平和賞受賞者、デズモンド・ツツ大主教は、「ウブントゥ」というズールー語の意味を「**あなたがあるから私がある**」と説明した。この言葉は人間らしさ、分かち合い、コミュニティ、他者への思いやりなどを意味する。ズールーの格言によれば、「人は他の人があって人となる《ウムントゥ・ングムントゥ・ンガバントゥ》」。**アフリカの消費者市場における成功は、人間の基本的ニーズを満たすことで達成される。アフリカ**

タタ・モーターズの「ウブントゥ」バス。南アフリカ市場向けにデザインされたこのバスは、コミュニティと商業を結びつける。

社会のニーズに気づき、応えることで得られるのだ。顧客、従業員、取引相手はみな、同じ社会に属する。ハイランドが国際的事業を展開しつつもケニアの紅茶農家を支援したように、成功は、社会を改善する事業によって収めることができる。農家を支えなければ、紅茶は手に入らない。農家の収入を向上させることで、他の事業の成長や子供たちの教育を支えるための資源を生み出すことができる。人の本当のニーズに取り組んだ事業は繁栄する。ニーズがきわめて大きいアフリカ以上に、これが真実味を持つ場所はないだろう。経済的にも、企業は「あなたがあるから私がある」ことを理解しているのだ。

　アフリカは、深刻な政治的・経済的問題に直面した市場だ。ズールー語は、この複雑に入り組んだ大陸で使われる一〇〇〇以上の言語の一つにすぎない。しかし報道される事実や細かい区分に関係なく、**アフリカを将来の魅力ある市場にしているのはその「人間らしさ」だ。アフリカの成長の原動力となっているのは食べ物や住居、衣服、コミュニケーションといった人間の基本的ニーズであり、子供たちのためにより良い世界を築きたいという親の願いだ。**困難を乗り越え、大陸を世界で最も重要な未来の市場へと導いているのは、不屈の起業家精神と楽観主義だ。

大陸での慈善活動を促進しているのは「人間らしさ」への気づきだが、それは同時に消費者市場の発展の基盤を成してもいる。こうした人間のニーズにいち早く応えている企業や起業家は、将来のアフリカ市場に向けて収益性の高い事業を築きつつある。彼らは、この市場を「**ウブントゥ市場**」と呼ぶ。「ウブントゥ」の概念はビル・クリントンを含む多くの人々のスピーチに反映され、タタ・モーターズが南アフリカ市場向けに設計した市バスの名前に使われるなど、商品にも反映されている。アフリカの富はその起業家や消費者の内にある。アフリカ社会で何が起こっているかに気づかなければ、成功は望めない。ウブントゥの力とアフリカの富は、その人々の内にあるのだ。

CSRとトリプル・ボトムライン

アフリカの企業は、大陸が直面する深刻な問題に直接的・間接的な影響を与えている。

ヨハネスブルグ郊外に位置するボクスブルグの曲がりくねった道を進み、私は閑静な地区に建つ、手入れの行き届いた小さな家の前に車を停めた。当時ユニリーバのＨＩＶ／エイズ資料館の館長を務めていたシスター、ジル・ハロワーに案内されて中へ入ると、大勢の幼い子供たちがこの家の母親代わりを務めるグロリア・ノンツィケレロの周りに集まっていた。四歳から一四歳までの彼らはみな、エイズで両親を失った子供たちだ。

この家は、元ユニリーバ会長ナイアル・フィッツジェラルドが設立した「ソコマラ・プロジェク

ユニリーバが立ち上げた「ソコマラ・プロジェクト」の一環であるボクスブルグのエイズ孤児院で、子供たちと著者。

ユニリーバのエイズ対策活動を率いたシスター、ジル・ハロワーと。2015年には人口の9～12％をエイズ孤児が占めるようになると言われる国で重大な試練に対する取り組みが続く。

ト」（ズールー語で「温かさ」や「優しさ」を意味する）の一環だ。フィッツジェラルドは二〇〇二年にロンドンマラソンを走って一〇〇万ランド（一一九一万円）の創業資金を集めた。大規模な孤児院とは異なり、このプロジェクトは子供がより普通な生活を送れるよう、家庭的な環境を整えている。ボクスブルグにあるこの家の運営資金は在英のイスラム教篤志家からの寄付によるもので、近所にはモスク（イスラム教の寺院）がある。このような子供たちへの思いやりは、民族や宗教の枠を超える。

南アフリカにおけるエイズの影響は衝撃的なものだ。南アフリカのマーケットリサーチ会社がヨハネスブルグの貧困地域でガラス瓶の利用について調査したところ、ある通り沿いに並ぶ六〇軒の住宅のうち、四五軒が子供だけの家庭であることが偶然判明した。彼らの両親はいずれもエイズで命を落とし、年長の子供が年少の子供たちの面倒を見るようになったのだった。こうしたコミュニティの直面する問題は、ガラス瓶を使うかペットボトルを使うかといった問題をはるかに超える深刻なもので、この調査結果を無視できる企業はないだろう。二〇〇五年には、一〇〇万人の南アフリカ人の子供がエイズで母親を亡くした。二〇一〇年までにはこの人数が二五〇万人にまで増え、二〇一五年の南アフリカ人口のうち、九～一二％を孤児が占めるようになると見られている。南アフリカでは、九歳という幼い子供までが取り残されて家長とならざるをえないのだ。

このような事態を目の当たりにすると、一軒で五～六人の子供を世話するソコマラ・ホームの功績は微々たるものに思えるかもしれない。だがこうしたホームは町内から町内へ、次々に複製していけるモデルなのだ。ユニリーバは二〇一〇年までに一〇〇軒のホームを設立するという目標を立てている。各ホームが、親戚のもとに身を寄せたり、自立して暮らしたりしている他のエイズ孤児の支援センターとなる。この方法で、各ホームが約四五〇人の子供たちを支えているのだ。

大陸の切実なニーズを考えれば、そこでのビジネスをアフリカの問題への取り組みと切り離して考えることはできないだろう。それが正しいことだからというだけではなく、影響を受ける人々が企業の従業員であり、顧客だからだ。

「これまではアフリカに援助を行う時代でしたが、援助を行うだけでは、アフリカは依存状態から抜け出すことができません」。二〇〇六年五月にダーバンで会った際、ユニリーバ・南アフリカの会長、ゲイル・クリントワースはこう語った。「その鍵は、アフリカでのビジネスになるでしょう。人々に生活用品を売っておきながら、彼らの生活がどのようなものかに気づかないなどということはありえません」

アフリカで会い、話を聞いた企業や団体はほぼ例外なく、顧客や従業員の直面する深刻な問題に取

ジンバブエでコンドームを配布するコカ・コーラのトラック運転手。（提供：コカ・コーラ・アフリカ、国際人口協会）

り組む何らかの社会的プログラムを実施していた。ＣＳＲへの注目が高まるこの時代にあって、企業が従来の利益追求型の取り組みに加え、自社がもたらす社会的、環境的影響に積極的に関心を持たなければならないことは言うまでもない。**この企業が配慮するべき経済性、社会性、環境性の「トリプル・ボトムライン」は、企業は株主のために利益を生み出す以上の役割を担っていることを意味している。**

ＨＩＶ／エイズ対策

国際人口協会などの団体と協力のもとにＨＩＶ／エイズと闘うべく、コカ・コーラは高度に発達したネットワークを活用してアフリカ中でコンドームを配布している。アフリカ全土に九〇万軒の小売店舗を持つ同社は、アフリカの人々に商品やメッセージを届けるという点では他に例を見ないほど広範なネットワークを有している。**私企業向けに開発されたこのような流通経路を、社会事業に役立てることも可能なのだ。**

コカ・コーラは、ＨＩＶ／エイズに侵された従業員やその家族に、抗レトロウイルス薬を提供する医療計画に着手した。アフリカのコカ・コーラ飲料ボトラーの従業員はみな、既存の医療計画に参加しているか、コカ・コーラ・アフリカ財団およびコカ・コーラ・アフリカ・ボトラー共同の医療プログラムに新たに参加している。財団とボトラー各社はすでに一〇カ国以上でＨＩＶ／エイズキャンペーンを支援しており、大陸中で公共医療サービスの提供を強化する目的で、国連合同エイズ計画（ＵＮＡＩＤＳ）、ユニセフや非営利組織などと戦略的提携を結んでいる。コカ・コーラのような企業は、アフリカに対して大規模な影響力を持っているのだ。

安全できれいな水を

サハラ以南のアフリカに住む三億人以上の人々が、清潔な飲料水を得られずにいる。ディアジオは「ウォーター・フォー・ライフ」プログラムの一環として、清潔な飲料水が手に入れられるアフリカの人々を一〇〇万人増やそうという「ワン・ミリオン・チャレンジ」活動を二〇〇六年に始動した。Ｐ＆Ｇは国際人口協会との連携による水浄化活動の一環として、浄水粉ＰＵＲを配布し、二〇〇五年だけでも世界で推定一一〇〇万人の人々を下痢による死から救った。**Ｐ＆Ｇはウガンダ、ケニア、マラウイなどの発展途上国に住む人々に二〇〇万キロリッター以上の清潔な水を供給している。**ＰＵＲは一袋が七ケニアシリング（八・五円）で売られている。一袋で一〇リットルの飲み水を浄化することが可能な製品だ。

二〇〇六年夏にナイロビのセレナホテルでコカ・コーラの幹部複数名と会ったとき、その中の一人

P&Gと国際人口協会は共同で浄水活動に取り組んでいる。ウガンダ、ケニア、マラウイを含む多くの発展途上国に住む人々のために200万キロリットル以上の水を浄化してきた。7ケニアシリングで買えるPUR一袋で、10リットルの飲料水を浄化できる。（提供：P&G）

クラリス・オジャンボは、同社のアフリカ・ウォーター・パートナーシップのマネージャーとしてアトランタへ向かう直前だった。彼女は二〇〇五年にコカ・コーラがCARE、ユニセフ、P&Gなどの組織や企業と共同でグローバル・ウォーター・チャレンジを設立する際に尽力した人物だ。ナイロビ大学を卒業後、ロードアイランド大学で化学の修士号を取得した。一九九七年に技術者としてケニアのコカ・コーラに入社する前は、フロリダにあるベッツ・ペーパー・ケミカルズで科学研究員を務めていた（そして特許を二件獲得した）。

「**健康な消費者はすなわち健康な事業を意味します**」とオジャンボは言う。「地域社会に還元する以上に理にかなった行動はないでしょう。アフリカの地方では、人口の七四％が安全な水や衛生設備を利用できずにいます。こうした地域は人口密度も低く、配管を施した落下式便所でさえ割に合わないくらいです。革新的な解決策が必要なのです」

その革新的な解決策の一つとして、オジャンボは地方の女性たちと共に、伝統的な水がめのデザイン変更に取り組んだ。口が広く開いた壺や鉢から汚れた手で水を汲み出していたものを、口が狭く、蛇口を取り付けた新たなデザインにして、水の品質を保持できるようにしたのだ。コカ・コーラは他にも浄水や井戸掘削、廃水処理プロジェクトなどに携わっている。

「アフリカの人々はとても情熱的で、決意が固く、自助努力を惜しまない人々です。自分たちにとってどの解決策がうまくいくかもちゃんとわかっています。ただ、促進剤が必要なだけです。コカ・コーラが私にくれたような機会が与えられれば、私たちアフリカ人は自分たちで解決策を見つけることができます」

浄水システムはそうしたビジネスの機会と言えるだろう。たとえばデンマークの企業ベスタゴー・フランセンが製造している「ライフ・ストロー」は、どこでも使える三ドルの浄水システム（ろ過機能のあるストロー）だ。他にも潜在的な機会はある。たとえばテキサス州のドリッピング・スプリングスに住むリチャード・ハイニヒェンは、雨水をろ過して瓶詰めする高度なシステムを発明した。そして同じくテキサス州に設立したタンク・タウンで、二〇〇五年には毎週五〇〇〇本の「雲《クラウド》ジュース」を製造するまでになっていた。彼は地元企業と協力し、企業のロゴが入った雨水商品も生産している。(3) これは現在のところアメリカ市場をターゲットとした商品だが、アフリカでも同様の事業を展開する機会があるかもしれない。

病気との闘い

アフリカでは、五歳以下の子供が毎年三〇〇〇〇人もマラリアで命を落としている。(4) 第四章でも書いたように、ノバルティスは官民協働戦略を通じて効力の強い薬を配布するという方法でマラリア対策に取り組んでいる。SCジョンソンも、殺虫剤「レイド」のような製品の営利事業を行うと同時に、南アフリカを含むアフリカ各地で大規模なマラリア予防プログラムの支援を行っている。私は、ウィスコンシン州ラシーンにあるSCジョンソンの上席科学研究員モード・クリスチャン・マイヤー博士と会い、博士がアフリカにおけるマラリアの研究と減少を目的として実施している蚊取りプロジェクトについて話を聞いた。

アメリカへ進学するまでガーナで育ったクリスチャン・マイヤーは、タフォという村で実施されているプロジェクトを監督するために半年ごとにガーナへ戻っている。博士の革新的な蚊取り装置は、人間の吐く息を模倣した少量の二酸化炭素を発生する。それに引き寄せられた蚊が網の中へ吸い込まれる仕組みだ。数年間にわたり、試験区域の地元診療所で収集されたデータによる初期の研究結果では、二〇〇二年と比較して二〇〇五年のマラリア症例は三分の一減少したことが判明した。通常五歳未満の子供の一〇人に一人がマラリアのために死亡すると言われていたある地域では、一人も死亡が報告されなかった。この装置には一切SCジョンソンの商品が使われていないため、直接的な商業利益は得られないが、これは正しい行いだ。博士の研究はタフォの村を救いつつ、この命取りになる病を防ぐための新たな取り組みに活かされている。

影響力の大きいイニシアティブは他にもある。アフリカ・パートナーズ・メディカル（APM）は、アフリカの医療向上に尽力するアメリカ人とアフリカ人の医師、看護師、その他医療専門家で構成されたグループだ。このグループは、アフリカで教育的会合を主催したり、現地在住のアフリカ人医療専門家との長期的パートナーシップを構築したりして活動を進めている。APMにはメイヨ・クリニック、スコット・アンド・ホワイト・クリニック、ハーバード大学医学部、スタンフォード大学医療センター、フィラデルフィア小児病院など、数多くの医療施設で働く医師や看護師がボランティアで携わっている。また二〇〇〇年以降、APMはガーナ、ナイジェリア、ケニア、コートジボワール、ブルキナファソ、マリで活動する九〇〇名以上の医師、研修医、看護師、救急救命士を対象に、毎年医療教育プログラムを実施している。

マッキンゼーが二〇〇七年一一月の季刊誌『マッキンゼー・クオータリー』で発表した調査では、アフリカにおける極度の医療専門家不足は新たなモデルによって解決可能であると結論づけている。世界中の病気の四分の一が発生しているにもかかわらず医療従事者が世界全体の三%にしか満たないこの大陸の能力は、与えられた難題に釣り合ったものになっていない。調査結果では、先進諸国で実施され、成功したモデルを採用すれば、アフリカは医療ニーズによりよく対応していくことができると記され、「看護師や地域の保健師など、医師以外の従事者を増やす」「公的医療研修プログラムに加え、民間セクターによる教育を取り入れる」「NGOや民間セクターとの幅広い連携を促進する環境を整える」の三つの課題が挙げられた[5]。

二〇〇七年一二月、世界銀行の国際金融公社はアフリカの医療に対し、民間セクターのイニシアティブも対象に含めた一〇億ドルの資金投入を発表した[6]。

時として、非営利活動が営利目的の合弁事業よりも効果的である場合がある。世界保健機関が世界基金に代わってケニア、エチオピア、ガーナ、ルワンダ、ザンビアで実施した調査では、蚊帳を販

売するよりも、無料で配布したほうが高い効果を得られたことが判明した。これは「公衆衛生対策に名目価格を設定したほうが購入者が真剣に受け取るため効果が高い」という見方とは相反する結論だ。[7] 最善の解決策が、無料のものである場合もあるのだ。

アフリカや世界の他の地域では、健康状態が改善しているという良い兆候もいくつか見られる。たとえば二〇〇七年九月、国連は世界の乳児死亡率が激減し、サハラ以南のアフリカでも急激に減少したという報告を発表した。これは、二〇一五年までに一九九〇年時点での乳児死亡率を三分の二減少させようという、国連のミレニアム目標に向けた大きな進歩の兆しだ。[8]

地域に根ざした観光業

スティーブ・フィッツジェラルドは、一方では裕福な観光客へサービスを提供しつつ、もう一方では地域社会と環境を改善することで、コンサベーション・コーポレーション・アフリカ（CCアフリカ）を、アフリカサファリとエコツーリズムの企画会社としては最大手の規模にまで育て上げた。CCアフリカは南アフリカ、ボツワナ、ナミビア、ジンバブエ、ケニア、タンザニアで三五以上のサファリキャンプを運営している。

ズールーランドに新たな自然保護公園を開いた際、地元の村落から土地の所有権に対する申し立てがあった。その申し立てに異を唱えると長い法廷闘争に発展しかねないと判断し、同社は土地を村に譲り、その上で長期リース契約を締結した。村は賃貸料所得と雇用機会を手に入れ、CCアフリカは隣人たちと良好な関係を築き、密猟者などの脅威から動物を守ってもらえる。自社が設立したアフリカ基金を通じ、CCアフリカはアフリカの五カ国で実施するプロジェクトに四〇〇万ドル以上の寄付を集めた。大陸を支援しつつ、利他的な顧客の間で会社の評判を高めることもできる一挙両得のイニシアティブだ。

いまやアフリカは最も急速な成長を遂げつつある観光地だが、観光客が見たいのは野生動物や見渡す限りの壮大な景色だけではない。彼らは野生動物を保護したり、地域社会を支援したり、アフリカに影響を与えられるようなこともしたいのだ。ヨハネスブルグにあるCCアフリカ本社で夜遅くに取材を行った際、フィッツジェラルドは、実はマーケティング専門家たちから社名を変えるようにとの助言を受けた、と明かした。サファリの会社というよりは、非営利組織のような名前だからだそうだ。だが、「コンサベーション（保全）」は同社の使命に欠かせない要素で、営利目的と非営利との境界線がいつも明確なわけではない。「私たちは良い行いをすることで業績を伸ばしています。考え方を変え、地域に根差した観光を提供することで利益を上げているのです」

同様に、ジェイク・グリーヴス・クックはオーレオス・キャピタルから資金提供を受けてケニアでゲームウォッチャーズ・サファリを設立し、地元のマサイ族と協力して素朴ながらも快適な、奥地の雰囲気を醸し出すサファリツアーを開発した。地元の部族はリース費用と観光客一人あたりの手数料を受け取り、ぜひとも欲しい収入を手に入れる。一方観光客のほうは本物のテントに宿泊し、マサイ族と触れ合うという、一般的なサファリとは一味違った商業性の少ない体験を味わう。ジンバブエのシアウォーター・アドベンチャーズ（インスコー所有）は年間八万人という観光客の環境保全への関心に目をつけ、ビクトリアの滝の上空を飛ぶヘリコプターツアーに加え、ライオンと一緒に歩けるツアーやゾウの足跡アートを販売している。ジンバブエの経済危機と滝の反対側にあるザンビアでの観光業の成長により収益が減少するなか、観光客一人一人からさらに利益を生み出す方法を模索することが、生き残りには不可欠となってきている。

道路や港といったインフラの構築にあたり、官民協働は世界中のどこでもきわめて重要だが、アフリカ市場では、この協力関係はさらに深いところで重要となる。アフリカが直面する社会的課題には、企業が政府やNGOなどと協力してインフラを構築する機会があるはずだ。

シードマネーの提供

アガ・カーン開発ネットワーク（AKDN）は、地域開発と事業を一体にするという精神を具現化している。ホテルや銀行、保険会社、製造会社などの事業を育てつつ、AKDNは同時に学校、大学、病院などを建ててきた。「私たちの理念は、国家のためには開発を、人々のためには生活の質の改善を、というものです」。AKDNケニアの在勤員、アニル・イシャニは二〇〇六年の取材に応えてこう語った。ケニア、ウガンダ、タンザニア、コンゴ、コートジボワール、マリ、ブルキナファソ、アンゴラ、モザンビーク、マダガスカルで活動するAKDNは、文字どおりの「シード（種）マネー」をナイロビの北東に住む三万人の小規模マメ農家に提供した。**農民たちに作物の種を配布し、さらには収穫後に作物を売るための市場も整備したのだ。**AKDNは他にも教育や医療施設、マイクロファイナンスなど、さまざまな活動支援を実施した。その結果、ヨーロッパの市場にも輸出できるほど質の良い商品が作られるようになり、農民の生活水準は大幅に向上したのだった。

企業は公共事業にも資金提供を行っている。**ゴールドマン・サックス、ヨーロッパの数カ国、そして世界銀行が一丸となり、発展途上国の子供たちにワクチン接種を行う大規模な活動を展開した。**世界最貧の七〇カ国でGAVIアライアンス（「ワクチンと予防接種のための世界同盟」より改称）が展開する医療プログラムに資金を供与する目的で、二〇〇六年一一月に発行された革新的な一〇億ドルの債券が使われた。「予防接種のための国際金融ファシリティ」（IFFIm）は今後一〇年で五億人の子供の健康を守ると期待されている。(9) 健康や予防接種に関する具体的な目的のために債券が発行されたのは、これが初めてだった。

これまでは通常公共部門で対応するべき問題と見られてきた医療などの問題への取り組みについて、世界銀行などの組織は民間の活動を支援している。医療問題について政府が効果的な対応をしてこなかった大陸では、起業家精神に投資することがより望みのある方法かもしれないという認識があるようだ。

寄付も、より戦略的になりつつある。経済学者ジェフリー・サックスが共同創設者の一人であるNPOミレニアム・プロミスは、サハラ以南の十数カ国で地域に根ざした経済開発活動を構築するための投資を行ってきた。貧困の連鎖を断ち切るべく、ミレニアム・プロミスは国連との協力のもとに農業、医療、教育、道路、電気などさまざまな分野へ戦略的に投資を行っている。たとえば、タンザニアの小さな村に肥料を提供することで農民が利益を向上させ、自分の畑や地域の発展にさらなる投資を行うための資金を得ることができる。[10] クリントン財団も数々のプロジェクトを支援しており、マラウイのネノという地域では病院を建設し、さらには一二〇〇人の地元農民をまとめて農協を作り、冬小麦を育てる肥料を買う資金の貸付が行えるようにもした。農協のおかげで、農民たちは麦を粉に挽くための製粉機も作ることができた。[11]

社会起業家による市場の開拓

社会的問題に関心を持つ起業家たちは、問題に取り組みつつ市場を開拓している。ドレイパー・リチャーズ財団は「優秀な人々が各地で社会的変化を生み出す」ことを願って社会起業家を応援している。この財団が支援する起業家のなかには、「キヴァ」（www.kiva.org）の創立者マット・フラナリーとプレマル・シャーもいる。キヴァは、貧困層を対象とした世界初の個人対個人の貸付市場だ。フラナリーとその妻は、小規模事業を育てることでウガンダの低収入起業家の生活をいかに劇的に変えられるかを目の当たりにし、キヴァのコンセプトを思いついた［キヴァとはスワヒリ語で「絆」の意味］。シャーのほうはペイパルの製品マネジャーだったが、インドで長期休暇を取った後にインターネット上でマイクロファイナンスを提供する先駆者となり、その後フラナリーと共にキヴァを設立した。キヴァの目標は、インターネットユーザーが発展途上国の特定の起業家にネット上で貸付を行い、その起業家との結びつきを持つための土台を築くことで世界の貧困を減少させようというものだ。

ドレイパー・リチャーズ財団は他にも、ルワンダおよびケニアの貧困農家を支援するワン・エーカー・

ファンド、エイヴォンのような必須健康商品のモデルを活用するウガンダのリビング・グッズ、アフリカはじめ世界各地で安価な眼鏡を売る地元起業家を支援するビジョンスプリング［旧スコジョ財団］など、多くの社会的事業者を支援している。

ビル・ドレイトンがワシントンDCで一九八〇年に設立したアショカは、六〇カ国以上で働く一八〇〇人超の会員を支える、社会起業の支援団体だ。会員の一人、ビクトリア・ヘイルは以前アメリカの食品医薬品局に勤めていたが、アメリカ初の非営利製薬会社ワンワールドヘルスを設立し、アフリカなどの発展途上国にとって価値のあるアメリカでの医薬品研究に資本を投下した。同社は、マラリアやコレラといった病気に対抗する医薬品を開発する革新的モデルを採用している。[12]

グラミン銀行の革新的なマイクロファイナンスと起業家精神に満ちた貸し電話屋の女性たちは、社会的企業がいかにして市場の基盤を築けるかを体現している。現在、携帯電話の普及はきわめて広範囲にわたり、ごく小さな農村にまで普及しているため、貸し電話屋の需要は以前ほど高くはなくなっている。マイクロファイナンスは大手銀行でも行われるようになった。

ノーベル平和賞を受賞したグラミン銀行の創設者ムハマド・ユヌスは、ダノンと協力してバングラデシュにヨーグルト工場を建設し、開発の新たなモデルを生み出した。栄養を強化したヨーグルトは栄養失調問題に取り組むと同時に酪農家や零細事業者を支援し、工場の半径三〇キロ内に住む一六〇〇人の人々に収入源を与えた。アフリカ各地におけるダノンの強力な存在感を足場とすれば、このような「社会的事業」はアフリカの各所で異なる商品を使って再現できる。[13]

政府も重要な役割を果たすことができる。モロッコでは、政府が住宅市場を創出するべく低金利

南アフリカのケープタウンにある看板。「失業率が下がるまで買い物しよう。南アフリカ人よ、誇りを持って支えよう」

ローンを提供している。モロッコには「ビトンヴィル（がらくた）」と呼ばれる人口密集地域があり、なかでも特に大きかったのがカサブランカ近郊にあって、約一七万人が住んでいたとされるシディ・ムーメン地区だ。政府はこのビトンヴィルを取り壊し、金利四%の住宅ローンで入居できる公共住宅を建設している。

起業家精神の促進と消費者市場の開発は、地域経済を活性化させる。持続可能な市場の開発は社会開発と同一歩調を取っていけるものだ。南アフリカのケープタウンで見かけた看板が、そのことを端的に表現していた。「失業率が下がるまで買い物しよう」

デザインによる問題解決

農業革新から家庭用品まで、アフリカなどの発展途上国では新たなデザインが求められている。そしてそれはアフリカの具体的なニーズに合わせて考案されたものでなければならない。スミソニアン博物館群の一つで、ニューヨークにあるクーパー・ヒューイット国立デザイン博物館で二〇〇七年初頭に開催された「その他九〇%のためのデザイン（Design for the Other 90%）」展を見に行った。低価格の人工装具やろ過器、衛生設備、コンピュータまで、発展途上国向けのデザインを考え直すことで得られる機会の貴重な実例を示す内容だった（other90.cooperhewitt.org）。

その一つが「Qドラム」（www.qdrum.co.za）だ。これはプラスチック製のドーナツ型の容器で、中心を貫く穴にロープを通すことで、七五リットルもの水を簡単に転がして運べるというものだ。子供でも、何キロもの距離を運んでいけるほど簡単なのだ。地方では、人々の住む場所が清潔な水を確実に得られる水源から遠く離れている場合が多く、手近な水源を使用しているためにコレラや赤痢などの水系感染症に侵されやすい。

アフリカ向けデザインのもう一つの例が「ケニア・セラミック・ジコ」で、これは燃料消費を三〇％から五〇％も削減できるという携帯用の炭コンロだ。利用者は炭代を節約できる上、有毒ガスや粉塵の発生を抑え、結果として健康状態を改善することができる。このコンロは現在ケニアの都市部の家庭では五〇％、地方では一六％の割合で利用されており、近隣アフリカ諸国にも普及しつつある[14]（第五章でも述べたように、これは調理用コンロの環境に与える影響を軽減し、熱効率を高めるという課題に取り組むべく開発された、数々の革新的解決策の一例にすぎない）。

本章の冒頭で紹介したフリープレイ財団は手回しラジオに加え、足踏み式の発電機「ウェザ」（スワヒリ語で「力」という意味）を開発し、人口の九五％が電力供給を受けていないルワンダで配布した。ウェザは携帯電話の充電や照明の電源、車のバッテリー充電にも役立てることができる。財団は地方農村で有料で電力を供給する地元起業家たちによる「ウェザ・パイオニア」を設立した。彼らの小規模企業は一年以内に黒字化する予定だ[15]。

大企業も、アフリカ向けデザインに新たな目を向けることを推奨している。ノキアはガーナの首都アクラ（さらにはムンバイやリオデジャネイロ）の貧民街に暮らす消費者から、「夢の電話」のデザインを募集した。二〇〇八年四月にロンドンで発表されたそれらのデザインは、現地のニーズに対応するまさしく画期的なデザインのものばかりだった。たとえば、あるデザインには複数のＳＩＭカードを挿入できるスロットがついており、確実に電波を受信するためには複数の通信事業者に接続しなければならないアフリカ人利用者のニーズに応えるものになっていた。

二〇〇六年、ＧＥヘルスケアはカリフォルニア州パサデナにあるアートセンター・カレッジ・オブ・デザインの学生たちに、アフリカの医療問題に取り組む革新的解決策を考案するという課題を与えた。試作品が製作されるまでに至ったアイディアのなかには、患者と助産師、診療所間で通信ができるブレスレット型のラジオや、寄生虫の検出が簡単に行える携帯型顕微鏡、技術者の訓練がさほど必要とされないベルト型の胎児超音波検査機、患者の手の皮膚を見るだけでマラリア菌が検出できるスキャナーなどがあった[16]。豊富な財源を持たない国では、想像力を駆使して地域の課題に合わせた製品を発明することが肝要だ。ＧＥは自社のデザイナーに対してもアフリカなどの発展途上市場向けに製品を開発するよう求めており、その一つである二〇〇八年発売の携帯型心電図検査機の費用は、標準的な機械の数分の一にまで抑えられている。

これらはいずれも発展途上市場の直面する課題に取り組む革新的解決策をどうすれば生み出せるかというすばらしい実例だ。

「犠牲者の大陸」を卒業する

第一章でも述べたように、欧米社会はアフリカへの援助にかつてないほどの注目を浴びせている。U2のボノのような芸能人が大陸へ関心を寄せているし、ゲイツ財団やクリントン財団など多くの団体がアフリカを対象に、プロジェクトに次ぐプロジェクトを展開している。エイズ撲滅キャンペーンではグウィネス・パルトロウとデビッド・ボウイが「私はアフリカ人です」と宣言した。オーストリア人俳優カールハインツ・ベームは一九八一年にエチオピアでの人道支援を目的とした団体メンシェン・フュル・メンシェンを設立した。ボノとアリシア・キーズは楽曲「ドント・ギブアップ・アフリカ」の売上と非営利組織キープ・ア・チャイルド・アライブを通じてエイズ対策資金を集めた。GAP、コンバース、アメリカン・エクスプレス、デルといった大手企業や数々の有名人が支持している「赤い」商品の販売キャンペーンは、アフリカのエイズや結核、マラリア撲滅活動に何百万ドルもの資金を供給しつつ、そうした企業が利益を上げられるようにもなっている[17]。

アフリカにこれまで注入されてきた何千億ドルもの援助の影響については、激しい議論が交わされている。世界銀行の元エコノミスト、ウィリアム・イースタリーは、著書『白人の責務』のなかで、援助における真の悲劇とは「**欧米が過去五〇年間に二兆三〇〇〇億ドルを対外援助に費やしてきたにもかかわらず、マラリアによる死の半数を防げるたった一二セントの薬を子供たちに届けることさえ、いまだにできていない**ことだ」と書いている[18]。社会の経済発展に歴史的視点を向けたのはカリフォルニア大学デービス校の経済学教授グレゴリー・クラークで、著書『施しよさらば』では慈善行為よりも態度の変化が、われわれの住む脱工業化世界における経済的発展の鍵だったと主張している。[19]

ＩＭＦが実施した援助の影響についての調査によると、数十億ドル分の援助が成長を促進することなく、逆に被援助国の輸出を鈍らせるなど、競争力に悪影響を与える結果となっているという。作家マイケル・ホーマンとグレッグ・ミルズは、過去五〇年間に欧米からアフリカに行われた推定五八〇〇億ドルにのぼる支援がほとんど効果を生み出さなかったと指摘している。二人によると、アフリカの貯蓄率を五年間でＧＤＰの三〇％にまで倍増させることができれば、投資向けに一〇〇〇億ドルの資金プールができるはずだという。[20]

特に大きな課題は二つある。まず、援助により、被援助者は変化を促進する積極的な活動者ではなく、被害者という枠にはめられてしまう。次に、大陸への援助を呼びかけることで、アフリカの負の側面に対する世界の印象を強くしてしまう。世界が病気や栄養失調、汚職といった問題に注目すればするほど、大陸のイメージはどんどん損なわれていくのだ。

慈善活動は、故意ではないにせよ、アフリカに対するマイナスイメージを助長している。『祖国なき獣』の著者ウゾディンマ・イウェアラは、欧米の有名人が部族のフェイスペイントを施した「私はアフリカ人」キャンペーンについて、「このようなキャンペーンは、どれほど善意に基づくものであっても、アフリカが病気と死のブラックホールだという偏見を助長するものだ。報道はつねに大陸の腐敗した指導者や将軍、〝部族〟闘争、児童労働、虐待や性器切除により傷つけられた女性たちといった側面にばかり焦点をあてている[21]」と述べている。アフリカが直面する困難に対する世界からの同情はありがたいが、大陸を駄目な人間の集まる場所とするような見方は、現地での事業や投資への関心を損なうのだ。

ゲイツ財団やクリントン財団のイニシアティブや、ノバルティス財団が採用した思慮深い取り組み（コラム参照）により、援助活動はより的を絞った厳密なものになりつつある。G8各国の首脳へアフリカへの注力を呼びかけた「ライブ8コンサート」と同様に、国連のミレニアム・プロジェクト、イギリスのアフリカ委員会、アメリカのサハラ以南のアフリカへの資本移動委員会も、大陸のニーズに注意を集中させている。実際、二〇〇六年七月には、G8各国首脳は二〇一〇年までに対外援助を五〇〇億ドルまで倍増させ（その半分がアフリカに向けられる）、一八カ国（うち一四カ国がアフリカ）への五五〇億ドルの債務を帳消しにすることに合意した[22]（二〇〇七年には、すでに複数の国が、このアフリカに対する公約を果たしていないと報じられている）。

外国からの支援が助けになることは間違いないが、中国、インド、ベトナムの変革は対外援助だけでなく国内改革に基づいて実現したということを思い出してほしい[23]。二〇〇五年四月にマリの元文化大臣がフランスのジャック・シラク大統領に送った文書には、こう書かれていた。「貧困との闘いは物乞いと服従を意味し、われわれをいっそう貧しくする改革につながるものです[24]」。イギリスのトニー・ブレア首相によるアフリカ委員会は二〇〇五年の報告のなかで、アフリカは国際社会に支えられながら「自らの開発を推し進めていかなければならない」と述べ、「アフリカが開発のための適切な環境を整えなければ、対外援助はすべて失敗となる」と結論づけている。

われわれは慈善を超えて、持続可能な市場開発を進めていかなければならない。それは生活環境を改善して利益を生み出す活動であり、存続可能な事業投資先となるものだ。ウガンダでアンドリュー・

ルガシラが経営するグッド・アフリカン・コーヒーのパッケージにくっきりと印刷されたスローガンが訴えるように、「**アフリカが貧困と闘うために必要なのは、援助ではなく貿易だ**[25]」。ルガシラは二〇〇五年にロンドンの『テレグラフ』紙に掲載された記事で、ウガンダが一九六二年にイギリスから独立したとき、そのGDPは、ウガンダよりも五年早く一九五七年にイギリスから独立したマレーシアと同程度だったと指摘する。今、マレーシアのGDPはウガンダの二〇倍もある。イディ・アミンによる抑圧的な独裁政権はその要因のごく一部にすぎないとルガシラは言う。マレーシアは自国の工業化を促進するような経済的インセンティブや政策を実施してきたのだ[26]。

ルガシラは、自らの助言に忠実に行動した。彼の会社は、主にウガンダのルウェンゾリ山地に住む一万人の契約農家およびその集落と利益を半々に分配することで、世界的なコーヒー輸出事業をつくりあげた。ルガシラたちはアフリカが施しの対象ではないということを証明したのだ。彼が育てた農家は、大陸における大きく世界的な市場機会の象徴であり、アフリカの勃興に貢献する九億人超の消費者の代表なのだ。

ノバルティス財団――単純な視点を超越する

一九七九年に設立されたノバルティスの「持続可能な開発財団」は、シンクタンクおよびネットワークとしてだけでなく、慈善活動団体としても機能している。「企業向けのNGOのようなもの」なのだ。他の革新者らと共に、財団は活動の新たなモデルを開発している。「さまざまな理由から、一〇年後には開発支援の内容は現在とまったく異なったものになっているでしょう」。二〇〇六年一〇月に電話取材に応え、財団の理事長、クラウス・ライジンガーはこう語った。

財団は調査を実施し、最も影響力の大きな投資についてノバルティスに助言を行っている。財団はNGOとも協力している。マラリアやエイズなどの問題に取り組み、アフリカの農村貧困者に健康保険を提供し、タンザニアおよびマダガスカルでハンセン病に対する偏見をなくすための教育を提供する画期的なプログラムなど、革新的なプロジェクトを開発してきた。

教育プログラムの調査が実施された際、ハンセン病患者にとって最大の障害は、薬を配布するだけでは排除できないということがわかった。排除するべきは、患者が助けを求めることを阻む偏見だったのだ。プログラムは研修やソーシャル・マーケティングを通じて実施され、村の長老や助産婦を巻き込んで啓蒙活動が行われた。メガホンやテレビのメロドラマも活用された。企業が石鹸やジュースを売るのと同じやり方で、ハンセン病は治療可能なのだという考えを「売る」必要があったのだ。

マラリアに対して、財団は「マラリアにどれほど多くの金額が費やされ、どれほどわずかしか達成されていないかに着目した」とライジンガーは言う。患者への聞き取り調査では、症状に気づくのが遅いため、実際にマラリアにかかっている患者で治療を受けているのは三人に一人しかいないことが判明した。それもほとんどが自己診断だ。アフリカの炎天下で一日八時間も労働していれば、マラリアの症状に似ためまいや頭痛に襲われることもあるかもしれない。調査員は、症状が改善してくると患者が治療を中断してしまうことにも気づいた。プラスチックシートを成形加工した一体型ブリスターパックのように単純な包装方法の工夫だけでも、劇的な効果を生むことができる。ブリスターパックのおかげで、薬の紛失や、埃や水による傷みもなくなり、患者がいつ何錠飲めばいいかもわかりやすくなった。さらには患者に次の薬を処方する前に空のブリスターパックを返却させることで、医療従事者は、薬が指示どおりに服用されているかどうかの確認もできるようになったのだ。

財団は、他にもマリで民間の医療プラン設立を支援し、まずはノバルティスの現地研究所付近にある一〇の村から実施していった。発展途上国の多くが、無料もしくは補助金による医療から距離を置き始めており、このことで最も大きな打撃を受けたのは地方の農村だった。マリの新たな健康保険は、加入者一人あたり年間二ドル程度の負担を要する。加入者は地元の診療所で治療を受けられる。ワクチン接種や病気の予防に重点が置かれている。人々を加入させる際にはやはり、教育が重要な役割を果たした。ライジンガーいわく、「誰も、リスクを大勢に分散させるという保険の概念に慣れていなかったのです」

三年目を迎える頃には、パイロットプログラムが実施された一〇カ村の合計人口二万人のうち一五〇〇人がマリのプログラムに加入していた。このイニシアティブは五年で採算が取れる見込みであり、そうなればタンザニアなど他国にも広げていける。なぜ民間の保険会社はこれをやっていないのか。「複雑なことには関わりたくないと思う人が多いからでしょう。しかし私たちが抱えるさまざまな現実問題にしても、十分複雑ですよね」とライジンガーは言う。「ほとんどの健康問題が抱える複雑さと意味に、真剣に向き合うべきです。単純な物の見方から離れることができれば、多くが達成できるはずです」

『テクノロジー・レビュー』誌の発行人ジェイソン・ポンティンは、『ニューヨーク・タイムズ』紙に寄せた論説でこう述べている。「実は、アフリカは起業家精神と援助双方への投資を必要としている。そしてその投資は教育、健康、食料に賢く振り向けられるべきである」[27]。援助は緊急課題の解決に不可欠で、一方、事業開発は長期的に持続可能な財産を築くことができる。[28]ホーマンとミルズは「援助を人道目的に特化して」利用し、土地所有率の増加、外国からの直接投資の増加、民間セクターの成長、そして違法な送金を食い止めるためのより厳しい規制によってアフリカ経済を開発していくべきだと提言している。

アフリカのブランド再生

アフリカ中の指導者が、大陸に映し出されている楽観主義に、世間のアフリカに対するイメージがついてきていないことに気づいている。「非常に、きわめて前向きなこの物語を伝えるために、ブランド化を正しく行わなければならない」。南アフリカのツァボ・ムベキ大統領は、二〇〇六年にケープタウンで開催された世界経済フォーラムのアフリカ会議でこう述べた。

諸国は自らのブランド再生に対して手段を講じており、アフリカ大陸においてはそれがより幅広く行われている。たとえば、ウガンダは「アフリカで一番気さくな国」となった。エチオピアは「快晴が一三カ月間続く国」、ナイジェリアは自らを「アフリカの心臓」と位置づけている。アフリカの一部の国は、早くも貴重な国家ブランドを開発している。ブランド調査機関アンホルトが実施している国別ブランド指標および金銭的ブランド力の調査によると、南アフリカのブランド力は二〇〇五年第4四半期に推定九四〇億ドルと、GDPの四四％にあたる額だった。エジプトの国家ブランドはGDPの二一％にあたる六七〇億ドルだった。人口一人あたりに換算した南アフリカのブランド価値（二一八二ドル）およびエジプトのブランド価値（九七六ドル）は中国（五四九ドル）やインド（二七〇ドル）の価値を上回っている[29]。

本書で述べているように、アフリカの娯楽、音楽、文学のファンは世界中に広がり、認知度も上がってきている。アフリカの美術品に対しても関心と値段が高まっていることは、イタリア人実業家ジャン・ピゴッツィが現代アフリカンアートの膨大なコレクションを所有していることからもわかる。世界はアフリカに対する見方を変えつつあるのだ。

こうしたブランド再生のなかには、大陸が直面する本当に深刻な難題に取り組み、汚職や貧弱な指導力といった課題にも対応しているものがある。ある上級幹部は、欧米メディアが描くアフリカを「CNN版アフリカ」と呼んだ。欧米の報道により病気や政治的崩壊などの課題は浮き彫りにされるが、アフリカの全体像は見えてこないという。映画『ホテル・ルワンダ』で主人公を演じ、ダルフール紛争についての本『見えないところで』を共同執筆した俳優ドン・チードルは『タイム』誌の取材に対し、アフリカの人々が一番求めているのはもっとまともな広報だと語った。

「**メディアは悲惨な状況について話すことばかり好んで、成功を伝えることに対しては非常に抵抗感を示すのです**(30)」

ディアジオ・アフリカ・ビジネス報道賞のようなイニシアティブは、こうした認識を変える一助となっている。この賞は、アフリカにおける事業環境と機会に対する正確かつ幅広い理解を促進する目的で二〇〇四年に設立された。ディアジオは、大陸へさらに投資を呼び込むためには、認識の変化が欠かせないと考えている。アフリカで毎年のべ四五億人分もの飲料を販売しているディアジオは、市場の力に気づいているのだ。

アフリカ諸国や起業家はケニアのハイランド・ティーのようなブランド商品を生み出しており、輸出製品からさらに価値を得ている。ブランド化による価値の認識は、スターバックスとエチオピアの間での対決につながった。エチオピアのコーヒー農家は豆一ポンド（約四五〇グラム）に対して約一ドル四五セントを受け取っていたが、アメリカのスターバックスではそれが二六ドル前後で売られていた。二〇〇五年にエチオピア政府は国内三カ所のコーヒー生産地域（イルガチェッフェ、ハラール、シダモ）の名前を商標登録するべく、米国特許商標局に申請を行った。問題は、スターバックスがすでに「シルキナ・サンドライ・シダモ」という商品でシダモの名前を商標登録申請していたことだ。このことから、世界最大のコーヒー生産国と世界最大手のコーヒー販売企業との間で争いが起こった。二〇〇七年には合意が成立し、スターバックスは同年一一月、エチオピアに農民の収益性向上を支援するセンターを開設すると発表した。商標をめぐるこの争いは、アフリカ諸国が自らのブランド価値に気づき、そこから利益を得ようとし始めていることの表れでもある。[31] そう簡単にブランドを手放すわけにはいかないのだ。

サンフランシスコに拠点を置く新興企業ＴＣＨＯはアフリカの主要輸出品であるカカオ豆の分析と分類を行う高度なシステムを構築した。ブランド化に加え、このようなシステムは、チョコレート産業をワインやコーヒー産業のように、生産者がより価値を評価できる産業へと変えていけるかもしれない。

乗り越えるべき課題

アフリカの九億人以上の消費者市場は大陸内外の事業、投資家、為政者、慈善活動家に多大な影響を与える。アフリカは発展しつつあるが、まだすべきことは山ほどある。アフリカを世界で最も重要な新興市場へと開発し続けるなかに機会があるのだ。しかしこの機会に応えるにあたって、多種多様な利害関係者には課題が突きつけられる。誰しもが、社会開発と持続可能な経済発展との均衡を保つことに焦点を合わせていかなければならないのだ。

民間セクター

すでに述べたとおり、企業は自分たちがアフリカで支援している人々こそが顧客になり従業員になるということを理解している。**世界中どこの新興市場でも同じだが、アフリカでも、地域に直接影響を及ぼす健康や教育などの福祉問題に関心を持たずして、事業を行うことはできない。**ニーズは大きいが、機会も同様に大きい。なぜなら、これらのニーズに応えられるコミュニケーション、流通、そして最先端のインフラを備えているのは企業だからだ。

アフリカには、まだ手つかずの機会がいくつも転がっている。ナイジェリアのミスター・ビッグスやジンバブエのインスコーのような地元企業が盛況なレストラン事業を構築するなか、サハラ以南のアフリカでマクドナルドやピザハットなどの大手企業が示す存在感はごくわずかなものだ。二〇〇六年に、ワシントンＤＣにある国際フランチャイズ協会のマーセル・ポートマンにサハラ以南のアフリカ（南アフリカを除く）で事業展開しているアメリカのレストラン企業を紹介してくれるよう依頼したが、無駄だった。そんな企業はなかったのだ。代わりにポートマンは第一章で紹介したインスコーのようなアフリカ系企業を紹介してくれたのだった。

アフリカで事業を行っている企業は、本社のアフリカへの移転を検討するべきだ。多くがいまだにイギリスやフランスに拠点を置いているが、航空会社やインフラの改善に伴い、大陸内から大陸を動かしていく時代が到来しつつある。アフリカでビジネスがしたければ、アフリカに行くといい。

前述のとおり、**企業はこの市場に合わせた商品を作り出す必要がある。**また、第四章で述べたように、**雑然とした市場の一部を組織化することも重要だ。**たとえばインドのバブジョブ・ドットコムは、メイド、料理人、運転手らを雇用主とつなぐソーシャル・ネットワーキング・サイトを立ち上げた。元マイクロソフト社員が設立したこの会社は、整備されていなかったこの分野の市場を組織化しているのだ。アフリカでも同じことができるのではないか。

アフリカでは薬学研究を拡大していく必要もある。新たな研究所や研究機関を設置し、先進国・発展途上国各国の大手製薬会社の支援を受けて、大陸で発生する病気の研究を進めることは可能だろうか。アフリカで病気が発生しているのだから、その病気の研究はアフリカでするほうがいいはずだ。薬の価格設定やマーケティングにもイノベーションが必要だ。たとえば二〇〇六年にウォルマートが、一五〇種類のジェネリック薬品三〇日分をアメリカの市場でたったの四ドルで発売すると発表したところ、同業者のターゲットがすぐさま対抗し、同じ価格で販売した。世界で最も裕福な国でそれができるなら、アフリカの大手小売業者にもできるはずではないだろうか。

企業は、アフリカ市場に関するデータの質を改善しなければならない。アフリカは、データが乏しい大陸だ。アフリカ中の商工会議所が、会員に教育や情報を提供するべく、支援を行っている。ボストンに拠点を置くマーケティング科学研究所（ＭＳＩ）のように、数多くの企業による支援を受けて眼前の消費者行動やマーケティング課題に取り組むリソースがアフリカには必要なのだ。南アフリカでは多くの企業が自前の研究に資金を投入しているが、各社のデータを集約すれば、アフリカ市場のより正確な全体像が見え、市場への参入の仕方がわかるかもしれない。南アフリカのケープタウン大学でユニリーバ研究所が「ブラック・ダイヤモンド」セグメントを特定したが、これは伸び続ける機会に応えるべく、研究が関心や資源を引き寄せた実例だ。アフリカの大学や企業が、アフリカの消費者や市場に関する研究を促進するＭＳＩのような幅広いイニシアティブの設立を支えることはできるだろうか。

データの不足を補う面でいくつかの重要な進歩があった。具体的な産業情報こそ提供していないもののの、アフリカ開発銀行はOECDと共同で、比較が容易な共通の書式による国別報告書をほとんどのアフリカ諸国について毎年発行している。ルネッサンス・キャピタルのような投資会社も、投資の指針とするべく、アフリカで高度な調査・分析を実施している。

データの不足

アフリカでは、信頼性の高い市場データが不足している。このため、現場に出向く必要性が生じる。ファーイースト・マーカンタイルのディーパック・ケルヒャーは、ナイジェリアにおけるファイアストン製タイヤの輸入業者として、国内のタイヤ市場を理解する必要があった。そこで、彼は一八輪トラックが使っているタイヤのブランドを実際に目で見て調べるべく、調査員を全国各地へ送り出したのだ。調査員はワークシートを作成し、一八輪トラック一台一台に使われているタイヤのブランドを調べて統計を取って回った。信頼できるデータがなければ、実際にタイヤがある現地に出かけていかなければならないということをケルヒャーは知った。足を使ったこの地道な調査により、ファイアストンの事業は一九九五年の二五万六〇〇〇ドルから、二〇〇六年は二〇〇万ドルまで拡大することができたのだ。

ドイツの消費財企業ヘンケルは、有名な商品「イシス」を販売していたアルジェリア国営洗剤会社ＥＮＡＤをフランス事業部経由で二〇〇〇年に買収し、アルジェリア市場への進出を果たした。その後、国内の様々な市場セグメントに対応し、新規参入する多国籍企業との競争に備えた新製品を数多く開発し、成功してきた。現在のＣＥＯであるミシェル・カトラマを取材した際、彼も大きな課題の一つが市場情報の不足だと語った。自社製品の市場がどのようなものか、まったくわからなかったのだ。当時、正確な情報の入手は不可能に近かったものの、市場への信念と忍耐によりカトラマは事業を成功させ、独自の情報経路を築くことができた。当然のことながら、二〇〇七年に取材した際には、苦労して手に入れた情報をなかなか見せたがらなかった。

ブデブ・ムケルジーが二〇〇〇年にナイジェリアで「インド・ミー・ヌードル」の販売促進を開始した当時、彼は毎晩ネクタイを外し、一介の研究員を装ってラゴスの家から家へと訪ね歩き、各家庭でどのように麺を食べているかを調べて回った。こうして、ムケルジーは自社製品が家族の食事ではなく、子供のおやつとして見られていることを知った。ナイジェリア人は麺に抵抗があるわけではなかったが、食事と見なしていなかったのだ。この観察結果に基づき、同社は家族の食事としての商品の位置づけを強化した。売上は急増した。

ダノンも、二〇〇四年にアルジェリアでビスケットを製造し始めた当初は同様のデータ問題に悩まされた。二〇〇七年にチュニスで取材した際、ダノンのクロード・ジョイは最大の課題が市場規模や地元競合他社の市場シェア、さらには自社の市場シェアまでも含めて、信頼できる正確な数値を得ることだった、と語った。数年の間に、ジョイは地元で製造を行い、その他の商品はチュニジアから輸入するという方法で成功した。データの質を高めるためにACニールセンと協業し、より正確な市場情報を収集するべく小売店でパネル調査も実施した。
こうした果敢な努力は見事なもので、起業家精神に満ちた彼らに良い結果をもたらしたが、アフリカにはさらに良質なデータに対するきわめて大きなニーズがあるのだ。

NGOと活動家たち

活動家は、アフリカの人々の自ら困難を切り抜ける力に気づき、その力を生かしていかなければならない。起業家精神を後押しするのと同時に、差し迫ったニーズに対応しなければならないのだ。NGOのなかには、民間企業と手を組んで、衛生の促進や女性の地位の向上といった課題に取り組んでいるところがある。

NGOが注意するべきなのは、自分たちの行動がどのようにして人々の自立心を促すかという点だ。二〇〇四年一二月の津波後にインドが行ったように、大きな災害に対応する自らの力を養うべく、アフリカの国々が国際援助を断る日が来るかもしれない。支援は現地の自立を阻害しないよう、その焦点を絞っておくべきだ。そして官民が足並みを揃えることが重要だ。

教育者

アフリカは切実に新しい学校を必要としている。特に専門技術や経営術を身につけるための学校が

求められる。主要大学は新たにビジネススクールの開校を検討してはいるが、九億人以上が住む大陸で約八〇校という既存のビジネススクールの数はあまりにも少なすぎる。ハーバードやウォートンなどの一流大学が民間セクターの経営者と協力し、インド商科大学院や上海、アルゼンチンなど世界各地に作ったような学校を、なぜアフリカには作らないのか。これほど知識に対するニーズが強く、これほど若者の人口密度が大きい大陸には、アフリカの発展に多大な影響を及ぼすことのできる、新たな施設を建設する機会があるのだ。国際金融公社によるチュニジアの南地中海大学への投資計画や、在外チュニジア人の参画は、アフリカにおける教育の改善に向けた協調的努力の可能性を示唆するものだ。

アフリカ内外の主要な起業家や財団は、アフリカで専門教育機関の設立を検討するべきだ。メキシコにある世界的に有名なモンテレー工科大学は、メキシコ経済のために能力開発を行おうと立ち上がった事業家たちによって、一九四三年に創立された。トルコ人億万長者ヒュスニュ・オズイェインは、トルコの最貧地区にある三六校の小学校や寮のネットワークを構築するべく、五〇〇〇万ドル以上を投資している[32]。**民間企業や個人にでさえ、アフリカの教育に貢献する機会は数多くあるのだ。**

フランスの学校から職員を呼び寄せ、フランス政府とアルジェリア政府が協力して設立したアルジェリア高等経営学校を見てもわかるように、政府にも貢献できることがある。政府のイニシアティブによる影響力を理解するには、インド情報技術大学（ＩＩＴ）を見ればいい。インドの発展を促進する優れた技術者を育成するべく、一九五〇年に当時の首相ジャワハルラール・ネルーが設立したこの大学は、二〇〇七年までに一〇万人を超える学生を世に送り出し、その四分の一がアメリカに住んでいる。同年七月、一五〇〇人のIIT卒業生を雇用しているグーグル、マイクロソフトとゼネラル・エレクトリック（GE）の三社がカリフォルニアで開催した同窓会には、三五〇〇人以上のIIT卒業生が集まり、GEのCEOジェフリー・イメルトやヒラリー・クリントン上院議員（こちらは衛星中継による参加）らによる基調講演が行われた[33]。IITは非常に競争力が強く、工学分野では世界的なリーダーと言われている。アフリカでも同様のイニシアティブが生み出せるのではないだろうか。アフリカ版インド情報技術大学や、アフリカ版インド経営大学はどこにあるのだろう。IITを手本に計画が進められているネルソン・マンデラ・アフリカ科学技術大学はその一歩を踏み出しているが、このような学校がさらに多く求められる。

アフリカの学生には、もっと外国留学の機会も与えられるべきだ。外国人留学生は、二〇〇六〜二〇〇七年のアメリカ経済に推定一四五億ドルをもたらした。特に多かったのはインドと中国からの留学生で、インドからアメリカへの留学生は八万三八三三人、中国からは六万七七二三人だった。アメリカへ学生を送り出している国の上位二五カ国中、アフリカの国は六三四九人のケニアと五九四三人のナイジェリアだけだったというデータが、アメリカ国務省の教育文化局および国際教育研究所（IIE）の年次報告書『開かれた扉』に記されている。アメリカの学校を出たインド人卒業生は母国に多大な影響を及ぼしている。アフリカには九億人以上の人がいるのに、なぜアメリカの大学はもっと積極的にアフリカ人学生を勧誘しないのだろうか。一九五三年以来、外国へ留学する大学生、大学院生、職業訓練生に奨学金を提供してきたアフリカン・アメリカン・インスティテュートは、この分野に重要な貢献を行ってきた。しかし、なすべきことはまだ多い。

子供が大学年齢に達するまでにも、重大な教育ニーズがある。小学校や中学校への投資は欠かせない。インドには私立の学校がある。政府では間に合わないため、民間セクターがイニシアティブを取り、企業も自らの学校を設立したのだ。アフリカにも私立学校はあるが、さらに多くの良質な学校が必要とされている。また、P&Gの「いつも学校に」活動のように、教育を阻害する要因を取り除くイニシアティブを支援することも不可欠だ。

在外アフリカ人

第八章で述べたように、在外アフリカ人たちは大陸の発展における主要な原動力となりつつある。現地の市場機会、そして投資や新たな事業によって克服可能な独特の困難について、彼ら以上に理解しているセグメントは世界中どこを探してもない。アフリカの成功に対して、彼ら以上に利害関係のあるグループはないのだ。国外移住者は、自らの投資が故郷への人道支援として意味があるだけでなく、アフリカ市場に焦点をあてた有望企業に投資する機会があるという観点からも、道理にかなっていることに気づくべきだ。

こうした投資が寄付ではなく投資として扱われるにつれ、経済的、文化的理由から、より幅広い在外の投資家たちが（たとえばアフリカ系アメリカ人からも）アフリカ市場に引き寄せられるかもしれない。インドおよび中国の発展にあたっては、国外移住者が本国では得られなかった資源や知識を提供するという大きな役割を果たした。アフリカでも同じことが起こってもよいのではないか。

メディア

メディアの課題は、これまでの偏見を強調するようなネガティブな報道ばかりに終始するのではなく、アフリカの全体像を伝えることだ。ディアジオのビジネス報道賞、アメリカ人ジャーナリストのシャーリーン・ハンター・ゴールトによるナショナル・パブリック・ラジオでの報道（および著書『アフリカからの新ニュース』）、ジャーナリストのキャロル・ピノーが手がけたドキュメンタリー「アフリカは開店営業中」（www.africaopenforbusiness.com）など、その方向に動いているメディアは一部存在する。『アフリカン・ビジネス』誌やフランス語の『ジュヌ・アフリーク』誌、ビズコミュニティ・ドットコムなど、アフリカからの直接の情報源が、好況に支えられて活力に満ちた大陸を紹介している。

アフリカに対する見方は、変えていかなければならない。アメリカのシンクタンク、ブルッキングス研究所のステファン・コーエンが、二〇〇七年八月に『フィナンシャル・タイムズ』紙に掲載された記事で、インドについて「もはや巨大でエキゾチックな、力のない国ではない」と語っていた(34)。アフリカに対するわれわれの見方も、同じように変革していかなければならないのだ。

リーダー

モ・イブラヒムがリーダーシップに対する賞を創設した際の認識のように、事業と政治におけるリーダーシップは、アフリカの将来を形作るものだ。リーダーに褒賞を与えることで、イブラヒムは経済的インセンティブとより良い政府との協調を支援している。アフリカにおけるシンガポール的玄関口としての役割を果たしたいと願うルワンダなどの国々は、シンガポールの改革が成功した秘密の一つが、公務員の能力給制度だったことを知っておくべきだろう。こうした変化がなければ、腐敗防止イニシアティブは苦戦を強いられるだろう。

政治的不安定の代償は大きい。アフリカにおける武力衝突は一九九〇年から二〇〇七年の間に二八四〇億ドルの損失を生んだが、オックスファム・インターナショナルおよび二つの非営利軍縮グループが二〇〇七年に実施した調査によると、この金額は同じ期間に主要支援団体が行った援助の金額に匹敵するという（ただし、この調査で一つうれしい知らせがあった。五年前と比較して、アフリカにおける武力衝突は減っていたのだ）。**政治的指導力と安定性は経済的発展に不可欠なのだ。**

数々の困難を切り抜けていける力と知識、視野を兼ね備えたビジネスリーダーが求められると同時に、ビジョンと思いやりにあふれた政治的リーダーも求められる。はるか遠い国ブータンのドルジ・ワンモ・ワンチュク王妃〔現皇太后〕が見せたような思いやりと献身を示せるリーダーが必要なのだ。王妃はNGOでさえ行かないような国の最奥の農村を自らの足で歩き回り、国民を助けるためにタラヤナ財団を設立した。王妃は若者を巻き込んで教育や医療などのサービスを提供するプログラムを通じ、貧しさのない、幸せなブータンを作ろうという国家目標を掲げた。この国は他にもさまざまな方法で自らを変えている。その一つが、立憲君主制を選んだことだ。ジグミ・シンゲ・ワンチュク国王〔二〇〇八年に退位〕は自ら民主化を推進し、二〇〇八年三月に初めての選挙が行われた。ブータンのように資力の乏しい小国でも実現できることなら、世界中どこでも実現できるはずだ。必要なのは、英雄だけだ。

アフリカの発展に必要とされる優れたリーダーは、続々と登場しつつある。ナイジェリアの元財務大臣・外務大臣ンゴジ・オコンジョ・イウェアラは、二〇〇七年一〇月に世界銀行の専務理事に任命された。イウェアラは腐敗の根源に取り組むなど、ナイジェリアでの経済改革を先導し、今度は世界銀行でアフリカ、南アジア、ヨーロッパ、中央アジアでの活動を率いることになったのだ。ハーバード大学およびマサチューセッツ工科大学に学んだ経済学者であるイウェアラは、アフリカにおける新リーダーたちの一人だ。彼女のようなリーダーが数多く求められる。

ゴールドマン・サックスは、リーダーの育成を目指した大規模なイニシアティブを二〇〇八年に始動した。「一万人の女性」と銘打たれたこのイニシアティブは、ゴールドマン・サックスによる一億ドルの助成金と十数校の一流ビジネススクールや大学の連携により、ケニアやタンザニア、ナイジェリア、ルワンダを含む発展途上国の女性のビジネススキルやリーダーシップ育成を支援するものだ。

世界経済フォーラム・アフリカ会議は、大陸が直面する課題に取り組むアフリカ内外の政府首脳やビジネスリーダーたちを結びつけている。一七回目となる二〇〇七年六月の会議はケープタウンで開催され、能力開発や実施体制の改善などを含め、アフリカの発展や課題に関する検討が行われた[35]。課題についての議論や情報提供を行い、大陸に注目を集める貴重な場を提供するものだった。一九九七年に設立された英連邦ビジネス評議会も、先進国とアフリカ間での情報を共有した研究、協力および投資を促進している。

二〇〇八年三月には、アフリカでの投資に世界中の関心を集めてきたアフリカ・ベンチャーキャピタル協会が、七回目となる年次総会をボツワナで開催した。会議のタイトルは、「立ち上がるアフリカ（Africa Rising）」だった。これもまた、アフリカへの投資に対する前向きな関心が高まっていることを示すものだ[36]。二〇〇八年に『アフリカン・ビジネス』誌が創設したアフリカン・ビジネス・アワード（www.theafricanbusinessawards.com）は、優れた起業家精神を賞賛し、ビジネスにおける世界的水準のベストプラクティスを助成するものだ。リーダーシップを評価することを通じて、こうしたイニシアティブが発展を推し進めていくのだ。

格差の架け橋

二〇〇六年にアメリカ人がペットフードに費やした金額は、四一〇億ドルだった。アフリカ大陸外に暮らす移民たちが故郷へ仕送りした金額とほぼ同額だ（非公式な送金も含む）。これは驚くべき数字だ。今のアメリカがどれほど裕福になったかがわかる。

一方、二〇〇六年の夏に訪れたジンバブエの首都ハラレでも、スーパーの棚にはキャットフードが並んでいた。消費者のほとんどが生き延びるために必要最低限のものしか買えないほど逼迫した国でも、ペットフードを買う人間がいるのだ。アメリカの数字はアフリカにとってこれから先の道のりがまだまだ長いことを示しているが、同時に成長の可能性を示してもいる。

「経済の奇跡」と呼ばれるものがどれほど急速に国を変えていけるかということは、数多くの先進国が実証してきた。実のところ、いわゆる奇跡とは、国の潜在能力を解き放つ賢明な政策と起業家エネルギーの産物にほかならない。このような起業家エネルギーはすでにアフリカ大陸各地で見られる

ようになっており、政策の変化も起こりつつある。

私が生きているうちに、アフリカのいずれかの国がアメリカやヨーロッパや日本に匹敵するだけの富を築き上げられる可能性は低いだろう。しかし、人口統計と成長率を鑑みて、アフリカ市場に未来があることもまた明白だ。この大陸には、インドや中国と同じ水準の成長を見せる可能性があるだろうか。私は、あると考える。

われわれが生きるこの世界は、根本的な変化を遂げてきた世界だ。先進国と発展途上国との間の結びつきはいっそう強くなっている。移民の動きやアイディアは双方向に流れている。市場は今までにない形で結びついている。事業や商業の見方を変えているオープンソース・ソフトウェアの普及にもそのつながりは見て取れる。実際、そうした新種のオープンソースの一つで、地域開発されたオペレーティングシステムには意外にも聞き覚えのある名前がつけられている。「ウブントゥ」だ。この無料のソフトウェア（www.ubuntu.com）はデスクトップパソコン向けのオペレーティングシステムで、開発の推進により地域の力を強化し、発展途上世界に資源を提供するものだ。

インドや中国などでもそうだったが、アフリカでも、統治形態はさまざまに異なっていても、進歩を持続させるために何よりも期待されるのは経済発展と起業家精神だと言えるかもしれない。大陸全体としてみれば、アフリカには問題が山積している。しかし起業家たちは問題がすなわち機会でもあるということに気づいており、マイクロファイナンスから資金を受けた小さな会社から、草分け的なアフリカおよび多国籍企業までがその機会をつかんでいるのだ。この大陸には楽観主義と決意の精神がみなぎっており、特に増加を続ける若年人口ではそれが色濃い。南アフリカ・ミュージック・アワードを受賞した歌手、シンフィウェ・デイナは、二〇〇八年に『フィナンシャル・タイムズ』紙の取材にこう応えている。

「アフリカ大陸の子供たちに私が抱く希望は、彼らの親たちが失敗した同じ土地で、彼らが成功するかもしれないということです[37]」

アフリカ再創造

「チャク・デ・インディア」はインドでは励ましのスローガンだが、同時にボリウッドのヒット映画のタイトルでもある。映画は弱小の女子ホッケーチームと不名誉な過去を持つ監督が世界選手権優勝を目指すというフィクションの物語だ。タイトルの意味は、簡単に言えば「がんばれ、インド！」だ。私の同僚が、われわれは「チャク・デ・アフリカ！」と叫ぶべきではないか、と言った。まったく同感だ。そして、この言葉そのものを使ってはいないにせよ、その思いは大陸中で叫ばれ始めている。新たな楽観主義が広がっているのだ。

私がアフリカを訪れ、驚くほど多様な起業家や経営者、その他非営利組織や民間企業のリーダーたちと話していて強く印象を受けたのが、アフリカの回復力だった。アフリカは何度でも繰り返し自らを再生する力を備えているのだ。

アフリカでは幾層もの文明が隣り合って存在している。それはたとえばスフィンクスの視線の先にカイロの近代的なビル群がそびえる光景であり、その向こうには新しくできたばかりのデパート、カルフールもある。カイロのハーン・アル・ハリーリは世界最古のバザールの一つで、クリストファー・コロンブスが新世界への旅に出る一〇〇年以上前に始まった。狭い道筋を歩いていると、旅人は過去へといざなわれるが、この場所は近代的な五つ星レストラン、ナギーブ・マフフーズが店を構える場所でもあるのだ。常連客だったノーベル賞作家の名を取ったこのレストランはインドのオベロイ・ホテルズが運営しており、賑わう古代のバザールの只中にあって安心してくつろげる近代的建築だ。オベロイはカイロではピラミッドの影が落ちるほど近くに最高級のホテルを、紅海では最上の豪華リゾートを、そしてナイル河では最高級のクルーズ船を運営している。

アフリカ社会、特に南アフリカ社会の包括性を示すさらに印象的な例が、壮大なフォールトレッカー記念碑だ。ヨハネスブルグとプレトリアの間に位置する開拓者記念堂で、田舎の見事な風景を見ることができる。オランダ人が喜望峰から南アフリカの中心部へと移動してきた旅を記念するこの施設の地下にある博物館に飾られた絵は、開拓者とズールー族との闘いを描いている。この闘いは、最初はヨーロッパ人が勝利したが、最後に彼らはアパルトヘイトの終焉という形で敗北した。博物館は今も残っており、南アフリカの複雑な歴史を物語る豊かなタペストリーの中に、穏やかに溶け込んでいる。

アルジェで私が滞在したエル・ジャザイールは、一〇〇年以上の歴史を持つホテルだ。かつてセント・ジョージ・ホテルと呼ばれたこの場所には、国王や公爵など数多くの要人が滞在した。第二次世界大戦中の一九四二年一一月から翌年の一二月までは、ドワイト・D・アイゼンハワー最高司令官がこのホテルを指令本部にしていた。滞在中、アイゼンハワーの泊まった部屋を見せてもらった。彼が生きていたら、現在の部屋の状態を見て驚いただろう。アイゼンハワーの滞在を記念する飾り額の前を通って最初に目に飛び込んでくるのは、サムスンの大画面薄型テレビだ。連合軍がアジアで戦っていた頃、アイゼンハワーはこの部屋に将来韓国製品が置かれるなど、想像もできなかったに違いない。世界が大きく変わってきたことを示すものだが、同様にアフリカの変化を示すものでもある。

モロッコ北部に位置するムーレイ・イドリスは、国内で最も古く、最も神聖な町の一つだ。大勢のイスラム教巡礼者が毎年この地にやってきて、町の名にもなっている預言者ムハンマドの子孫である導師《イマーム》ムーレイ・イドリスの墓を訪れる。しかしモロッコで最も神聖なこの町でも、墓地のすぐ外で行商人がボリウッド映画の海賊版や靴、服などの中国製品を売り歩いているのを見かけた。彼らアジア人行商人は最も古く、最も神聖な町の中心にまでも進出してきているのだ。これは、アフリカ市場の変革の奥深さを示すものだ。

本書で案内してきた「消費者サファリ」で折に触れて紹介してきたように、アフリカは予想外の驚きに満ちあふれている。サムスンなどの企業はアフリカに機会を見出し、エル・ジャザイールのような五つ星ホテルにテレビを提供するだけでなく、最貧の人口密集地域の道端でも商売をしている。

アフリカは多種多様な困難にも負けずに成長し、変貌し、進歩しており、その勢いは多くの予想をはるかに上回る速さだ。もし読者がもうアフリカを見限ってしまっていたら、今こそもう一度見直すべき時だ。本書でしてきたように、「市場を歩いてみる」ことだ。通りや議会をのぞいてみればアフリカが動き続け、上昇し続けていることがはっきりとわかるだろう。起業家たちの情熱、世界的企業の経営者たちが示す関心や興奮の高まり、在外アフリカ人の言葉に潜む決意、そしてアフリカの若者が抱く楽観主義。アフリカの市場は発展を続けている。今からでもアフリカの成長に携わることはできる。古いアフリカのことわざにこのようなものがある。

「木を植えるのに一番いい時期は、二〇年前だ。二番目にいい時期は、今だ」

- アフリカでビジネスを行いながら社会的問題の解決に貢献するにはどうすればいいだろうか。
- 医療、水、衛生などのニーズに応える起業家的取り組みとして、自社は何ができるだろうか。
- 経済性、社会性、環境性の三つを実現するために自社には何が必要だろうか。
- アフリカの成長に携わる上での課題は何だろうか。それにどう対応すべきだろうか。

xml&menuId=242&sSheet=/money/2005/07/31/ixcoms.html

27. Jason Pontin, "What Does Africa Need Most: Technology or Aid?" *New York Times*, June 17, 2007, http://www.nytimes.com/2007/06/17/business/yourmoney/17stream.html

28. 政府や組織を介さずにアフリカ社会に支援を行う個人もいる。「アンバサダー・フォー・チルドレン」や「ノマド・ファンデーション」を含む最低でも30の団体が、ニジェール、マラウイ、ケニア、モロッコ、タンザニア、南アフリカなどのアフリカ諸国で実施されているプロジェクトに一般市民が休暇を割いてボランティア活動を行う機会を提供している。こうした「ボランティア休暇」には、1週間未満から6カ月までのさまざまなボランティアの機会がある。Claire Spiegel, "In Niger, Using Vacation to Help the World's Poor," *New York Times*, August 20, 2006

29. National Brands Index, Q4 Report, 2005, 3

30. "10 Questions," *Time*, May 28, 2007, 6

31. Stephan Faris, "Starbucks vs. Ethiopia," *Fortune*, February 26, 2007; "Ending Dispute, Starbucks Is to Help Ethiopian Farmers," *New York Times*, November 29, 2007

32. Landon Thomas, Jr. "Emerging Marketing Produce New Giving," *International Herald Tribune*, December 14, 2007, 1

33. Jyoti Thottam, "A Reunion at the 'MIT' of India'" *Time*, July 9, 2007, www.time.com/time/business/article/0,8599,1641232,00.html

34. Stephen Cohen, "No Longer a Large, Exotic Basket Case," *Financial Times*, August 14, 2007

35. www.weforum.org/en/events/ArchivedEvents/WorldEconomicForumonAfrica2007/index.htm

36. http://2008conference.avcanet.com/conference_Home.html

37. David Honigmann, "That Old Fighting Spirit," *Financial Times*, March 1, 2008

4. *Parade* magazine, December 10, 2006, 24
5. 「アフリカの医療危機に取り組む」マイケル・D・コンウェイ、スリシュティ・グプタ、カミアル・ハジャヴィ、『マッキンゼー・クォータリー』2008 年第 1 集掲載
6. "Health Care in Africa: Of Markets and Medicines," *The Economist*, December 22, 2007, 121
7. "Malaria: Net Benefits," *The Economist*, January 31, 2008
8. Donald G. McNeil, "Child Mortality at Record Low; Further Drop Seen," *New York Times*, September 13, 2007
9. http://www2.goldmansachs.com/japan/ideas/health/index.html
10. Jeffrey D. Sachs, "What a Little Fertilizer Can Do," *Time*, July 26, 2007, 54
11. http://abcnews.go.com/International/Politics/story?id=3399100
12. www.ashoka.org/node/3915
13. Sheridan Prasso, "Saving the World with a Cup of Yogurt," *Fortune*, May 5, 2007
14. http://other90.cooperhewitt.org
15. www.freeplayfoundation.org/
16. Christopher Palmeri, "Innovation Case Study: GE," *BusinessWeek*, March 12, 2007, 24
17. 初年度末までに、「赤」のキャンペーンはアフリカ向けに約 2,000 万ドルを生み出していた。しかし小売業者全体では商品の販促に 5,000 万ドルから 1 億ドルを費やしていたのだ。キャンペーンによる収益の透明性が低い、という批判もある。(Ron Nixon, "Bottom Line for (Red)," *New York Times*, February 6, 2008)
18. William Easterly, *The White Man's Burden: Why the West's Efforts to Aid the Rest Have Done So Much Ill and So Little Good*, New York: Penguin Press, 2006, 4
19. Gregory Clark, *A Farewell to Alms: A Brief Economic History of the World*, , Princeton, NJ: Princeton University Press, 2007
20. Michael Holman and Greg Mills, "The 2,000-Day Challenge: Planning an End to Aid in Africa," Brenthurst Discussion Papers, April 2006
21. Uzodinma Iweala, "Stop Trying to 'Save' Africa," *New York Times*, July 15, 2007, B07
22. Celia Dugger, "Rock Star Still Hasn't Found the African Aid He's Looking For," *New York Times*, May 15, 2007
23. "Helping Africa Help Itself," *The Economist*, July 2, 2005, 11
24. *The Trouble With Africa: Why Foreign Aid Isn't Working*, Robert Calderisi, ed., New York: Palgrave MacMillan, 2006
25. www.goodafrican.com/index.php
26. Andrew Rugasira, "The Economic Medicine That Kills," *Telegraph*, July 31, 2005, www.telegraph.co.uk/money/main.jhtml?xml=/money/2005/07/31/ccuganda31.

BusinessWeek, November 2006, 14
7. "Africa's Share of Remittances: $20 Billion and Counting," *African Banker*, 1st Quarter 2008, 14-15
8. Jason DeParle, "Western Union Empire Moves Migrant Cash Home," *New York Times*, November 22, 2007
9. Charlene Smith, "Beating Poverty through the Black Market," *Business in Africa*, May 2006, 59-61
10. www.africadiaspora.com/2005/events/ag/index.php
11. Charlene Smith, "Beating Poverty through the Black Market," *Business in Africa*, May 2006, 59-61
12. Richard Lapper, "The Tale of Globalisation's Exiles," *Financial Times*, August 27, 2007
13. William Wallis, "The Brotherhood," *Financial Times*, August 30, 2007
14. "Program Speeds Remittances with Cell Network" *Marketing News*, March 1, 2007, 29
15. www.waterhealth.com/worldwide-operations/ghana.php
16. "Africa Is Global Star Again," *African Business*, March 2007, 12
17. Vishakha Talreja and Moinak Mitra, "Incredible India Not Too Credible Among Tourists," *Economic Times*, September 27, 2007, 5
18. Trevor Ward, "International Hotel Chains Wake Up to African Potential," *African Business*, August/September 2007, 48-50
19. http://www.pataks.co.uk/international/index.php
20. Monica Davey, "In Bridge Collapse, Refugee Group Faces a New Ordeal," *New York Times*, August 8, 2007
21. www.maishafilmlab.com
22. Michael Backman, "UK Indians Taking Care of Business," *The Age*, March 8, 2006
23. William St. Clair, *The Grand Slave Emporium*, London: Profile Books, 2006, 3
24. http://abcnews.go.com/WNT/Video/playerIndex?id=2858093
25. Caroline Brothers, "Immigrants Flock Proudly to Musee du Quai Branly," *New York Times*, August 21, 2006
26. 著者らによる取材、2008 年 2 月 8 日

第９章　人間性が経済を支える――ウブントゥ市場

1. www.highlandteacompany.com
2. Taressa Stovall, "High (land) Tea Come to Montclair," *Montclair Times*, January 18, 2006
3. http://rainwater.org/rainwater_press.html

2. "Nollywood Dreams," *The Economist*, July 27, 2006; "Nollywood Blazes a Trail in Africa," *Hindustan Times*, March 24, 2006, 16
3. www.bizcommunity.com/Article/196/17/16359.html
4. www.bizcommunity.com/Article/196/122/16251.html
5. "Precious Goes to Hollywood," *The Economist*, July 26, 2007, 47
6. Merissa Marr "Disney Rewrites Script To Win Fans in India," *Wall Street Journal*, June 11, 2007, A1
7. www.multichoice.co.za
8. www.worldspace.com
9. "New Kid on the Stock," *The Economist*, June 7, 2007
10. Ted Johnson, "Cost Conundrum: As Congloms Squeeze Movie Prod'n Costs, Primetime TV Budgets Start to Soar," *Variety*, October 29, 2006, www.variety.com/article/VR1117952819.html?categoryid=14&cs=1&query=cost+of+producing+television+episode
11. "Polygamy Beams," *The Economist*, November 19, 2005, 90
12. Thomas Crampton, "Wireless Technology Speeds Health Services in Rwanda," *New York Times*, March 5, 2007
13. Timothy Kasonde, "Interactive Mobile Phones for Zambian Farmers," Bizcommunity.com, June 2007, www.bizcommunity.com/Article/410/78/15689.html
14. David Wessel, "Paper Chase: South Africa's Sun Targets New Class," *Wall Street Journal*, August 17, 2007, A-1
15. Lydia Polgreen, "Monrovia Journal; All the News That Fits: Liberia's Blackboard Headlines," *New York Times*, August 4, 2006
16. "Oprah Winfrey of Middle East Under Fire," *Egyptian Gazette*, September 18, 2006, 1
17. David White, "Hollywood's Flirtation with Africa," *Financial Times*, February 7, 2007

第８章　故郷へ――在外アフリカ人が生み出す市場機会

1. "Home Sweet Home, for Some," *The Economist*, August 11, 2005
2. Jason DeParle, "In a World on the Move, a Tiny Land Strains to Cope," *New York Times*, June 24, 2005, A-1
3. http://ipsnews.net/news.asp?idnews=34964
4. www.migrationinformation.org/datahub/countrydata/data.cfm
5. Renwick Mclean, "Spain Scrambles to Cope with Tide of African Migrants," *New York Times*, March 19, 2006
6. Carol Matlack and Joan Tarzian, "Say Hello to the Folks Back Home,"

7. www.henry4gold.com/index.htm
8. Susan Taylor Martin, "Doll that has it all (almost)," *St. Petersburg Times*, May 18, 2005, http://www.sptimes.com/2005/05/18/Tbt/Doll_that_has_it_all_.shtml
9. NPD Group, http://www.toyassociation.org/AM/Template.cfm?Section=Industry_Statistics&CONTENTID=3884&TEMPLATE=/CM/ContentDisplay.cfm
10. http://www4.toysrus.com/our/intl/intlAfrica.cfm
11. "A Not-So-Simple Plan to Keep African Girls in School," *New York Times*, November 12, 2007, A-11
12. www.nepad.org/2005/news/wmview.php?ArtID=36
13. Andrea Bohnstedt, "Top Marks for Classmate," *African Business*, January 2008, 46.
14. Case Study: Bridging the Digital Divide in South Africa's Western Cape School System, www.ncomputing.com
15. www.cu.edu.eg/english/
16. http://ed.sjtu.edu.cn/rank/2007/ARWU2007TOP500list.htm
17. "Global MBA Rankings," *Financial Times*, http://rankings.ft.com/global-mba-rankings
18. "Deans Create First Africa-wide Association of African Business Schools," IFC press release, http://ifc.org/ifcext/bsn.nsf/AttachmentsByTitle/Association_Joint_Press_Release_Oct_05/$FILE/Association_Joint_Press_Release_Oct_05.pdf
19. Della Bradshaw, "A Study in African Ingenuity," *Financial Times*, January 13, 2008
20. Della Bradshaw, "African Schools in Search of New Ideas," *Financial Times*, February 19, 2007
21. Anthony Njagi, "PS Warns Illegal Colleges," *Daily Nation*, July 24, 2006, 6
22. David White, "Business Education: A University at Minimum Cost," *Financial Times*, July 12, 2004
23. Eileen Daspin and Ellen Gamerman, "The Million-Dollar Kid," *Wall Street Journal*, March 3, 2007.
24. Allison Samuels, "Oprah Goes to School," *Newsweek*, January 8, 2007
25. www.ft.com/appeal2007
26. Celia W. Dugger, "Very Young Populations Contribute to Strife, Study Concludes," *New York Times*, April 4, 2007
27. Sam Knight, "Births of a Nation," *Financial Times*, February 29, 2008

第7章　こんにちはノリウッド——メディアと娯楽の市場

1. A. O. Scott, "Ousmane Sembene, 84, Led Cinema's Advance in Africa," *New York Times*, June 11, 2007, A-1

January 22, 2008
11. Christopher Rhoads, "An Entrepreneur Has Quixotic Goals of Wiring Rwanda," *Wall Street Journal*, August 17, 2006, A-1
12. www.internetworldstats.com/stats1.htm, accessed February 7, 2008
13. Zachary Ochieng, "Race for Fibre Optic Cable Heats Up," *Africa Marketing*, July 31, 2007, www.bizcommunity.com/Article/410/144/16700.html
14. "High-Speed Internet for Africa," *Time*, August 20, 2007, 17
15. "African Nations Agree to $1 Billion Indian Satellite Project," *Tripoli Post*, www.tripolipost.com/articledetail.asp?c=2&i=1402
16. www.fgcwireless.com
17. www.bibalex.org
18. Alina M. Chircu and Vijay Mahajan, "Revisiting the Digital Divide: An Analysis of Mobile Technology Depth and Service Breadth in the BRIC Countries," June 21, 2007, McCombs Graduate School of Business, University of Texas at Austin
19. "Bleak Publishing Houses," *The Economist*, November 24, 2007, 54
20. "Africa's Green Revolution," *African Business*, December 2006, 12-16
21. "Impact of Biotechnology in Africa," Peter Rammutla, National African Farmer's Union
22. Celia Dugger, "In Africa, Prosperity from Seeds Falls Short," *New York Times*, October 10, 2007
23. Thandiwe Myeni, "Benefits of Biotechnology to Small Scale Farmers: Case Study Makhatini," Bio 2003 conference
24. "Local heroes," *The Economist*, February 3, 2007
25. 大陸の農業部門復興を目指すNEPADの青写真である包括的アフリカ農業開発プログラム（CAADP）の序文

第６章　チーター世代と共に——成長を続ける若年層市場

1. *2007 World Population Data Sheet*, Population Reference Bureau, 6, www.prb.org/pdf07/07WPDS_Eng.pdf
2. "World Population Prospects: Highlights," The United Nations, Department of Economic and Social Affairs, New York, 2007.
3. George B.N. Ayittey, *Africa Unchained: The Blueprint for Africa's Future*, Palgrave MacMillan, 2005
4. 特集「ナイロビ　急成長する大都会」、ビニャバンガ・ワイナイナ、『ナショナル・ジオグラフィック』2005年9月号
5. www.bizcommunity.com/Article/410/66/16325.html
6. www.bizcommunity.com/Article.aspx?c=74&l=410&i=17252&#contact

September 10, 2007
9. "Uganda to Assemble Chinese Cars," *African Business*, January 2008, 8
10. John W. Miller, "Africa's New Car Dealer: China," *Wall Street Journal*, August 28, 2007, B1
11. David Gauthier-Villars, "Ghosn Bets Big on Low-Cost Strategy," *Wall Street Journal*, September 4, 2007, A8
12. 「米マクドナルドが宅配?」マイケル・アーント、キャロライン・ゴブリアル、『ビジネスウィーク』、日経ビジネスオンライン 2007 年 8 月 1 日掲載
13. Andrew Jack, "Lethal Doses," *Financial Times*, April 7, 2007
14. Barney Jopson, "Unilever Looks to Clean Up in Africa," *Financial Times*, November 15, 2007
15. Michael Fleshman, "Global Aids Treatment Drive Takes Off," *Africa Renewal* , April 2005, 20
16. "Aspen's upward slope," *The Economist*, October 6 2005, www.economist.com/business/displaystory.cfm?story_id=E1_QQJNRRQ; Aspen Holdings 2007 annual report, www.aspenpharma.com/SiteResources/documents/Financials/2007/ASPEN_FIN_AD_2.pdf
17. "Africa: LG Advances into Emerging Continent: Korean Companies Hope to Tap into Rising African Consumer Market," *Korea Times*, Thursday, November 9, 2006

第 5 章　格差を飛び越える――インフラの市場機会

1. Michael Wines, "Toiling in the Dark: Africa's Power Crisis," *New York Times*, July 29, 2007
2. Barry Bearak and Celia W. Dugger, "Power Failures Outrage South Africa," *New York Times*, January 31, 2008
3. "The Dark Ages," *The Economist*, January 31, 2008
4. "Western Union Awards Winners," *African Banker*, 1st Quarter 2008, 4
5. Michael Wines, "Toiling in the Dark: Africa's Power Crisis," *New York Times*, July 29, 2007
6. www.kickstart.org
7. Sam Olukoya, "Answering the Call of Nature in Lagos," BBC News, November 16, 2006
8. Priya Sahgal, "Toilet Training," *India Today International*, November 19, 2007, 42-43
9. Neil Ford, "Seeking Water Solutions for Africa," *African Business*, January 2008, 30-32
10. Amanda Leigh Haag, "Stove for the Developing World's Health," *New York Times*,

33. "Hallelujah!" *The Economist*, July 22, 2006, 46
34. 特集「世界を席巻する黒人音楽」、ジェームス・マクブライド、『ナショナル・ジオグラフィック』2007 年 4 月号
35. "What Muslim Women Want," *Wall Street Journal*, December 13, 2006

第３章　アフリカ２の力

1. Eric Bellman, "In India, a Retailer Finds Key to Success Is Clutter," *Wall Street Journal*, August 8, 2007, A-1
2. Ｃクラスは「中流階級」とは定義が異なっている。世界銀行は、2000 年には 1,280 万人だったアフリカの世界銀行の定義による中流階級が、2030 年には 3 倍以上の 4,300 万人になると推定している。しかし、世界銀行は世界の中流階級の所得を 1 人あたり 4,000 ドルから 17,000 ドル（購買力平価、PPP）の間、ちょうどブラジルとイタリアの 1 人あたり国民総所得の間と定義している。つまり、世界的には 1 世帯あたりの人数が 4 人強として、世帯年収は 16,800 ～ 72,000 ドル（PPP）ということになる。そうなると中流階級の閾値は非常に高いものとなり、必ずしも真の市場力学を反映しているとは言い切れない。詳しくは *Global Economic Prospects, 2007: Managing the Next Wave of Globalization*『世界経済見通し 2007　次に来るグローバリゼーションの波に対処する』（世界銀行、ワシントンDC、2007 年）を参照。
3. Michael M. Phillips, "In Africa, Mortgages Boost an Emerging Middle Class," *Wall Street Journal*, July 17, 2007, A-1
4. "Africa's Rich Grow Richer," *African Business*, August/September 2007, 8
5. Haig Simonian "Nestlé Charts Low-Income Territory," *Financial Times*, July 12, 2004

第４章　パズルのピースを探す――「組織化」で機会を創る

1. Oliver Heins, retail analyst, Planet Retail, "A Race for Opportunities: Top 30 Grocery Retailers in Africa & the Middle East, 2006," http://planetretail.net
2. www.pepkor.co.za/index.html
3. www.bizcommunity.com/Article/410/78/17144.html
4. Sherif Coutry, FP7egypt.com
5. Clark Boyd, "Pay-as-You-Go Software for the Developing World," *Technology Review*, July 25, 2007
6. Dan Chapman, "Your Cast-offs, Their Profits," *Atlanta Journal Constitution*, December 24, 2006, A-1
7. http://abcnews.go.com/WNT/story?id=2851172&page=1&CMP=OTC-RSSFeeds0312
8. Jason McClure, "The Makings of Motown in Addis Ababa?" *BusinessWeek*,

2008, 26-27
12. Neil Ford, "Record FDI for Africa," *African Business*, January 2008, 24
13. "Once Bitten, Twice Shy," *The Economist*, June 7, 2007
14. アフリカ・ベンチャー・キャピタル協会は、大陸への投資が 2005 年に 9 億 4,800 万ドルに到達したと発表した。
15. Kate Burgess, "Private Equity Explores the Sub-Sahara," *Financial Times*, August 10, 2007
16. Omar Ben Yedder, "Neil Harvey of Renaissance Capital," *African Banker*, 1st Quarter 2008, 24-27
17. Alec Russell, "Angola Turns into Investors' Hot Spot," *Financial Times*, August 23, 2007
18. "Nigerian Bonds: No Laughing Matter," *The Economist*, January 25, 2007, 77
19. "On Safari," *The Economist*, December 15, 2007, 84
20. "The Good, The Bad, and The President," *The Economist*, January 3, 2008
21. Friedrich Schneider, "Size and Measurement of the Informal Economy in 110 Countries Around the World," presented at a Workshop of Australian National Tax Centre, ANU, Canberra, Australia, July 17, 2002
22. 『インフォーマル経済における女性と男性～統計に見る状況』国際労働機関、CAWネット・ジャパン訳・発行、2007 年
23. Pat Horn, "Forces for Change: Informal Economy Organizations in Africa," www.fesnam.org/pdf/2006/reports_publications/Horn_IEO_ChallengesAchievementsRoleofTU2006.pdf
24. "Mobiles Lead Growth in African Media," *African Business*, March 2007, 8
25. "Buy, Cell or Hold," *The Economist*, January 25, 2007
26. www.bizcommunity.com/Article/410/78/16382.html
27. Abeer Allam, "Egyptian Mobile Phone Provider Treads Where Others Dare Not," *New York Times*, February 13, 2006, 6
28. Leonard Waverman, Meloria Meschi and Melvyn Fuss, "The Impact of Telecoms on Economic Growth in Developing Countries," Vodafone Policy Paper Series: Africa: The Impact of Mobile Phones, No. 2, March 2005
29. Jane Croft, Peter Thal Larsen and John Reed, "Barclays plans integration after Absa bank deal," *Financial Times*, May 9, 2005, http://search.ft.com/ftArticle?queryText=barclays+purchases+absa&y=0&aje=true&x=0&id=050509005334&ct=0
30. www.africasia.com/resources/pressreleases/AfricanBankerAwardsWinners.pdf
31. John Reed, "Mobile Users Branch Out," *Financial Times*, October 6, 2005
32. Martin Meredith, *The Fate of Africa: From the Hopes of Freedom to the Heart of Despair*, New York: Public Affairs, 2005, 14

19. Anver Versi, "Donald Kaberuka: Africa's Unique Window of Opportunity," *African Banker*, Summer 2007, 16
20. "Going on Down," *The Economist*, June 8, 1996
21. Nicholas Kristoff, "Optimism and Africa," *New York Times*, October 3, 2006
22. Andrew England, "Rwanda: The Task of Rebuilding A Nation," *Financial Times*, December 5, 2006
23. "Oil Could Break or Make Africa's Largest Country. But At the Moment There Is More Breaking Than Making," *The Economist*, December 9, 2006
24. www.moibrahimfoundation.org
25. モ・イブラヒム談（2007 年 8 月 16 日の著者による電話取材）
26. パトリック・アウアー談（2007 年 5 月 30 日の著者による電話取材）
27. Lydia Polgreen and Marjorie Connelly, "Poll Shows Africans Wary, but Hopeful about the Future," *New York Times*, July 25, 2007, A6
28. "2004's Nobel Peace Prize Winner Looks Back," CNN, www.msnbc.msn.com/id/9533147/

第 2 章　意外に豊かなアフリカ

1. www.diplomatie.gouv.fr/en/country-files_156/north-africa_5493/france-and-maghreb_5495/france-maghreb-relations_8837.html
2. 2007 年 12 月 17 日、著者との電子メールによる通信
3. www.bizcommunity.com/Article/410/78/19999.html
4. 『最底辺の 10 億人　最も貧しい国々のために本当になすべきことは何か?』ポール・コリアー著、中谷和男訳、日経 BP 社、2008 年
5. Peter Wonacott, "Lawless Legislators Thwart Social Progress in India," *Wall Street Journal*, May 4, 2007, A1
6. *2007 African Development Indicators*, International Bank for Reconstruction and Development, The World Bank, October 2007, vii
7. Neil Ford, "African Growth Will Hit 6% This Year, Says Report," *African Business*, October 2007, 72-73
8. "2007 World Population Data Sheet," Population Reference Bureau, www.prb.org/pdf07/07WPDS_Eng.pdf
9. "Foreign Direct Investment Reached New Record in 2007," UNCTAD, January 8, 2008, www.unctad.org/Templates/Webflyer.asp?docID=9439&intItemID=2068&lang=1
10. Stephen Williams, "The Henshaw Fund's Barbara James," *African Banker*, Autumn 2007, 15-16
11. Neil Ford, "South Africa Joins Elite FDI Destinations," *African Business*, March

原注

序文——消費者サファリ

1. Ramachandra Guha, "Great Expectations," *Financial Times*, April 6, 2007, W6

第 1 章　世界経済の新大陸

1. *New York Times*, May 2, 2006
2. "At African Waterfall Visitors Confront a Tale of Two Cities," *Wall Street Journal*, December 29, 2006, Al.
3. "Africa' s Top 1000 Companies," *African Business*, April 2006, 34
4. "Kroners for Cronies," *The Economist*, July 26, 2007, 47
5. "Zimbabwe: Heinz Sheds Its Interest," *New York Times*, September 4, 2007
6. "Zimbabwe' s Battle of the Brands," *African Marketing*, www.bizcommunity.com/Article/410/82/16734.html
7. Desmond Walters, "SA Retailers Rough It Out in Zim," July 25, 2007, Bizcommunity.com, www.bizcommunity.com
8. Sarah Childress, "Investors Go to Treacherous Places Seeking Returns," *Wall Street Journal*, November 17, 2007, B-1
9. Michael Bleby, "Black Middle Class Drives Demand," *Financial Times*, May 22, 2007
10. Jenny Wiggins, "Diageo to Expand Guinness Sales in Africa," FT.com site, July 25, 2007
11. Laura Blue, "Life in the Land of a Thousand Welcomes," *Time*, September 6, 2007
12. "As Its Brands Lag at Home, Unilever Makes a Risky Bet," *Wall Street Journal*, March 22, 2007
13. Jonathan Guthrie, "The Emigrant Empire-Builder," *Financial Times*, June 14, 2006
14. "China, Filling a Void, Drills for Riches in Chad," *New York Times*, August 13, 2007
15. William Wallis, "Drawing Contours of a New World Order," *Financial Times*, January 24, 2008, special issue, 1
16. "Egypt Sees China Replacing US as Top Trade Partner by 2012," *Wall Street Journal*, September 7, 2006, A8
17. 『アフリカのシルクロード　中国・インドの新たな経済フロンティア』ハリー・G・ブロードマン著、世界銀行、2007 年
18. Celia W. Dugger, "In Africa, a More Business-Friendly Approach," *New York Times*, September 6, 2006

FESPACO（ワガドゥグ全アフリカ映画祭）［Panafrican Film and Television Festival of Ouagadougou］225
GAP［Gap］298
GAVI アライアンス［GAVI Alliance］290
GBSN（グローバル・ビジネススクール・ネットワーク）［Global Business School Network］209
GE ヘルスケア［GE Healthcare］295
GIS［Geographical Information System］
GMO（遺伝子組み換え作物）［Genetically Modified Crops)］184
GNI（国民総所得）［gross national income］24, 46, 49, 53-54, 60-61, 72, 90, 132, 141, 247
GSM 協会［GSM Association］73, 255
GV テレコム［GV Telecom］175
ICICI 銀行［ICICI bank］78
IFC（国際金融公社）［International Finance Corporation］37, 64, 176, 209, 261, 286, 311
IFFCO（インド農民肥料協同組合公社）［Indian Farmers Fertiliser Cooperative Limited］185
IIT（インド情報技術大学）［Indian Institute of Technology］311
K レップ銀行［K-Rep］64, 78
LG 電子［LG Electronics］153-156
MIFA グループ［MIFA group］179-180
MSI（モバイルシステムインターナショナル）［Mobile Systems International］43
MSI（マーケティング科学研究所）［Marketing Science Institute］307
MTN［MTN］79
MTN バンキング［MTN Banking］79
MTV［MTV］197
M テック・コミュニケーションズ［MTech Communications］229
M ネット［M-Net］226
NEPAD（アフリカ開発のための新パートナーシップ）［The New Partnership for Africa's Development］185, 207, 246
N コンピューティング［N computing］208
PEP ストア［PEP Stores］94
PSI（国際人口協会）［Population Services International］199, 281-283
P&G（プロクター・アンド・ギャンブル）［Procter & Gamble］85, 87-88, 106, 112, 122, 145, 201-202, 211-213, 236, 282-283, 313
Q ドラム［Q-drum］294
SAB（サウス・アフリカン・ブルワリーズ）［South African Breweries］142
SAB ミラー［SABMiller］81
SAT-3/WASC（南大西洋三カ国・西アフリカ海底ケーブル）［South Atlantic 3/West Africa Submarine Cable］176
SCIB ペイント［SCIB Paints］103
SC ジョンソン［SC Johnson］285
SNBG（ソシエテ・ヌーヴェル・デ・ボワソン・ガズーズ）［Société Nouvelle des Boissons Gazeuses］81
TEAMS（東アフリカ海底システム）［The East African Marine Systems］175
TRISCAF（トライステート・カメルーン・ファミリー）［Tristate Cameroon Family］268
ZNFU（ザンビア全国農民組合）［Zambia National Farmers Union］230

ワ行

ワールドスペース［WorldSpace］227
ワイナイナ，ビニャバンガ［Wainaina, Binyavanga］196
ワイラー，グレッグ［Wyler Greg］174-175
ワガドゥグ全アフリカ映画祭（FESPACO）［Panafrican Film and Television Festival of Ouagadougou］225
ワシントン，デンゼル［Washington, Denzel］266
ワハビ，ハイファ［Wehbe, Haifa］198
ワン・エーカー・ファンド［One Acre Fund］292
ワン・ミリオン・チャレンジ［One Million Challenge］282
ワンブグ，フローレンス［Wambugu, Florence］183
ワンヨイケ，ヘンリー［Wanyoike, Henry］200
ワン・ラップトップ・パー・チャイルド［One Laptop Per Child］208
ワンワールドヘルス［OneWorldHealth］292
ンガフ，キャサリン［Ngahu, Catherine］107, 196
ンドゥール，ユッスー［N'Dour, Youssou］199
AABS（アフリカ・ビジネススクール協会）［Association of African Business Schools］209
ABSAグループ［Absa Group］77
AES［AES Corporation］164
AHBFI（アフリカ・ハーベスト・バイオテック国際基金）［Africa Harvest Biotech Foundation International］183
AKDN（アガ・カーン開発ネットワーク）［Aga Khan Development Network］289
AKFED（アガ・カーン経済開発基金）［Aga Khan Fund for Economic Development］261
AMSCO［AMSCO］247
APM（アフリカ・パートナーズ・メディカル）［Africa Partners Medical］285-286
ASSAD［ASSAD］166
ATB（チュニジア・アラブ銀行）［Arab Tunisian Bank］99
AVCA（アフリカ・ベンチャーキャピタル協会）［African Venture Capital Association］65
BBBEE（包括的ブラック・エコノミック・エンパワーメント政策）［Board-Based Black Economic Empowerment］69
BCME銀行［BCME Bank］122
BRICs［BRICs］24, 30, 62, 178
CAMACインターナショナル［CAMAC International, Inc.］265
CDC［Capital for Devcelopment］131
CIDA（コミュニティおよび個人開発協会）［Community and Individual Development Association］211
DS tvモバイル［DStv Mobile］229
EASSy（東アフリカ海底ケーブルシステム）［East African Submarine Cable System］175

ムビレ，チャールズ［Mbire, Charles］215
ムベキ，ツァボ［Mbeki, Thabo］302
ムレイシ，デビッド［Mureithi, David］188
メレディス，マーティン［Meredith, Martin］83
モーランド，マイルス［Morland, Miles］68
モーリシャス商業銀行［Mauritius Commercial Bank Ltd］77
モーリシャス・ステート銀行［State Bank of Mauritius Ltd.］77
モハメッド六世［Mohammed Ⅵ］260
モロッコ航空［Air Moroc］171, 262
モンサント［Monsanto］184
モンテレー工科大学［Monterrey Tech］311

ヤ行

『ヤコービアン・ビルディング［*The Yacobian Building*］218
『ヤズ』［*Yaz*］224
ユース，ジル［Youse, Jill］238
ユース・コネクティビティ［Youth Connectivity］201
ユニバーサル・デジタル・ライブラリー［The Universal Digital Library］181
ユニリーバ［Unilever］6, 26, 28, 40, 89-90, 104, 111, 113, 117, 141, 149, 157, 188, 202-203, 226, 228, 235, 262, 278-280, 307
ユニリーバHIV／エイズ資料館［Unilever HIV/AIDS Resource Centre］278
ユヌス，ムハマド［Yunus, Muhammad］292
四一九事件［419 Internet scheme］237

ラ行

『ライオン・キング』［*The Lion King*］240
ライジンガー，クラウス［Leisinger, Klaus］300
ライフスタイル・フェスティバル［Lifestyle SA Festival］26
ライフ・ストロー［Life Straw］284
ライブ8コンサート［Live 8 concert］298
ラウンドアバウト［Roundabout］168
ラゴス・ビジネススクール［Lagos Business School］36, 210
ラシディ［Rashidi's］112
『ラストキング・オブ・スコットランド』［*The Last King of Scotland*］242
ラマムーティ,ティアガラジャン［Ramamurthy, Thiagarajan］128
ラムトラ，ピーター［Rammutla, Peter］182
ラワル，カセ［Lawal, Kase］265
ランバクシー［Ranbaxy］35, 151
リーフ・テクノロジーズ［Leaf Technologies］180
リビング・グッズ［Living Goods］291
リンチ，ビル［Lynch, Bill］32
ルガシラ，アンドリュー［Rugasira, Andrew］299
ルネッサンス・キャピタル［Renaissance Capital］65, 308
ルワンダテル［Rwandtel］175
『隷属に生きる』［*Living in Bondage*］220
レッドメッド・カンパニー［RedMed Company］146
レディ，ラジ［Reddy, Raj］181
ローズ，ロバート［Rose, Robert］204
『ロード・オブ・ウォー』［*Lord o*f *War*］242
ロンロ［Lonrho］172

マイケル・パワー［Michael Power］240-243
マガディ・ソーダ［Magadi Soda Company］51-52, 187-188
マカティアニ，アイシ［Makatiani, Ayisi］247
マグレブ地域［Maghreb region］56, 263
マシャバ，ハーマン［Mashaba, Herman］32
マスターカード［MasterCard］255
マスマート［Massmart］23, 129
マセンゲ，ジェームズ［Mathenge, James］51
マドヴァニ,ムルジバイ・プラブダス［Madhvani, Muljibhai Prabhudas］38
マドヴァニ・グループ［Madhvani Group］38-39
マネー・エクスプレス［Money Express］252
マネーグラム［MoneyGram］251, 260
マバティ・ローリング［Mabati Rolling］102-103
マヒンドラ［Mahindra］35, 138
『マフィア』［*Mafia*］218
ママ・ハビバ［Mama Habiba］162-163, 189
マママイク［MamaMike's］255
真夜中の子供たち［Midnight's Children］4
マルチ［Maruti］138
マルチサービス・フォー・トレード［Multi Service for Trade］140
マルチチョイス［MultiChoice Africa］223, 226
マルチリンクス［MultiLinks］165
マンゴ［Mango］106
マンデラ，ウィニー［Mandela, Winnie］130
マンデラ，ネルソン［Mandera, Nelson］107, 130, 216
『見えないところで』［*Not on Our Watch*］304
『ミシシッピ・マサラ』［*Mississippi Masala*］266
ミスター・ビッグス［Mr. Biggs］116
ミチュキ，ワティリ［Michuki, Watiri］274
ミチュキ，ワンジャ［Michuki, Wanja］273-275
南アフリカ航空［South African Airways］46, 171
南大西洋三カ国・西アフリカ海底ケーブル（SAT-3/WASC）［South Atlantic 3/West Africa Submarine Cable］176
南地中海大学［South Mediterranean University］210
ミルズ，グレッグ［Mills, Greg］297
ミレニアム・プロジェクト［Millennium Project］298
ミレニアム・プロミス［Millennium Promise］290
ミンゲラ，アンソニー［Minghella, Anthony］224
ムイエ，ローレンス［Muye, Lawrence］189
ムイエニ，タンディウェ［Myeni, Thandiwe］184
ムーレイ・イドリス［Moulay Idriss］321
ムガベ，ロバート［Mugabe, Robert］17, 22-23
ムケルジー，ブデブ［Mukherjee, Bhudeb］309
ムサイガ・ゴルフクラブ［Muthaiga Golf Club］188
ムトンボ，ディケンベ［Mutombo, Dikembe］258

ブラック・ライク・ミー［Black Like Me］32, 263
『ブラックホーク・ダウン』［*Blackhawk Down*］224, 242
『ブラッド・ダイヤモンド』［*Blood Diamond*］240
プラバシ・バラティヤ・ディバス［Pravasi Bharatiya Divas］271
プラン・インターナショナル［Plan International］170
フランク，エリック［Frank, Eric］28
ブランソン，リチャード［Branson, Richard］211
ブランソン起業スクール［Branson School of Entrepreneurship］211
フリープレイ財団［Freeplay Foundation］274-275, 294
ブレア，トニー［Blair, Tony］298
プレイポンプ［Play Pumps］168
プレトリア大学［University of Pretoria］209
ブロードマン，ハリー［Broadman, Harry］34
プロクター・アンド・ギャンブル（P&G）［Procter & Gamble］85, 87-88, 106, 112, 122, 145, 201-202, 211-213, 236, 282-283, 313
プロテアホテル［Protea Hotels］260
プロテクティング・フューチャーズ［Protecting Futures］212
ヘイル，ビクトリア［Hale, Victoria］292
ベッツ・ペッパー・ケミカルズ［Betz Paperchem Inc.］284
ベネトン［Benetton］106
ベル・グループ［Bel Group］205
ベルクハヤート，モンセフ［Belkhayat, Moncef］122
ヘンケル［Henkel］308
ボウイ，デビッド［Bowie, David］296
包括的ブラック・エコノミック・エンパワーメント政策（BBBEE）［Board-Based Black Economic Empowerment］69
ボーダコム［Vodacom］74
ボーダフォン［Vodafone］178-179, 199, 249-250
ポートマン，ナーセル［Portman, Marcel］306
ホーマン，マイケル［Homan, Micheal］297
ボーム，カールハインツ［Böhm, Karlheinz］296
ホームカミング・レボリューション［Homecoming Revolution］270
ボクシーバ［Voxiva］230
ポストバンク［Postbank］78, 109
『ホテル・ルワンダ』［*Hotel Rwanda*］242, 303
『施しよさらば』［*A Farewell to Alms*］296
ボノ［Bono］39, 296
ホフマン，ジェニー［Hoffman, Jenny］80
ボリウッド［Bollywood］221-222, 224-225, 227, 319, 321
ボルボ［Volvo］261
ポンティン，ジェイソン［Pontin, Jason］302

マ行

マーケティング科学研究所（MSI）［Marketing Science Institute］307
マータイ，ムワンギ［Mathai, Mwangi］168
マータイ，ワンガリ［Maathai, Wangari］50
マートカード［Maatcard］79
マイクロソフト［Microsoft Corporation］133

パタク［Patak Indian food company］265
パタク，L・G［Pathak. L. G.］265
パタク，ビンデシュワル［Pathak, Bindeshwar］170
パティル，R・S［Patil, R. S.］168
パテル，ナトゥ［Patel, Natu］191
ハヌーティ［Hanouti］122-124, 142, 159
ハパグフライ［Hapagfly］172
ハムード［Hamoud］81-82
パモジ・インベストメント［Pamodzi Invesment Holdings］65
バヤーヒ・グループ［Bayahi Group］129
バリグ，イーハブ［Baligh, Ihab］201-202
『ハリム』［*Halim*］218
パルトロウ，グイネス［Paltrow, Gwyneth］296
ハルブントゥ大会［Harubuntu competition］45
ハロワー，ジル［Harrower, Gill］278
バンジョコ，ティティロラ［Banjoko, Titilola］72, 245-247
ハンター・ゴールト，シャーリーン［Hunter-Gault, Charlayne］314
パンタルーン・リテール［Panataloon Rentail (India) Ltd.］98
パンテーン［Pantene］88
『半分の黄色の太陽』［*Half a Yellow Sun*］181
ビード・フォー・ライフ［BeadforLife］238
東アフリカ海底ケーブルシステム（EASSy）［East African Submarine Cable System］175
東アフリカ海底システム（TEAMS）［The East African Marine Systems］175
ビジーインターネット［BusyInternet］176
ビジョンスプリング［VisionSpring］292
ビズコミュニティ［Bizcommunity.com］233
ピックンペイ［Pick 'n pay］23, 129, 157
ビドコ・オイル・リファイナリーズ［Bidco Oil Refineries, Inc.］24-25, 32, 113-114
ピノー，キャロル［Pineau, Carol］314
ビヤニ，キショール［Biyani, Kishore］98
ヒューストン，ホイットニー［Houston, Whitney］102
ヒューレット・パッカード［Hewlett-Packard］176, 178, 207
『開かれた扉』［*Open Door*］312
ブア・バッスア，ポール［Buah-Bassuah, Paul］184
ファーイースト・マーカンタイル［Far East Mercantile Co. Ltd.］308
ファースト・ナショナル銀行［First National Banking Group］78, 270
ファーストランド・バンキング・グループ［FirstRand Banking Group］26, 77
ブアジズ，ハビブ［Bouaziz, Habib］81
ファン，トム［Fang, Tom］33
ファンタ［Fanta］198-199
フィッツジェラルド，スティーブ［Fitzgerald, Steve］287
フィッツジェラルド，ナイアル［Fitzgerald, Niall］278
フィリップス［Philips］155
フェファーマン，ガイ［Pfeffermann, Guy］209
フォールトレッカー記念碑［Voortrekker Monument］320
フガード，アソル［Fugard, Athol］220
ブシャール，ラシッド［Bouchareb, Richid］224
ブッシュ，ジョージ・W［Bush, George W.］4
ブラック・ダイヤモンド［Black Diamond］25, 105, 307

ドレイトン，ビル［Drayton, Bill］292
『奴隷のなかの王子』［*Prince Among Slaves*］267
ドレイパー・リチャーズ財団［Draper Richards Foundation］291
トレードネット［TradeNet］76

ナ行

ナーイル，ミーラ［Nair, Mira］266
ナイクニ，タイタス［Naikuni, Titus］58-59
ナイジェリア系アメリカ人商工会［Nigerian-American Chamber of Commerce］268
ナイジェリアン・ウィメン・イーグルス・クラブ［Nigerian Women Eagles Club］268
ナギーブ・マフフーズ［Naguib Mahfouz restaurant］320
ナクマット［Nakumatt］96, 127-129, 181, 255
『ナンバーワン・レディーズ探偵社』［*The No.1 Ladies' Detective Agency*］224
『憎き故郷』［*I Hate My Village*］221
ニュー・ボーイ・トイズ［New Boy Toys］206
ニューサイク［Newcyc］152
ヌドゥオム，クウェシ／イヴォンヌ［Nduom, Kwesi and Yvonne］269
ネグロポンテ，ニコラス［Negroponte, Nicholas］208
ネスカフェ［Nescafé］198
ネスレ［Nestlé］28, 111, 198
ネドバンク・グループ［Nedbank Group］77-78
ネルー，ジャワハルラール［Nehru, Jawaharlal］311
ネルソン・マンデラ・アフリカ科学技術大学［Nelson Mandela African Insitute of Science and Technology］312
ノキア［Nokia］200, 295
ノバルティス［Novartis］28, 40, 145-150, 159, 285, 298-301
ノバルティス持続可能な開発財団［Novartis Foundation for Sustainable Development］299
ノリウッド［Nollywood］47, 217-223, 225, 243
ノリウッド・ムービーズ［Nollywood Movies］223

ハ行

バーウェル，マシュー［Barwell, Matthew］49, 115
バークレイズ［Barclays］60, 77-79, 88, 109, 128, 200
パークンショップ［Park n Shop］38
パームズ・ショッピングモール［The Palms shopping mall (Nigeria)］130
パイオニア・ハイブレッド・インターナショナル［Pioneer Hi-Bred International, Inc.］183
ハイニヒェン，リチャード［Heinichen, Richard］284
ハイランド・ティーカンパニー［Highland Tea Company, LLC］273-277
ハインゾーン，グナル［Heisohn, Gunnar］214
バガヨゴ，マガラ［Bagayogo, Magara］165
『白人の責務』［*The White Man's Burden*］296
バジャジ・オート［Bajaj Auto Ltd.］139

その他 90%のためのデザイン［Design for the Other 90%］293

タ行

ダク・ロスト・ボーイズ・クリニック［Duk Lost Boys Clinic］258
タゾ・ティー［Tazo Tea］275
タタ・モーターズ［Tata Motors］35, 52, 138-139, 152, 187, 261, 277-278
ダノン［Danone (Dannon)］205, 292, 309
タラヤナ財団［Tarayana Foundation］315
ダンゴート［Dangote］110, 156-157, 159
チードル，ドン［Cheadle, Don］304
チェララム，スレシュ［Chellaram, Suresh］158
チェララム・グループ［Chellarams Group Plc］158
地中海ビジネススクール［Mediterranean School of Business］210
『チャク・デ・インディア』［*Chak de India*］319
チャクラバルティ，ランジャン［Chakravarti, Ranjan］151
チャンダリア，マヌ［Candaria, Manu］57
中国工商銀行［Industrial & Commerce Bank of China Ltd.］77
チュニジア・アラブ銀行（ATB）［Arab Tunisian Bank］99
チュニジア・テレコム［Tunisie Telecom］255
チュニンベスト［Tuninvest］67
長城汽車（グレートウォール）［Great Wall］138
『チョフ』［*Thiof*］231-232
『ツォツィ』［*Tsotsi*］220, 239, 243
ツツ，デズモンド［Tutu, Desmond］45, 276
ディアジオ［Diageo］27-28, 49, 114-115, 236, 242-243, 282, 304, 314
デイヴィス・アンド・シャートリフ・グループ［Davis and Shirtliff Group］167
ディグニファイド・モバイル・トイレッツ［Dignfied Mobile Toelets］169
『帝国の罰』［*Imperial Reckoning*］188
ディズニー［Disney］225, 240
デイナ，シンフィウェ［Dana, Simphiwe］319
『デイリー・サン』［*Daily Sun*］234
『ティロ』［*Tiro*］263
テクノサーブ［TechnoServe］165
デベロップメント・パートナーズ・インターナショナル［Development Partners International］65
デュボイス，W・E・B［DuBois, W. E. B.］267
テラコム［Terracom］174-175
デル［Dell］296
トイザらス［Toys R Us］206
ドゥロジャイイエ，アイザック［Durojaiye, Isaac］169
ドバイ・ホールディングス［Dubai Holding］66
ドバイ・ワールド［Dubai World］66
トライステート・カメルーン・ファミリー（TRISCAF）［Tristate Cameroon Family］268
ドリス，カマル［Driss, Kamal］256
トリプル・ボトムライン［Triple Bottom Line］281
ドルジ・ワンモ・ワンチュク［Dorji Wangmo Wangchuck］315

ジェームズ，バーバラ［James, Barbara］65
ジェット・オンリー［Jet Only］172
ジェットフォーユー［Jet4U］172
シェル［Shell］145
シェル財団［Shell Foundation］170
シェン［Sheng language］196
ジグミ・シンゲ・ワンチュク［Jigme Singye Wangchuck］315
シティグループ［Citigroup］256-257
シティバンク［Citibank］145, 257
ジトー，ジョセフ［Zito, Joseph］217
シプラ［Cipla］149
シャクール，トゥパック［Shakur, Tupac］87
シャヒーン，イルハム［Shaheen, Ilham］86
シャルバティ，アブドゥル・レーマン［Al-Sharbati, Abdul Rehman］84
ジュード，ノエル［Jude, Noelle］146
シュナイダー，フリードリヒ［Schneider, Friedrich］70
『ジュヌ・アフリーク』［*Jeune Afrique*］314
『シュレック』［*Shrek*］224
ジョーンズ，モンティ［Jones, Monty］183
ショップライト・グループ［Shoprite Group of Companies］126
ジョハル，ジャグ［Johal, Jag］64
ジョリー，クロード［Joly, Claude］309
シラク，ジャック［Chirac, Jacques］298
ジレット［Gillette］141
人口調査局［Population Reference Bureau］192-193, 195
スヴァニカー，フレッド［Swaniker, Fred］45
スカイチャンネル［Sky Channel］263
スコール，ジェフ［Skoll, Jeff］211
スコール財団［Skoll Foundation］211
スターバックス［Starbucks］275
スタネク，ラーニャ［Stanek, Lanya］216
スタンダードチャータード銀行［Standard Chartered Bank］200
スタンダード銀行［Standard Bank］61
スマリア・グループ［Sumaria Group］67
スミス，ウィル［Smith, Will］270
スラヴィン，アナ［Slavin, Ana］238
スンダレサン，A・S［Sundaresan, A. S.］103
世界銀行［World Bank］25, 34, 37, 62, 64-65, 149, 166-167, 176, 251, 253, 256, 286, 290, 296, 316
世界経済フォーラム［World Economic Forum］37, 39, 247, 303, 316
世界トイレ協会［World Toilet Organization］170
ゼニス・フィルムス［Zenith Films］223
セブンイレブン［Seven-Eleven convenience stores］271
セルテル［Celtel］41-44, 57, 59, 65, 70, 74, 80-81, 166, 229-230
セレナホテル［Serena］261
全アフリカ人協会［All African Peoples Organization］268
『先住民族』［*Indigènes*］224
セントクレア，ウィリアム［St. Clair, William］267
センド・マネー・ホーム［Send Money Home］253
ソーラー3［Solar 3］167
『祖国なき獣』［*Beasts of No Nation*］297
ソシエテ・ヌーヴェル・デ・ボワソン・ガズーズ（SNBG）［Société Nouvelle des Boissons Gazeuses］81
ソニー［Sony］155

ケニア・セラミック・ジコ［Kenya Ceramic Jiko］294
ケニア航空［Kenya Airways］46, 171
ケルカ，A・M［Kelkar, A. M.］168
ケルヒャー，ディーパック［Karcher, Deepak］308
ケント，ムーター［Kent, Muhtar］29
コアルテム［Coartem］146
コーエン，ステファン［Cohen, Stephen］314
ゴールドバーグ，ウーピー［Goldberg, Whoopi］268
ゴールドマン・サックス［Goldman Sachs］290, 316
ゴーン，カルロス［Ghosn, Calros］138
コカ・コーラ［The Coca-Cola Compay］6, 25, 29-31, 40, 48, 67, 86, 111, 115, 130, 140, 162, 166, 180, 197-199, 201, 215-216, 235-236, 281-284
国際金融公社（IFC）［International Finance Corporation］37, 64, 176, 209, 261, 286, 311
国際人口協会（PSI）［Population Services International］199, 281-283
国際母乳プロジェクト［International Breast Milk Project］238
国民総所得（GNI）［gross national income］24, 46, 49, 53-54, 60-61, 72, 90, 132, 141, 247
コムクラフト・グループ［Comcraft Group］57, 102
コリアー，ポール［Collier, Paul］61
コルゲート・パルモリーブ［Colgate Palmolive］32, 141
コンサベーション・コーポレーション・アフリカ（CCアフリカ）［Conservation Corporation Africa］287
コンバース［Converse］296

サ行

サーチ・アンド・サーチ［Saatchi & Saatchi］28, 51, 240
『最底辺の一〇億人』［*The Bottom Billion*］61
ザイン［Zain］57, 59, 74
サウィリス，ナグイブ［Swiris, Naguib］74
サウス・アフリカン・ブルワリーズ（SAB）［South African Breweries］142
サザドットコム［Sadza.com］254
サックス，ジェフリー［Sachs, Jeffrey］290
ザップマックス［ZapMax］141
『サハラに舞う羽根』［*The Four Feathers*］224
サファリコム［Safaricom］37, 80, 196, 229, 253
サマラ，ノア・A［Samara, Noah A.］227
サマリタン・フィート［Samaritan's Feet］259
『ザ・ミント』［*The Mint*］229
サムスン［Samsung］321
ザラ［Zara］106
サラミ，アヨ［Salami, Ayo］60
サルコジ，ニコラ［Sarkozy, Nicolas］56
サルハン，ハラ［Sarhan, Hala］239
『三〇日』［*30 Days*］226
ザンビア航空［Zambia Airways］
ザンビア全国農民組合（ZNFU）［Zambia National Farmers Union］230
シアウォーター・アドベンチャーズ［Shearwater Adventures］288
シーコム［Seacom］176
シーメンス［Siemens］194
ジェイクス，T・D［Jakes, T. D.］84

investment］63
海外民間投資公社（OPIC）［Overseas Private Investment Corporation］4
カイロ大学［University of Cairo］209
カウベル・ミルク［Cowbell Milk］203-204
カトマラ，ミシェル［Katlama, Micheal］309
カベルカ，ドナルド［Kaberuka, Donald］37
『神に見捨てられた僕たち』［*God Grew Tired of Us*］258
カミレリ，ルイ［Camilleri, Louis］269
カミングス，アレックス［Cummings, Alex］29
カメラピックス［Camerapix］231
カメルーン・ユニオン銀行［Union Bank of Cameroon］79
カルフール［Carrefour］84, 94, 106
カルペダ［Calpeda］167
キーズ，アリシア［Keys, Alicia］296
キープ・ア・チャイルド・アライブ［Keep a Child Alive］296
キヴァ［Kiva］291
奇瑞汽車（チェリー）［Chery Automobile Co.］138
吉利汽車（ジーリー）［Geely Group Ltd.］138
キックスタート［KickStart］168
キッズィー［Kidzee］208
ギネス［Guiness］27-28, 141, 230-231, 236, 240-242
ギブソン，デビッド［Gibson, David］257
キャッスル［Castle beer］116
キャムフェッド・インターナショナル［Camfed International］214
『巨大奴隷市場』［*The Grand Slave Emporium*］267
キルロスカ［Kirloskar］35, 163-164, 168
キング，マーティン・ルーサー［King, Martin Luther, Jr.］267
キングダム銀行［Kingdom Bank］22
グインディ，ナディア［Guindy, Nadia］86
グーグル［Google］312
クーパー・ヒューイット国立デザイン博物館［Cooper-Hewitt National Design Museum］293
グッド・アフリカン・コーヒー［Good African Coffee］299
グハ，ラマチャンドラ［Guha, Ramachandra］3
クラーク，グレゴリー［Clark, Gregory］297
グラミン銀行［Grameen Bank］292
グリーンベルト運動［Green Belt Movement］50
クリスチャン・マイヤー，モード［Chiristian-Meier, Maude］285
クリントワース，ゲイル［Klintworth, Gail］280
クリントン，ヒラリー［Clinton, Hillary］312
クリントン，ビル［Clinton, Bill］278
クリントン財団［Clinton Foundation］291
クルスーム，ウンム［Kolthoum, Omm］177
クルラ・ドットコム［Kulula.com］172
グローヴァー，ダニー［Glover, Danny］268
グローバル・ビジネススクール・ネットワーク（GBSN）［Global Business School Network］209
クワズル・ナタール大学［University of Kwazulu-Natal］209
ゲイツ財団［Gates Foundation］298
ケープタウン大学［University of Cape Town］26, 209, 307
ケッタニ，アリ［Kettani, Ali］224

インド情報技術大学（IIT）［Indian Institute of Technology］311
インド農民肥料協同組合公社（IFFCO）［Indian Farmers Fertiliser Cooperative Limited］185
インベステック［Investec］77
インペリアル・ホールディングス［Imperial Holdings］32
ヴァージン・ナイジェリア航空［Virgin Nigeria］171
ウィットウォーターズランド大学［University of Witwatersrand］209
ウィンフリー，オプラ［Winfrey, Oprah］213-214
ウールワース［Woolworths］94, 106
ウェイク，ギルマ［Wake, Girma］173
ウェスタンユニオン［Western Union］251-252, 255, 264
ウォーターヘルス・インターナショナル［WaterHealth International, Inc.］257
ウォルク，ゼウデ［Worku, Zewde］173-174
ウォルシュ，ポール［Walsh, Paul］27
ウォルマート［Wal-Mart］307
ウブントゥ（ソフトウェア）［Ubuntu software］318
エクソンモービル［ExxonMobil］20
エコー・コミュニカシオン［Echos Communication］45
エコネット・ワイヤレス［Econet Wireless］18
エジプト航空［Egypt Air］171
エスコム［Eskom］164
エチオピア航空［Ethiopian Airelines］46, 171-173
エチオピア商業銀行［Commercial Bank of Ethiopia］78
エドガーズ［Edgars］23, 94
エフェラコーロ，ヘレン［Eferakorho, Helen］263
エミレーツ・インターナショナル・インベストメント［Emirates International Investment Company LLC］66
エミレーツ航空［Emirates Airlines］171
エル・ジャザイール［El Djazair Hotel］320
エル・ナサル［El Nasar］185
エルイ，ライラ［Eloui, Laila］86
エルキンス，キャロライン［Elkin, Caroline］188
エンバイロフィット・インターナショナル［Envirofit International］170
エンベー・ストア［Enbee Stores］191-192
オジャンボ，クラリス［Odhiambo, Clarice］283
オズイェイン，ヒュスニュ［Özyegin, Hüsnü］311
オックスファム・インターナショナル［Oxfam International］315
オトマニ，スリム［Othmani, Slim］67
オバサンジョ，オルシェグン［Obasanjo, Olusegum］185
オバマ，バラク［Obama, Barack］266
オベロイ・ホテル［Oberoi Hotels］320
オホンメ，エマニュエル［Ohonme, Emmanuel］259
オラクル［Oracle Corporation］207
オラスコム［Orascom］26, 74
オールウェイズ・キーピング・ガールズ・イン・スクール［Alway Keeping Girls in School］212

カ行

海外直接投資（FDI）［foreign direct

アフリカ緑の革命同盟［AGRA］184
アフリカ・ユナイテッド銀行［United Bank of Africa］78, 256
アフリカ・リーダーシップ学院［African Leadership Academy］45
アフリカ・リクルート［AfricaRecruit］246
アフリカ・レーザー・センター［African Laser Centre］184
アフリカン・バンカー・アワード［African Banker Awards］78
『アフリカン・ビジネス』［*African Business*］22, 60, 78, 251, 314, 317
アフリカン・ビジネス・アワード［African Business Awards］317
アフリカン・ブレイズ［African Braids］263
アフリカン・ヘリテージ［African Heritage Inc.］268
アフリカンヘアドットコム［Africanhair.com］263
アフロヘアドットコム［Afrohair.com］263
アベベ，ツェガイエ［Abebe, Tsegaye］173
アマゾン［Amazon］180
アミン，イディ［Amin, Idi］38
アミン，メルヴァト［Amin, Mervat］86
アメリカーナ［Americana］142
アメリカン・エキスプレス［American Express］296
『アラビアのロレンス』［*Lawrence of Arabia*］224
アラム，ルナ［Alam, Runa］68, 70
アリミ，ヨミ［Alimi, Yomi］264
アリモハメド，ファティマ［Alimohamed, Fatima］113
アル・アハワイン大学［Al Akhawayn University］210
『アル・リンビー』［*Al Limby*］218
アルフェルド，ハイコ［Alfled, Haiko］37
アルフォード，テリー［Alford, Terry］267
アレクサンドリア・カーボン・ブラック［Alexandria Carbon Black］186
アレクサンドリア図書館［Bibliotheca Alexandria］177, 181
アンソニー，ドナルド［Anthony, Donald］136
アンダーソン，ニック［Anderson, Nick］238
あんたのドルを食ってやる［"I Go Chop Your Dollar"］237
イースタリー，ウィリアム［Easterly, William］296
イースト・アフリカン・ブルワリーズ［East African Breweries Limited］112
イウェアラ，ウゾディンマ［Iweala, Uzodinma］297
『イエスタデイ』［*Yesterday*］243
イシャニ，アニル［Ishani, Anil］289
遺伝子組み換え作物（GMO）［Genetically Modified Crops)］184
イブラヒム，モ［Ibrahim, Mo］41
イブラヒム・アフリカ・ガバナンス指数［Ibrahim Index of African Governance］42
イメルト，ジェフリー［Immelt, Jeffrey］312
イリアコム［Iliacom］179
インスコー［Innscor］19-23, 32, 288, 306
インスタント・グラス［Instant Grass］201
インテル［Intel］208
インド・エジプシャン・ファーティライザー［Indo Egyptian Fertilizer Company］185
インド・ミー・ヌードル［Indo Mie Noodles］309
インド映画アカデミー賞［Indian Film Academy Awards］224
インド商科大学院［The Indian School of Business］4, 210

索引

ア行

アーメド，サミラ［Ahmed, Samira］86
アーメド・アンド・マヘル・ブシャマウイ・グループ［Ahmed and Maher Bouchamaoui Group］146
アイッティ，ジョージ［Ayittey, George］194
アウアー，パトリック［Awuah, Patrick］45
アガ・カーン開発ネットワーク（AKDN）［Aga Khan Development Network］289
アガ・カーン経済開発基金（AKFED）［Aga Khan Fund for Economic Development］261
アガーワル，K・N［Agarwal, K. N.］186
アキンウンミ，ルル［Akinwunmi, Lolu］48
アグ，フォスター［Agu, Forster］136
アクティス［Actis Real Estate Investment Fund］64
アクニィイリ，ドラ［Akunyili, Dora］146
アコー［Accor hotel chain］260
アジアン・ペイント［Asian Paints］102
アジズ，ダラル・アブデル［Aziz, Dalal Abdel］86
アジュラム，ナンシー［Ajram, Nancy］198
アショカ［Ashoka］292
アスペン・ファーマケア［Aspen Pharmacare］150
アディ，トラランス［Addy, Tralance］257
アディーチェ，チママンダ［Adichie, Chimamanda］181
アティエ，カリム［Attieh, Karim］231
アデバレ，ロティミ［Adebare, Rotimi］27
アナン，コフィ［Annan, Kofi］270
アビシニア銀行［Bank of Abyssinia］78
アブーの新たな王国［*Le Nouveau Royaume d'Abou*］227
アブドゥ，フィフィ［Abdou, Fifi］86
アブドゥル・ラーマン・イブラヒマ・イブン・ソリ［Ab-dul Rahman Ibrahima Ibn Sori］267
アフリカ・オンライン［Africa Online］247
アフリカ開発銀行［African Development Bank］37, 64, 183, 308
アフリカ開発のための新パートナーシップ（NEPAD）［The New Partnership for Africa's Development］185, 207, 246
アフリカからの新ニュース［*New News Out of Africa*］314
アフリカ系移民博物館［Museum of the African Diaspora］268
アフリカで仕事を見つけよう［Findajobinafrica.com］246
アフリカニュース［AfricaNews］231
『アフリカの運命』［*The Fate of Africa*］83
『アフリカのシルクロード』［*Africa's Silk Road*］34
アフリカ・パートナーズ・メディカル（APM）［Africa Partners Medical］285-286
アフリカ・ハーベスト・バイオテック国際基金（AHBFI）［Africa Harvest Biotech Foundation International］183
「アフリカは開店営業中」［Africa Open for Business］314
アフリカ・ビジネススクール協会（AABS）［Association of African Business Schools］209
アフリカ風力エネルギー協会［African Wind Energy Association］165
アフリカ・ベンチャーキャピタル協会（AVCA）［African Venture Capital Association］65

著者

ヴィジャイ・マハジャン

Vijay Mahajan

テキサス大学オースティン校マコームズ経営大学院経営学教授。全米の数多くの一流企業でマーケティングのコンサルティングを行っており、その優れた業績はアメリカ・マーケティング協会（AMA）によるチャールズ・クーリッジ・パーリン賞やインド工科大学カンプール校最優秀同窓生賞など、数々の賞を受けている。過去 10 冊の著書・編書のうち、*The 86% Solution: How to Succeed in the Biggest Market Opportunity of the 21st Century* (Wharton School Publishing, 2007) は AMA2007 年ブック・オブ・イヤー賞を受賞。インド商科大学院経営学部長等を経て現職。

訳者

松本 裕

Yuu Matsumoto

1974 年生まれ。米国オレゴン州立大学農学部卒。小学校時代の 4 年間を東アフリカのケニアで、大学卒業後の 2 年間を青年海外協力隊として西アフリカのセネガルで過ごす。帰国後より実務翻訳に携わり、本書が初の出版翻訳。

● 英治出版からのお知らせ
弊社ウェブサイト（http://www.eijipress.co.jp/）では、新刊書・既刊書のご案内の他、既刊書を紙の本のイメージそのままで閲覧できる「バーチャル立ち読み」コーナーなどを設けています。ぜひ一度、アクセスしてみてください。また、本書に関するご意見・ご感想をE-mail（editor@eijipress.co.jp）で受け付けています。たくさんのメールをお待ちしています。

アフリカ　動きだす9億人市場

発行日	2009年 7月20日 第1版 第1刷
	2013年 1月20日 第1版 第4刷
著者	ヴィジャイ・マハジャン
訳者	松本裕（まつもと・ゆう）
発行人	原田英治
発行	英治出版株式会社
	〒150-0022 東京都渋谷区恵比寿南1-9-12 ピトレスクビル4F
	電話 03-5773-0193 FAX 03-5773-0194
	http://www.eijipress.co.jp/
プロデューサー	高野達成
スタッフ	原田涼子 岩田大志 藤竹賢一郎 山下智也
	杉崎真名 鈴木美穂 下田理 原口さとみ
	山本有子 千葉英樹 村上航 山田亜由美
印刷・製本	大日本印刷株式会社
装丁	英治出版デザイン室

ISBN978-4-86276-053-1 C0034 Printed in Japan

国をつくるという仕事

西水美恵子［著］

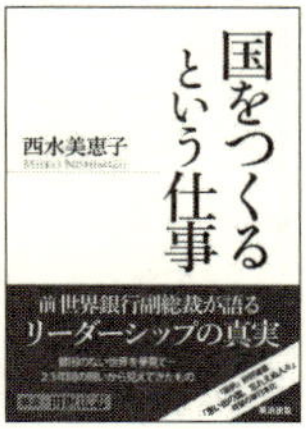

夢は、貧困のない世界をつくること。世界銀行副総裁としてアジア各国の「国づくり」の現場を歩いてきた著者が、数々の体験をもとにリーダーシップと政治のあるべき姿を語った話題作。

四六判ハードカバー　本文 320 ページ　定価：本体 1,800 円＋税

ISBN978-4-86276-054-8

誰が世界を変えるのか　ソーシャルイノベーションはここから始まる
フランシス・ウェストリー他著　東出顕子訳
一人の小さな一歩から世界は変わる！　さまざまな社会変革の事例を複雑系の視点でわかりやすく解説。インスピレーションと希望に満ちた一冊。
四六判ハードカバー　288頁　本体1,900円＋税

チョコレートの真実
キャロル・オフ著　北村陽子訳
カカオ農園で働く子供たちはチョコレートを知らない。過酷な児童労働や企業・政府の腐敗…。甘さの裏に隠された真実を抉ったノンフィクション。
四六判ソフトカバー　384頁　本体1,800円＋税

あなたには夢がある　小さなアトリエから始まったスラム街の奇跡
ビル・ストリックランド著　駒崎弘樹訳
美しいものが人間を変える。芸術の力で多くの貧しい人々や不良少年たちを救ってきた著者が、生い立ちから人生哲学までを語った味わい深い一冊。
四六判ハードカバー　320頁　本体1,600円＋税

グラミンフォンという奇跡　「つながり」から始まるグローバル経済の大転換
ニコラス・P・サリバン著　東方雅美他訳
途上国を携帯電話が変える！　一人の起業家から始まった世界経済の大転換を描いた衝撃作。貧困問題やソーシャルビジネスを考える上で必読の書。
四六判ハードカバー　336頁　本体1,900円＋税

いつか、すべての子供たちに　「ティーチ・フォー・アメリカ」とそこで私が学んだこと
ウェンディ・コップ著　東方雅美訳　渡邊奈々解説
21歳の女子大生のアイディアから始まった教育改革。アメリカを根底から変える巨大社会起業TFAの軌跡を描いた、波乱万丈の青春ストーリー。
四六判ソフトカバー　288頁　本体1,600円＋税

社会が変わるマーケティング　民間企業の知恵を公共サービスに活かす
フィリップ・コトラー、ナンシー・リー著　スカイライト コンサルティング訳
視点を変えれば公共サービスはこんなに改善できる！　コトラーが世界各地の事例を満載して贈る、社会を変える方法＝ソーシャルマーケティング。
四六判ハードカバー　424頁　本体2,400円＋税